普通高等学校"十一五"省级规划教材

大学生健康教育

（第 2 版）

主　编　　陶芳标

副主编　　刘保莉　米浪静　刘　峰　魏立新

编　委　　（以姓氏笔画为序）

　　　　　支　农　安徽工业经济职业技术学院

　　　　　王海林　安徽医科大学

　　　　　冯　俊　合肥师范学院

　　　　　刘保莉　安徽三联学院

　　　　　刘　涛　徽商职业学院

　　　　　刘　峰　蚌埠医学院

　　　　　米浪静　安徽大学

　　　　　陶芳标　安徽医科大学

　　　　　高志荣　合肥工业大学

　　　　　魏立新　安徽财贸职业学院

合肥工业大学出版社

第 1 版 前 言

世界各国对疾病控制大都经历了三个阶段：第一阶段为控制传染病传播，消灭病原体，改进环境水源卫生；第二阶段为个人卫生，预防接种，产前保健，增强个体免疫力；第三阶段通过改变人的不良行为、不良生活习惯，养成健康行为，来预防现代疾病的发生。培养健康的生活方式和心理行为方式将是今后保证人们身心健康、预防现代疾病的关键所在。

1989 年世界卫生组织（WHO）又进一步拓展了健康的概念，认为健康包括生理健康、心理健康、社会适应良好以及道德健康。由此可见健康的内涵越来越关注心理和行为的健康。大学阶段是一个人逐渐从儿童角色适应成人角色的重要的人生阶段，是一个人逐渐从被动接触社会转向主动接触社会的过渡时期，是一个人逐渐从享受父母社会抚育到承担家庭社会责任的过渡时期。大学生身心健康、体魄强健、意志坚强、充满活力，不仅关系到个人健康成长和幸福生活，而且关系到整个民族健康素质以及祖国未来人口素质的发展。为了增强青少年体质、促进青少年健康成长，中共中央于 2007 年 5 月颁布了《中共中央、国务院关于加强青少年体育增强青少年体质的意见》，为增强青少年健康提出了具体的指导性意见。让大学生掌握正确的心理、行为方式不仅有利于自身的健康，而且对提高整个中华民族的人口素质亦具有重要意义。

大学生健康素质的提高和健康行为的养成，还需要一本好的教材供教学和自学。《大学生健康教育》教材从培养大学生健康的行为方式和生活习惯、健康的心理、正确的疾病预防与就医行为三大方面进行全面介绍。本书编者均为从事学校卫生和健康教育的专家，内容针对性更强，其中结合当代大学生的实际生活编写了大量典型案例，使读者倍感亲切，易于消化吸收。

由于编者水平有限，不妥之处在所难免，敬请读者批评指正。

编 者

2008 年 3 月

第 2 版　说　明

　　《大学生健康教育》一书自 2008 年 3 月出版以来，承蒙学术界同行和广大读者的厚爱，纷纷采用本书作为本科生和专科生心理健康方面的教材，使本书发行量迅速增加。虽然如此，本书使用近年来的实践表明仍存在许多不足之处。为了保证本书的先进实用性，进行修订是十分必要的。为此，我们对初版进行了认真讨论，增加了一些新的案例，调整部分章节内容和图表，力求使本书紧跟目前高等教育的形势，趋于完美。

　　虽然经我们认真的修订、补充和校正，但由于我们的理论水平、研究能力和知识深广度的限制，书中难免还存在缺点和错误，真诚希望广大读者批评指正。

编　者

2014 年 8 月

目　　录

第一章 健康和健康教育

健康是人生第一财富。

——爱默生

First wealth is health.

——Emerson

健康是这样一个东西，它使你感到现在是一年中最好的时光。

——亚当斯

Health is the thing that makes you feel that now is the best time of the year.

——Franklin P. Adams

我国大学教育正从精英教育向大众化教育转变，大学生仍被视作一个特殊的社会群体。社会要求大学生不仅具备广博的专业知识和技能，强壮的体魄，还要有海纳百川的胸怀和良好的社会适应能力。然而在现实生活中，大学生的健康状况不容乐观：体格发育水平逐年上升与体能素质无明显上升甚至下降的矛盾；5％以上的学生因严重的心理障碍需要寻求专科医生的帮助；病理性网络使用（pathological Internet use）成为影响学业和学校适应第一位原因；自杀和暴力事件不再是仅仅出现在大学校园之外的事……因此，需要充分发掘大学健康教育资源，发挥大学生自我教育能力，开展丰富多彩的健康活动，让大学生把健康掌握在自己的手中。

第一节 正确认识健康

随着时代的发展，人们对于健康的认识也在不断提高。1948年，世界卫生组织（WHO）刚成立时，就在其宪章中开宗明义地指出："健康不仅仅是没有疾病和衰弱，而且是保持体格方面、精神方面和社会适应方面的完美状态。"现在，越来越多的人认识到，"健康是基本人权，达到尽可能的健康水平，是世界范围内的一项重要的社会性目标"。

我们大致可把人体的健康状态分为三种，即健康、亚健康和疾病。

健康 15％　　　　　　　　　亚健康 70％　　　　　　　　　疾病 15％

一、健康水平与健康标志

健康是人生活的基本要求，它不仅指没有疾病，而且指身体的、心理（精神）的健康和社会适应能力的良好。每一个具备健康素质的人，不仅要在自身客观上拥有健康，而且要懂得基本的健康知识，追求健康的信念和安全意识，培养健康的生活方式，承担对他人、社会的责任。

（一）WHO 身心健康的 8 个标准

①吃得快：吃得痛快；

②睡得快：睡得舒畅；

③便得快：便得快速；

④说得快：说话流利、头脑清楚、思维敏捷；

⑤走得快：行动自如，协调轻松有力；

⑥个性良好：性格温和、调整情绪、适应环境；

⑦处世得体：看问题、办事以实现自我为基础，能被大多数人接受；

⑧交往顺利：能有选择地与朋友交往，尊重他人，助人为乐。

（二）WHO 身心健康的 10 个标志

①有充沛的精力，能从容不迫地担负日常繁重的工作；

②处事乐观、态度积极，勇于承担责任，不挑剔要做的工作；

③善于休息、睡眠良好；

④身体应变能力强、能适应外界环境的变化；

⑤能抵抗一般性的感冒和传染病；

⑥体重适当、身体匀称，站立时头、肩、臂位置协调；

⑦眼睛明亮、反应敏捷、眼睑不发炎；

⑧牙齿清洁、无龋齿、不疼痛、牙眼颜色正常；

⑨头发有光泽、无头屑；

⑩肌肉丰满、皮肤富有弹性。

读一读

WHO

WHO 是世界卫生组织英文——World Health Organization 的首字母缩写，它是联合国系统内卫生问题的指导和协调机构，负责对全球卫生事务提供指导，拟定卫生研究议程，制定规范和标准，阐明以证据为基础的政策方案，向各国提供技术

支持，以及检测和评估卫生趋势。其前身可以追溯到 1907 年成立于巴黎的国际公共卫生局和 1920 年成立于日内瓦的国际联盟卫生组织。二战结束后，经联合国经社理事会决定，64 个国家的代表于 1946 年 7 月在纽约举行了一次国际卫生会议，签署了《世界卫生组织组织法》。1948 年 4 月 7 日，该法得到 26 个联合国会员国批准后生效，世界卫生组织宣告成立，每年的 4 月 7 日也就成为全球性的"世界卫生日"。

二、健康的三个层次

健康有三个层次的内涵，即生理健康（身体健康）、心理健康（精神健康）、社会适应良好。

（一）身体健康

身体健康是指没有疾病或身体不处于虚弱状态，人体各组织器官结构完整，发育正常，功能良好，生理生化指标正常。身体健康是健康的基本层次。

完美健康的身体应具备：在体质上有较强的抗病能力，做体力劳动时有持久的耐力；外观上表现为身材匀称，肌肉结实且富有弹性，目光有神，对外界事物反应敏捷，无黑眼圈，皮肤潮润，双颊、唇、指甲呈淡红色，舌上无苔，舌质为鲜红色，牙齿整齐，牙瓷有光泽，头发黑亮，不干枯。

（二）心理健康

1946 年，第三届国际心理卫生大会为心理健康下的定义是："所谓心理健康，是指在身体、智能以及情感上与他人的心理健康不相矛盾的范围内，将个人心境发展成最佳的状态。"其中，具体地指明心理健康的标志是：①身体、智力、情绪十分调和；②适应环境，人际关系中能彼此谦让；③有幸福感；④在工作和职业中，能充分发挥自己的能力，过有效率的生活。

1. 心理健康标准的相关学说

当前，关于心理健康的标准，在学术界众说纷纭，所谓仁者见仁，智者见智。表 1-1 就列出了几个具有代表性的观点。

2. 心理健康的医学观

强调没有精神上的疾病，即称之为心理健康。传统意义上的精神疾病只限制于精神分裂症、躁狂症、情感性抑郁症等。根据 WHO 国际疾病分类（ICD-10），精神障碍（mental disorders）应包括更为宽广的范围。现将十类精神障碍列于表 1-2 并列举部分病名。

表 1-1　心理健康标准的代表学说

代表人	马斯洛（H. A. Maslow）密特曼（B. Mittelman）	奥尔波特（F. H. Allport）	库布斯（A. W. Combs）
心理健康标准	（1）有充分的安全感； （2）对自己有充分的了解，并能对自己的能力做出适当的评价； （3）生活理想和目标切合实际； （4）与周围环境保持良好的接触； （5）能保持自身人格的完整与和谐； （6）具有从经验中学习的能力； （7）保持良好的人际关系； （8）适度的情绪发展与控制； （9）在集体要求的前提下，较好地发挥自己的个性； （10）在社会规范的前提下，恰当满足个人的基本需要。	（1）自我意识范围广阔。主动、直接地将自己推延到自身以外的兴趣和活动中。包括真正卷入同某些人的关系，真正投入对自己有意义的某事（工作、理想、目标等）。一个人所卷入的活动、人或观念越多，其心理健康水平越高。 （2）自我同他人关系融洽。对别人表示同情、亲密或爱。能够真正同别人发生相互作用，对任何人都有温暖、理解和亲密的意义。这种能力可以使一个人能够容忍别人的不足和缺陷。 （3）有情绪安全感。在自身内部没有不安全感。可以接纳自己的一切方面，好坏优劣都是如此。不像神经症患者那样受自己的情绪支配，能够忍受挫折、恐惧和不安全感。 （4）客观。可以准确、客观地知觉现实，并实在地接受现实。 （5）有各种技能并专注于工作。形成自己的技能和能力，能胜任自己的工作。 （6）自我形象现实。现实、客观，知道自己的现状和特点。 （7）人生观统一。着眼未来，行为的动力来自长期的目标和计划。有目的意识，对工作有使命感。价值倾向一贯，并可以将其应用到生活的各个方面。	（1）具有积极的自我观念。能悦纳自己，也能为他人所悦纳；能体验到自己的存在价值，能面对并处理好日常生活中遇到的各种挑战；虽然处于优势也可能会觉得不顺意，也并非总为他人所喜爱，但是，肯定的、积极的自我观念总是占优势。 （2）恰当地认同他人。能认可别人的存在和重要性，既能认同别人又不依赖或强求别人，能体验自己在许多方面与大家是相同的、相通的，而且能和别人分享爱与恨、乐与忧，对未来有美好的憧憬，同时也不会因此而失去自我。 （3）面对和接受现实。即使现实不符合自己的希望与信念，也能设身处地、实事求是地去面对和接受现实的考验，并能多方寻求信息，倾听不同的意见，把握事实的真相，相信自己的力量，随时接受挑战。 （4）主观经验丰富，可供取用。能对自己、周围的事及环境有较清楚的知觉，不会迷惑或彷徨。在自己的主观经验世界里，储存着各种可用的信息、知识和技能，并能随时提取使用，以解决所遇到的问题，从而增进自己的行为效率。

表 1-2　ICD-10 精神障碍的分类

分　　类	举　　例
（1）器质性精神障碍	阿尔茨海默（Alzheimen）病；癫痫所致的精神障碍
（2）精神活性物质和非成瘾物质所致的精神障碍	酒精所致精神障碍；其他非酒精成瘾物质所致精神障碍
（3）精神分裂症、分裂样状态和妄想障碍	持久妄想症；精神分裂症
（4）心境（情感）障碍	躁狂症；抑郁症；双相情感障碍
（5）神经症、与应激有关的障碍和躯体形式障碍	强迫症；焦虑症；创伤后的应激障碍
（6）成人人格和行为异常	偏执型人格障碍；性别认同障碍
（7）与心理和行为因素所致的生理功能失调	男性性功能障碍；睡眠障碍
（8）精神发育迟滞	轻度精神发育迟滞；中度精神发育迟滞；重度精神发育迟滞等
（9）心理发育障碍	特定的言语和语言发育障碍；特定的学校技能发育障碍；特定的运动功能发育障碍；广泛性发育障碍（如儿童孤独症）等
（10）通常起病于童年和青少年期的行为和情绪障碍	多动性障碍；品行障碍；特发于童年期的情绪障碍（如童年离别焦虑障碍）等

3. 心理健康的判定原则

大学生在日常生活中判定自身和他人的心理是否健康时，可遵从下列几项基本原则：

（1）心理活动与环境统一的原则

心理是客观物质世界在人脑中的反映。在反映客观现实的过程中，人的感知、记忆、思维、想象和情绪等心理活动以及由此而产生的行为表现，在形式和内容上均应与自然环境和社会环境保持一致。这种心理和环境的统一，是人类从事物质生产和精神生活的基础和源泉。

（2）心理活动与行为统一的原则

一个人的认知活动、情感体验、意志行为相互协调与统一，行为表现也应与内心活动保持一致。行为是心理活动的外在表现，这就确保了个体具有良好的社会功能。例如，一个人遇到一件幸事，在感知的同时，应有愉快的情绪体验及相对的表情、言语和动作来表达其情绪体验。

（3）心理和行为与年龄统一的原则

人生发展是一个动态的连续过程，不同的年龄阶段可表现出与之相适应的行为特征，这是心理健康的表现之一。个体的行为严重偏离了其年龄特征是判定存在心理卫生问题和精神障碍的重要依据之一。

（4）个性特征稳定的原则

在遗传和长期社会生活经历的共同作用下，人们逐渐形成了相对稳定的独特的个性特征，这使得一个人区别于另一个人。在没有重大的生活事件刺激下，个性特征一般不易改变。一个爽朗、合群的人突然变得沉闷、孤僻，或是一个性格内向、胆小的人突然变得外向、冲动，都是个性特征的偏离。

现在亦有一种观点认为，能够不断学习和积极进取，善于应对成长和发展过程中的各种应激性事件，善于适应不同的社会和自然环境的人是心理健康者，并且这种心理健康标准现已被越来越多的人认可。

（三）社会适应良好

一个健康的人应该有较强的社会适应能力，这主要指人们适应包括了社会规范、政治、经济、道德、风俗习惯、专业兴趣、家庭关系、人际关系等社会环境的能力状况，以及适应自然环境的能力状况。一旦出现了不适应，就会导致身心疲惫，甚至是疾病。所以，良好的社会适应能力是必不可少的。

大学生应该如何增强自身的社会适应能力呢？本书将在有关章节做出详细阐述。

三、认识亚健康

（一）什么是亚健康

健康这一概念，过去、现在和未来永远都是一个相对概念而不是一个绝对概念，很少有人能够达到完全健康的标准。

所谓亚健康，是指处于健康和疾病之间的一种过渡状态，是从健康到疾病的一个量变到质变的准备阶段，WHO称其为第三状态，国内常称之为亚健康状态。据中国国际亚健康学术成果研讨会公布的数据，目前中国人15%是健康者，15%是病人，而多达70%属于亚健康者。

长期工作效率低下、容易疲惫、做事提不起精神；或者长期心绪不宁、失眠、健忘；或者长期食欲不振、精神萎靡、焦虑忧郁；或感到身体虚弱、心情沮丧、人际关系恶化，这些都是亚健康状态的表现。

（二）亚健康的自我识别

虽然亚健康还没有达到疾病的程度，但是仍应引起足够的重视，如不加以干预，则会向着疾病的方向发展。所以早期的识别是预防疾病的关键。

✐ 测一测

你处于亚健康状态吗？

请阅读以下30种身心不良表现，在符合自己目前状况的序号上打"√"。

序号	表现	序号	表现
1	精神紧张，焦虑不安	16	局部麻木，手脚易冷
2	孤独自卑，忧郁苦闷	17	掌腋多汗，舌燥口干
3	注意分散，思考肤浅	18	自感低热，夜常盗汗
4	容易激动，无事自烦	19	腰酸背痛，此起彼伏
5	记忆闭塞，熟人忘名	20	舌生白苔，口臭自生
6	兴趣变淡，欲望骤减	21	口舌溃疡，反复发生
7	懒于交往，情绪低落	22	味觉不灵，食欲不振
8	易疲劳感，眼易疲劳	23	反复嗳气，消化不良
9	精力下降，不易恢复	24	便稀便秘，腹部胀满
10	头昏脑涨，不易复原	25	易患感冒，唇起疱疹
11	久站头晕，眼花目眩	26	闭塞流涕，咽喉疼痛
12	肢体酥软，力不从愿	27	憋气气急，呼吸紧迫
13	体重减轻，体虚力单	28	胸痛胸闷，心区压感
14	不易入眠，多睡易醒	29	心悸心慌，心率不整
15	晨不愿起，昼常打盹	30	耳鸣耳背，易晕车船

测试结果：

如果你在上述 30 项症状中，有 6 项符合你的表现，并且找不出明显的病因，请坐下来，好好地反想自己的生活状态。要加强锻炼，注重饮食营养的配搭，调整心情。

（三）怎样对付亚健康

要对付亚健康状态，首先要从整体上发现问题的症结所在。例如，分析一下学习压力状况，生活作息方面是否有不规律的地方，饮食是否有规律，营养是否均衡；身边是不是有不顺心的事情发生等。找到相应的原因，才能对症处理，消除疾病隐患，把自己从亚健康状态中拔出来。

1. 养成良好的饮食习惯

合理膳食，合理地选择食物种类，改变饮食中高脂、高糖、高盐、低膳食纤维的不合理饮食结构，食用低脂、低盐、高蛋白、高纤维素饮食，多食水果和蔬菜，建立科学的膳食结构和生活方式。

2. 改变不良的生活方式

改变生活中的一些不利于健康的生活方式，如饮食无规律、不吃早餐、喜食高脂高盐饮食，逆时而作、睡眠不足等不良的生活方式。建立良好的生活方式，做到劳逸结合，不过分疲劳，戒除吸烟的习惯，避免酗酒。

3. 培养科学体育锻炼的良好习惯

体育锻炼是促进人体生理功能全面发展和神经内分泌适应环境的最佳手段之一。

4. 提高心理适应能力

要有乐观豁达的胸怀，保持心理健康，培养良好的个性，良好的处世能力和人际关系，以适应复杂多变的社会环境。在培养健康的体态、心态和情态以及开朗的性格方面，要学会调适自己，不要自寻烦恼，不要过分要求。

第二节　大学生健康教育目标和内容

大学生健康教育的目标应是：建立健康的生活方式，减少危害健康的行为；悦纳自己，情绪调节有度；掌握立足社会、服务社会、实现自我价值的基本知识结构、学习能力和心理素质；预防疾病，及时就医。

一、提高健康素养

大学生们想要建立健康的生活模式，减少不良行为和疾病的发生，想要适应社会、立足社会、服务社会，实现自我价值，一个重要的前提就是要掌握与健康相关的知识，从思想上接受正确的生活模式理论，提高健康素养。这也是大学生健康教育的首要目标。

二、减少疾病的发生

我们常常说：身体是革命的本钱。只有拥有良好的体魄，才能够更好地去学习和工作，才能谈得上为国家做贡献。通过健康教育，希望可以让大学生们正确地认识什么是健康，识别亚健康的基本表现，从而可以及早地发现自身出现的一些不良症状并且有效地应对，避免疾病的发生。

大学生健康教育对减少疾病的作用，可以通过增加有利于健康的行为，即促进健康行为（health-promoting behaviors），减少危害健康行为（health-risk behaviors），建立健康的行为和生活方式，增加对疾病早期信号的发现与识别能力以及提高就医行为和遵医行为来实现。

三、建立健康的行为与生活方式

行为是有机体对外界刺激的反应。人类的社会性决定人类的社会性行为，它是人类个体与环境相适应的行为，是个体参与社会生活并接受良好教育塑造而成的，是通过社会化过程确立的。

行为干预就是在行为诊断和分析的基础上，根据行为改变的方法和技巧，采取综合的促进行为转变的手段，促使行为向健康的方向发展。

（一）基本健康行为

大学生的基本健康行为包括：①每天正常规律的三餐；②每天吃早餐；③每周2～3次适量的运动；④充足的睡眠（每晚 7～8 小时）；⑤不吸烟；⑥保持适当的体重；⑦不饮酒或少饮酒。

（二）健康相关行为

WHO（2003 年）宣布的人类健康十大危机包括：营养不良、肥胖、不安全性行为、高血压、吸烟、酗酒、不洁饮用水和恶劣的卫生状况、高胆固醇血症、室内烟雾、缺铁性贫血等。这些危机每年夺取全球 2000 多万人的生命，占总死亡人数的 40%。其中，人的行为对健康的影响作用占 60%，在发达国家高达 70%～80%，在发展中国家也占 40%～50%。

健康行为学将行为分为健康相关行为（health-related behaviors）和健康导向行为（health-directed behaviors）。其中，健康相关行为指个体、团体与健康和疾病有关的行为，一般分两大类：促进健康行为和危害健康行为。

1. 促进健康行为

促进健康行为是处于健康状态的个人或群体表现出的、客观上有利于自身和他人健康的一组行为，是对环境适应的表现。

（1）基本特征

表现为以下几点：①有利性：行为的表现有益于自己、他人和全社会；②规律性：行为表现有恒常的规律；③和谐性：个体行为表现既有自己鲜明的个性，又能根据整体环境随时加以调整；④一致性：行为本身与内心的心理情绪一致，没有冲突或表里不一的情况；⑤适宜性：行为强度由理性控制且对促进健康有利，无明显的冲动表现。

（2）分类

根据健康行为的表现及其对健康的促进作用，可将个体的促进健康行为细分为：①日常健康行为：合理膳食、充足睡眠、积极锻炼等；②保健行为：定期体检、预防接种等合理应用医疗保健服务，以维护自身健康的行为；③避免有害环境行为：对有害环境采用调适、主动回避、积极应对方式（positive coping style）等行为；④戒除不良嗜好，如戒烟、不酗酒、不滥用药物等；⑤预警行为：乘飞机、坐汽车先系安全带等预防事故发生和发生事故后的正确处理行为；⑥求医行为

(health-seeking behaviors)：主动求医，真实提供病史症状，积极配合诊治，保持乐观向上情绪等患病时寻求科学可靠的医疗帮助的行为；⑦遵医行为 (compliance behaviors)：患病后能积极配合医生、服从治疗的行为。

（3）对健康影响的中介因素

促进健康行为本身对健康有直接的促进作用，还可通过生理、心理的中介因素促进健康，如能积极应对，可动用内部心理资源和外部社会网络，减少心理挫折、增加良好的情绪体验。

2. 危害健康行为

危害健康行为是个体或群体偏离个人、他人、社会的期望而表现出的一组行为。

（1）主要特点

①对健康的危害性：对自己、他人和社会的健康有直接或间接、明显或潜在的危害作用；②对健康的危害有相对稳定性：有一定的作用强度和持续时间；③行为的习得性：这类行为是个体在后天生活中习得的，又称"自我创造的危险因素"。

（2）青少年中常见的危害健康行为的分类和表现

青少年中常见的危害健康行为，指青少年个体或群体在偏离个人、家庭、学校、社会的期望方向上表现出的一类行为。这类行为可能给青少年的健康和完好状态乃至成年期的健康和生活质量造成直接或间接的损害。

参照美国 CDC "青少年危险行为监测系统"（young risk behavior surveillance system，YRBSS）的分类，结合我国国情，将青少年危害健康行为分为以下七种，见表 1-3 所列。

表 1-3 青少年危害健康行为的分类和表现

青少年危害健康行为分类	主要表现	危　害
易导致非故意伤害的行为	不安全乘/坐车行为，骑自行车违规行为，不安全游泳行为	引发交通事故伤害、溺水、坠落、烧/烫伤等非意外伤害
易导致故意伤害的行为	携带枪支或凶器，校内外斗殴，自伤和各种自杀行为	引发伤害、他杀、校园暴力、自杀未遂或死亡，影响社会安定
物质滥用行为	吸烟、酗酒、吸食毒品和滥用其他药物等行为	显著增加疾病和其他危害行为的发生
网络成瘾	①过去 7 天内平均每天上网时间超过 4 小时；②不上网时仍想网上内容；③因不能上网而感到无聊和焦虑；④期望上网的时间比目前更长；⑤上网时间经常超出预期；⑥想不上网，但无法自控；⑦因上网不能完成作业或逃学；⑧向家长、同学、老师隐瞒上网事实；⑨因上网而与老师或家长发生冲突；⑩借上网摆脱困境、抑郁、无助或焦虑。（出现以上 10 项中的 5 项者，可诊断为"网络成瘾"）	影响学业、家庭关系和社会适应

（续表）

青少年危害健康行为分类	主要表现	危　害
易导致性传播疾病和意外妊娠的性行为	多性伴侣、不使用安全套等	增加少女妊娠和流产发生率，感染艾滋病或其他性病，影响女性生育能力，社会影响不良
不良饮食和体重控制行为	不吃早餐；牛奶、蔬菜水果摄入过少；软饮料、高热量食物摄入过多；体象（body image）障碍，盲目减肥意念，不健康减肥行为（包括限食、不参加体育活动、长时间禁食、催吐等不良体重控制行为）	肥胖、进食障碍易患率增加
缺乏体力活动行为	缺乏体育锻炼、缺乏户外运动、看电视时间过长、不愿步行或骑车上学、只乘电梯上下楼、长时间从事静坐活动等	过早死亡，冠心病、高血压、肠癌和糖尿病的患病危险增加，体质下降

四、增进心理健康

　　大学时代是人生最活跃、最丰富多彩的时期，也是切断个人与父母、家庭在心理联系上的"脐带"，构建自己独立心理世界的关键时期。有人称这一时期是心理"断奶期"。在适应大学学习方式和独立生活过程中，部分大学生难免会遇到暂时性困难，加上社会转型与变革的时代背景，又使他们面临一些心理问题，相当比例的大学生出现明显的心理障碍，且呈逐年上升趋势。因此，大学生自己有必要了解自身的心理特点，帮助自己和同学解决心理发展过程中和日常生活中经常遇到的心理行为问题，开发自己的心理潜能，优化自身的心理素质，达到全面、充分、和谐主动地发展的目的，这也是全面推行素质教育的重要课题。

（一）大学生心理问题的成因及其表现

　　大学校园这一特定环境和社会转型期的复杂性使得大学生们成长发展中充满了困惑与矛盾，主要表现为：①自我意识的增强与认知能力发展的不协调；②独立性和依赖性的矛盾；③情感丰富但不稳定；④封闭性和开放性的矛盾；⑤理想和现实的矛盾；⑥性成熟与性心理的冲突。这样一来，大学生中心理卫生问题便有了增加的趋势。

　　广义的心理卫生问题是指心理活动、个性特征以及行为偏离一般人群的表现，并产生不良的自我感觉或损害社会适应，其中包括了一过性、情景性或程度较轻的心理问题；狭义的心理卫生问题，是指心理发育和行为严重偏离同龄人群的发育轨迹和社会文化准则的各类心理症状、外显行为及其综合征，临床表现为持续时间长，严重影响生活、学习及社会适应的各类综合征，符合疾病的分类与诊断系统（如上述表1-2所列的各种心理障碍）。

大学生心理问题既有其普遍性，又有特殊性。

（1）成人中各种心理障碍在大学生中均有表现，如功能性消化不良等身心疾病，焦虑、抑郁、强迫等神经症，恋物癖等性心理异常等等。国内外相关研究显示，大学生的抑郁、焦虑、强迫、人际关系和适应不良、人格障碍的比例在16%～30%之间。

（2）情感性抑郁引起的自杀和人格障碍等适应困难十分常见，因心理障碍致休学增加。

（3）缺乏学习动力。一部分大学生面临专业课和各种等级考试等学习的压力，还有为数不少的大学生学习动力不足，厌恶学习，花费大量的时间用于结交朋友、恋爱、上网等。

心理不健康者学习状态　　　　　　心理健康者的学习状态

（4）病理性网络成瘾等与现代媒体发展有关的精神障碍增多。病理性网络成瘾已成为一些高校学生最常见的考试不及格、受处分及退学的原因。

大学生心理问题呈上升趋势，已经成为不争的事实。随着大学生中独生子女比例的增加，这些心理问题将更加突出。严峻的事实警示我们，如果大学生的心理健康问题不加以认真研究解决，不仅严重影响未来高级人才的质量，还将诱发一系列的社会问题。

（二）大学生心理健康促进

1. 正确认识和评价自己
（1）认识"自我"的基本结构（见表1-4所列）

表1-4　自我意识的内涵

类　型	自我认识	自我情感	自我控制
物质的自我	对自己身体、外貌、衣着、家属、所有物的认识	自豪感或自卑感	追求身体的外貌、物质欲望的满足、维持家庭的利益
社会的自我	对自己在团体中的名望、地位以及自己拥有的亲友及经济条件的认识	自豪感或自卑感	追求名誉地位，与他人的竞争，争取得到他人的好感等
精神的自我	对自己的智力、性格、气质、兴趣等特点的认识	自豪感或自卑感	追求信仰，注意行为符合社会规范，要求智慧与能力的发展

（2）正确认识、悦纳并主动调控自我

"人贵有自知之明"，对自己的认知偏差即"主我"和"客我"的偏差，是心理问题产生的很重要因素。自己对自己的认知评价偏低，容易产生以自卑为核心的各种不健康心理，比如胆小、拘谨、敏感、自暴自弃等；对自己的认知评价偏高，容易产生以自负为核心的各种不健康心理，比如自高自大、孤芳自赏等。所以大学生在认识自己的时候，要运用全面、发展、批判的眼光，结合体力、智力、社交、性格等各个方面，全面、综合地把握自己。"正确地认识自己"是心理健康的重要前提，也是大学生保持心理健康必须完成的重要任务。

大学阶段的学生自我意识正处在发展、稳定、完善的关键时期，大学生自我意识的健康发展、完善和稳定，有助于他们减少或防止各种心理疾病的发生，自我认识是自我意识的一种表现形式，如果不能客观地认识和评价自己，必然导致种种心理障碍。所以应尽量做到不过分"追求完美"，善于保持心理平衡，保持他人期望和自我认识的一致性。

2．调节和控制情绪

情绪的困扰在大学生群体中是比较突出的心理卫生问题，其中抑郁症、焦虑症、强迫症等神经症在大学生心理疾病中占有很高的比例。这些神经症一方面受大学生所处特定时期的情绪活动特点影响，另一方面也受到各种环境因素的影响。在适应新的学生和生活环境时，在处理理想和现实的冲突时，在面临学习和恋爱的挫折时，在应对生活事件时，需要有效地调节心理冲突，达到情绪稳定。

☞ 学与做

保持一份好心情

心情一——抑郁不可怕

每个人在某个时候都会经历过抑郁。轻微的抑郁并不可怕，但若发展成抑郁症，就不能等闲视之了。那么，如何消除抑郁呢？建议你进行正常社交；给自己订计划时留有余地；多肯定自己……

心情二——从忧到喜

在学校里受到老师批评、外出遇到不愉快的事情，如何调整自己的情绪，使之尽快恢复常态呢？建议你不妨亲近宠物，与小动物交流可使烦躁的心情平静下来；养花种菜也可有效调整不良情绪；培养自己的业余爱好，如集邮、打球、钓鱼、玩牌、跳舞等，这些都能使业余生活丰富多彩。

心情三——变压力为动力

压力过大，将引发诸多心理和生理上的功能障碍。建议你保持乐观，努力在消极情绪中加入一些积极的思考；每天早晨或晚上进行20分钟的盘腿静坐或自我放松训练，给自己一种内心平衡感；抽空去想一想或回味一下那些令自己快乐的事情。另一行之有效的方法就是把一切都写下来。每天花 10 分钟，把自己的感受写满几页纸，事后不要修改，也无须再重读。

3. 培养良好的个性品质

在现代竞争激烈的社会里，大学生更应具备迎接各种挑战的心理承受能力，有目的地培养良好的个性是关键。个性与遗传有关，但更重要的是后天环境的影响和人的自我教育和修养。大学生性格可塑性大，矫正其不良性格，并使之逐步走向成熟，也是自我调适的重要基础。

4. 提高适应环境的能力

中外许多心理学家曾对心理健康下过不同的定义，但都无一例外地提到良好的社会适应是心理健康的重要标准之一。社会适应状态良好，意味着个体与环境处于协调、平衡的状态，从而身体健康，情绪乐观、稳定，学习和工作游刃有余。

5. 学会自我"合理化"和合理化思维

有时外界环境是很难一下子改变的，能改变的只有我们对环境的认知和态度。面对前进道路上的各种挫折，大学生应多一点阿 Q 精神，善于运用各种理由把环境进行合理化。虽然阿 Q 精神一直被我们所批判，但从心理健康的角度来讲，却是可取的，它能够使我们的心理不至于太失衡。只有以宽容的态度、弹性的心态对待生活中的各种挫折，才能使我们的心理问题"软着陆"，减少挫折感，缓解外部环境带给自己的压力，保持心灵的健康与愉悦。我们还应该常常反思一下自己习惯性的不合理思维，并主动寻找合理的建设性思维，减少焦虑或愤愤不平，心平气和地应对面临的困难或"不公"。养成快乐的习惯，你就变成了情绪的主人。

6. 在集体活动和社会生活中进行道德实践训练

研究发现，做出偏激行为的大学生，往往是一些性格孤僻、沉默寡言、自闭倾向严重的人。心理学研究表明，有了心理问题，越是封闭、压抑自己去克服"症状"，越是进入了一个"注意"与"症状"的恶性循环中。"顺其自然"，投身于各种活动，能使注意力很自然地转移到外部有趣的活动中，忘掉"症状"，减轻烦恼。

大学生在各项社会活动、集体活动中能学到待人处世的知识和经验，体现自己的存在价值，满足独立性的社会心理需求，逐步提高自我教育、自我管理、自我服务、自我约束、自我控制的能力。因此，大学生们应积极参加各种活动，如文艺演出、郊游、植树、辩论、聚会等，这样才能敞开心扉，增加人际交流，发挥专长，缓解内心的压力，有益于心理健康。与此同时，还应充分发挥班级、党团组织等作用，让同学们在集体活动中培养自我教育能力。

第三节　大学生健康教育的途径

健康教育是以健康为中心的全民教育，需要社会人群自觉参与，通过自身认知态度和价值观念的改变，采取有益于健康的行为和生活方式。从原则上讲，健康教育最适于那些有改变自身行为愿望的人群。大学生对健康的追求高，健康教育可接受性强，既可通过学校健康教育课程的途径实施，又可发挥主观能动作用，实现健康自我教育。

一、健康教育的实现过程

健康教育需要引导大学生自觉培养良好行为，改变不良行为，需要健康知识的获得、态度的调整和行为的形成。

（一）获得健康知识

许多不良行为的形成，源自对科学知识的缺乏。因此，通过多种方式传授科学知识，是健康教育的主要形式。通过学习知识，消除无知和愚昧，确立珍惜生命、热爱生活的观念，抵御各种不良诱惑，以正确方法维护自身健康。

（二）转变态度

态度指对各种事物和人所持的行为倾向，对行为起直接干预作用。有了正确态度，也就有了建立健康行为的动力。但是，学生一方面接受学校教育，另一方面又可在周围不良因素诱导下形成不良行为。不良行为一旦形成，改变起来将很困难。所以，应抓紧本阶段的有利时机，使学生尽快将掌握的知识转化为建立健康行为的动力。在评价过程中了解学生对健康的态度，也是衡量某教育活动是否取得良好效益的重要依据。

（三）提高自我保健意识，建立健康的生活方式

现代学校健康教育特别注重引导学生懂得：保持健康不能依赖医生和家长，最好的办法是依靠自己的努力，学会自己去利用各种保健服务；在自我保健意识提高的基础上，减少或者消除危害健康行为，建立健康生活方式，如做到合理营养、体育锻炼、防范伤害，对各种不良诱惑学会说"不"等，从而真正实现"从现在起就学会能应对各种不期而遇的健康挑战所必备的认知和行为"（L. W. Green）。

二、学校健康教育

学校健康教育作为学校系统教育的组成部分，应当全面推行健康促进的各项工作，运用教学、课外活动等多种教育形式，促进学生健康。

1. 进行学校健康教学

针对学生认知水平，围绕知识、态度、技能、行为等需求，设置课程和课时。每次教学都应目标明确、重点突出。教师可根据实际需要，灵活采用多种教学方式来提高兴趣和加深理解。教学不仅限于课堂，还可通过社会实践活动进行，如组织

学生参加环境卫生清洁、"世界艾滋病日"宣传活动等。活动前要充分动员，教师要发挥言传身教的作用，活动后应及时总结，使教育内容得到升华。

2. 开展学校健康服务

可配合学校各种卫生保健活动（如健康体检、免疫接种、突发事件应急处理等）提供相应的知识宣教、咨询服务、行为指导等，帮助学生树立健康信念，促进行为改变。既可以在班级、团队活动中针对学生中普遍存在的困惑进行集体指导，也可针对存在特殊问题的学生进行个别指导。通过真实事例进行启发、说服，促其改变不良行为。

3. 营造学校健康环境

目的是营造促进学生培养健康意识的外部环境，分物质和人际两方面。物质环境指学校的各种活动和措施（如课程安排、规章制度、学习负担、教学设施等）是否有利学生健康。人际环境指师生间、同学间的人际关系是否协调，是否尊师爱生，学校整体环境是否已形成和谐健康的气氛等。

三、大学生健康自我教育

大学生健康教育的本身就是一个积极的、主动的、能动的教育过程。自我教育是人心理的高级整合机制，是智力因素、非智力因素、自我意识及其相互关系的高级调控机制，是心理素质的核心。它具有巨大的能动作用，对人的生理、心理、社会文化整体素质各要素及其相互关系也起调控作用。可通过三个途径实现，即书本、咨询和同伴教育。

大学生是文化程度较高的群体，其自学能力和领悟能力都较强，通过向书本学习，可了解心理活动特点，掌握完善自我、提高心理适应能力的方法；他们还可以积极寻求咨询，主动获得他人帮助；另外，通过同伴的良好影响，心理上有暂时困惑甚至严重心理障碍的同学获得心理支持，给予他人帮助的同学也会达到"救人者，自救"的效果。

自我教育将是大学生心理健康教育的根本途径。提高心理健康的自我教育能力，就能提高自身对心理障碍的预防和抵御能力，从而增强心理免疫力，最终达到心理健康。

（陶芳标，刘保莉）

第二章 大学生心理健康

第一节 塑造健康人格

缺乏良好教养的人无法明白朴素和自然标志着最真实的高贵。

——W. S. 毛姆

He who had not the good breeding can't see that simplicity and naturalness are the truest marks of distinction.

——W. S. Maugham

所谓健康人格，就是指人具备良好而健全的做人的品质，它是一个人学习和才华、气质和风度、品质和品格的总和。它体现着一个时代对人才培养的价值取向，体现着做人的方向和基本的标准。在一定意义上说，健康人格作为个体生命独立、理性、自主、自觉的存在方式，使个人的理想、信念、勇气和毅力成为可能。

一、人格的类型和特质

关于人格（personality）一词，不同的学科有不同的解释和定义。但无论是从法学，还是从心理学、伦理学意义上来解释人格，我们可以找到基本的一点是，它们都注重研究人的特性，从某一侧面指出人与其他动物相区别的内在规定性。正因为如此，一些学者认为人格是"做人的起码资格"。人格是由多方面特质构成的统一整体，某个方面的特质不健康，或存在缺陷，或存在不良倾向，都会影响人格的和谐发展。就像人人都希望有一个健康的身体一样，从自我完善的角度来说，人人同样也希望有一个健康的人格。

人格是一个人独特的心理品质和行为的特征性模式。心理学家从几种截然不同的类型对个体进行分类，在不同的特质上对个体用等级进行分类。

（一）人格类型分类

持人格类型理论的学者认为，可以用不同的特点对人们进行分类，即将人们归入不同的、各自的、相应的类别——人格类型（personality types）中。持类型理论的专家认为，不同人格类型的人是独立的、不连续的。如果把一个人归于某一类型，则那个人就不能归于另外一个类型。

1. 希波克拉底气质类型

希波克拉底是生活于公元前 5 世纪的希腊医生，他认为，人有四种基本体液，每种体液与一个特定的气质类型（定义为一种情绪和行为模式）相对应，见表 2-1 所列。

表 2-1　希波克拉底气质类型

体　液	气　质	表　现
血液	多血质	快乐、好动
黏液	黏液质	缺乏情感，行动迟缓
黑胆汁	抑郁质	悲伤，忧愁
黄胆汁	胆汁质	易激动，易兴奋

2. 威廉·赛尔顿（William Sheldon）体型与人格类型

威廉·赛尔顿于 1942 年提出体型与气质联系在一起的一种人格理论，见表 2-2 所列。尽管在当今的流行媒体中依然有所反映甚至是被鼓吹，但威廉·赛尔顿关于体型的类型学说被证实与个体行为几乎没有相关。

表 2-2　威廉·赛尔顿人格类型

人格维度	体型外在表现	人格特征
内胚层型	胖，柔软，圆润	放松，好社交，好吃东西
中胚层型	肌肉发达，矩形身材，强壮	充满活力，有勇气，有过分自信倾向
外胚层型	瘦长，虚弱	有头脑，爱好艺术，内向，更多地考虑生活

3. 弗兰克·沙洛威（Frank Sulloway）人格类型理论

弗兰克·沙洛威于 1996 年提出基于出生顺序的现代类型理论，即用出生顺序预测人格的方法。根据沙洛威的观点，头生儿的位置是现成的：他们直接要求父母的爱和关注；他们通过认同和遵从父母来寻求保持最初的依恋。相反，后出生的孩子的位置就不同了——一个无法非常清楚地得到父母模范作用的位置。随之，沙洛威将后出生的孩子特征化为"天生的反叛"："他们要在先前出生的孩子还没有占到主导地位的领域里占有优势。后出生的孩子通常对经验有开放性态度——一个有用的策略，以在生活中获得更新颖、更成功的位置。"

（二）人格的特征划分

持特质理论的专家则认为，个性的品质或特质在各种情况下的行为具有一致性。

1. 阿尔波特的特质理论

阿尔波特（Gordon Allport）将特征看作人格的框架和个性的根源，并将特质分为首要特质、核心特质和次要特质。

首要特质可能为了他人的利益自我牺牲，如人们通常将马丁·路德·金视作具有和平抵抗不公的首要特质。

核心特质代表一个人主要特征，如大家将林肯总统的诚实视作核心特质。

次要特质是有助于预测个人行为的特定的、个人的特征，如人们视诗人李白在作诗时离不开美酒的嗜好为一种次要特质。

阿尔波特将人格结构视作个体行为的关键决定因素，而不是环境决定个体行为，认为相同的刺激对不同的个体产生不同的影响。阿尔波特等随后通过对字典的检索，发现英语中有 18000 个形容词被用来描述个体差异。

2. 卡特尔 16 种人格因素

卡特尔（Raymond Cattell）在阿尔波特等研究基础上，提出了 16 项人格因素作为根源特质，认为这 16 项因素是表面行为的潜在根源。卡特尔 16 项人格因素包含了人的重要行为范畴，如保守和开放、信赖和怀疑、放松和紧张等。

3. 艾森克特质理论

艾森克（Hans Eysenck）根据人格测验数据将人格分为三个维度：内外向性、神经质和精神质。内外向性是指个性中的内源性导向或外源性导向行为特征，如安静与活跃、被动与主动、谨慎与冲动等。神经质是反映情绪稳定性和不稳定性的维度，如镇静与不安，情绪越不稳定，表明越有神经质倾向。一个人攻击性强，有反社会行为，提示有精神质倾向，其反面是人的善良、体贴。艾森克认为，两个维度可以组合，如一个人外向且情绪稳定性差，则在行为上可能冲动。

4. 五因素模型

20 世纪 60 年代，Norman（1963，1967）、Tupes 和 Christal（1961）等提出用五因素可更好地描述人格结构，称为五因素模型（five-factor model），见表2-3 所列。这五个维度非常宽泛，因为在每个维度中都包含许多特质，这些特质有各自独特的内涵，但都有一个共同的主题。

表 2-3　五因素模型

因　素	双　极　定　义
外向性	健谈的、精力充沛的、果断的／安静的、有保留的、害羞的
和悦性	有同情心的、善良的、亲切的／冷淡的、好争吵的、残酷的
公正性	有组织的、负责的、谨慎的／马虎的、轻率的、不负责任的
情绪性	稳定的、冷静的、满足的／焦虑的、不稳定的、喜怒无常的
创造性	有创造性的、聪明的、开放的／简单的、肤浅的、不聪明的

五因素模型具有普遍性，已在多种语言背景中得到重复。

尽管人格类型和特质理论能够对一个人的人格进行精确的描述，但还不能解释与人格相关的行为活动是如何发生的。以下介绍的理论将更注重个体内相互冲突并导致人格变化和发展的驱动力。

5. A 型行为与健康

20 世纪 50 年代，两位心脏科大夫 Meyer Friedman 和 Ray Rosenman 从临床研究发现，某一人格特征的人更易得心脏病。他们在 1974 年发表的论文中指出，具有 A 型行为模式（type A behavior pattern）的人更易患冠心病。

具有 A 型行为的人表现为极端好胜，富有攻击性，缺乏耐心，有时间紧迫感，常怀有敌意。A 型行为者对生活中的某些核心部分感到不满，极富竞争性且野心勃勃。其中，A 型行为中在其人格特质中表现出来的最大的"毒性"就是敌意。敌意对健康的影响可能因为心理原因——导致应激反应的过度唤醒，也可能是另一心理原因——导致带有敌意的个体养成不良的健康习惯，而且躲避社会支持。

与 A 型行为的人相对的还有 B 型行为的人，他们有较少的竞争和较少的敌意。

近年来，人们开始关注第三种行为模式，即 C 型行为模式。C 型模式的人表现为"善良"，自我牺牲，合作且愉快，不果断，耐心，服从外部权威，不将消极情绪，特别是气愤情绪外露，这种行为特征的被动性常常使人压抑自己的观点和情绪。研究表明，C 型行为可预测哪些个体容易患上癌症或加重癌症病情。

已有研究者通过行为训练改变 A 型和 C 型行为。如训练 C 型行为的人将失败归于外部原因，即事件的不稳定性和可变性，培养个体的乐观性格。乐观地应对生活事件不仅对心理健康产生良好的影响，而且有利于免疫系统发挥作用。

☞ 学与做

减少 A 型行为

请自我评定以下 16 题，在"是"、"否"上打钩。

自 评 项 目	是	否
(1) 你是否愿意同时做几件不同的事，如打电话、举行会谈、在本子上记录、来回转动椅子？		
(2) 你是否在休息时产生一种总有该做之事的负罪感？		
(3) 你是否很快就厌烦了与别人谈话？你是否发现自己总想打断对方，或替他们把话讲完，或催促他们？		
(4) 你是否想把谈话引入你感兴趣的话题而不是倾听别人感兴趣的话题？		
(5) 你是否急于把手头上的事干完，以便接手另一项任务？		
(6) 你是否不太留意与你工作无关的事？		

自　评　项　目	是	否
（7）你是否更愿意占有而不是被占有？		
（8）你是否总是以最快的速度做更多的事？		
（9）你是否发现你这种人容易引起争议，而懒惰之人则令人愤怒？		
（10）你是否感到紧张和惊觉？		
（11）你是否对赢而不只是对参与或自我享受更感兴趣？		
（12）你是否发现自嘲是很困难的？		
（13）你是否发现授权于人是很困难的？		
（14）你是否发现参加会议不发言是很困难的？		
（15）你是否更喜欢有各项活动而不是享受彻底放松的假期？		
（16）你是否促使你的家人、下属努力达到你的标准，对于他们在生活上真正需要什么不感兴趣？		

极端的 A 型行为者 16 个项目的答案全部是"是"。回答"是"越多，则 A 型行为倾向越严重。

以下是对 A 型行为者的几点建议：

1. 放松自己的时间安排。认识自己急躁忙乱的生活方式对心理和身体健康带来的不利影响，放慢工作和生活节奏，取消最后的期限，放慢走路、说话和运动的速度。

2. 对自己、别人要有耐心。研究自己的长处和不足，不单纯向自己提要求。认真听取别人的意见，让人把话说完，不插话。理解"生存"与"工作"的关系，享受生活而不是"占有"一切。

3. 培养一种爱好、养成运动的习惯。从工作的束缚中解脱出来，培养爱好。活动性休息是放松紧张的大脑的最佳方法。

4. 给他人更多的理解。避免过分关注他人在性格、爱好、志趣、价值观等方面与自己的差别或要求相去甚远。理解他人拥有自己的个性特点，理解不同的个性特征都有其两面性。

二、人格障碍与大学生

大学生人格成长过程中所反映出来的问题，既有社会、学校、家庭教育方面的原因，又有大学生自身方面的原因。因此，高校在德育工作的实践中要有针对性地、有重点地加大工作力度，采取强有力的措施，帮助学生提高心理素养和道德素养，消除人格成长中的障碍，不断提高人格的健康水平。

（一）时代赋予大学生健全人格的标准

1. 正确的自我意识

自我意识是个体对自身的认识及对周围事物关系的认识。对自己有恰如其分的评价，充满自信，注重自我的确立，才能悦纳自己，有效地调节自己的行为与外界环境保持平衡。缺乏正确的自我意识则有冲突、矛盾的心理，缺乏自觉性，难以自我调节。建立和谐的人际关系，乐于与人交往，能充分认识人与人交往的重要作用，富有同情心，理解、悦纳他人，并采取恰当的形式与人沟通，这些是健康人格的重要标准。健康的人常以诚恳、公平、谦虚的态度尊重他人，同时也受到他人的尊重与接纳。

2. 良好的社会适应能力

人格健全的人能够对社会环境中的一切刺激做出恰当正常的反应，适应社会变化，与社会现实保持良好的接触，不回避现实，主动面对现实生活的各种挑战，能把自己的智慧和能力有效地运用到能获得成功的工作和事业上，表现出良好的社会适应能力。

3. 积极乐观的生活态度

乐观的人对自己所从事的工作或学习持有浓厚的兴趣，能友好地对待自己和他人，以愉快的眼光去看待事物，对前途充满希望和信心。积极乐观的人生态度是人类在社会实践中获得的本质力量的表现。从本质上说，积极乐观的态度是人格健全的最重要品质，是人走向自我完善的最重要的特征。

4. 良好的情绪调控能力

人格健全的人情绪反应适度，能经常保持愉快、满意、欣慰的心境，具有调节和控制情绪的能力，保持情绪的相对稳定。当消极情绪出现时能合情合理地宣泄、转移和升华。良好的情绪是人格成熟的标志。

5. 完整而稳定的人格特征

人格具有相对稳定性，并在一切活动中显示出区别于他人的独特性，在没有重大变故的情况下，一般不易改变。

（二）大学生常见的不良人格障碍

人格障碍是指人格系统发展的内在不协调，个性发展的畸形与偏异状态，并表现为与社会行为规范相背离的行为，从而使患者对环境适应不良，明显影响其社会和职业功能或造成内心痛苦的一种心理障碍，有时也称为变态人格、病态人格、人格异常等。人格的常态与变态只能在一定历史条件下与其所处社会人群的均数（常态）比较而言。

1. 大学生人格障碍的基本特征

人格障碍具有下述基本特点：①早发性，一般从青春期开始；②情感或意志行为严重偏离正常，不协调，不稳定，但智力尚可甚至可能超常；③行为目的和动机不明确，易冲动；④社会适应不良；⑤缺乏自知力和自制力，屡教不改；⑥人格障碍一旦形成很难纠正。

人格障碍表现多种多样，其共同之处在于这些人的心理和行为一旦形成就难以改变，适应社会困难但又不能从生活经历中吸取教训。

2. 大学生人格障碍常见类型

大学生人格障碍是多种多样的，较为常见的人格障碍主要有以下几种类型：

（1）强迫型人格障碍

主要表现为过分的自制和自我束缚，要求自己十全十美，责任感过强。例如墨守成规，缺乏应变能力；过分注重工作，谨小慎微，遇事优柔寡断；平时拘谨，小心翼翼，自我怀疑，思想得不到松弛等。一般认为强迫型人格较易发生强迫性神经症和抑郁症。

（2）无情型人格障碍

又称反社会型人格障碍、违纪型人格障碍，这是对社会影响较严重的类型。其主要特点是：缺乏正常的人间友爱，冲动行为，经常违法乱纪，缺乏罪责感，不能吸取教训。此型以男性为多，常在少年后期发展到高潮，到成年后期违纪行为即趋减少。

（3）分裂型人格障碍

主要表现为退缩、孤僻；对人对事缺乏起码的温和，不爱社交，几乎没有朋友；常做白日梦，沉溺于幻想之中；缺乏进取性，对事物采取漠不关心的态度，很难适应人员众多的场合和需要交际来往的工作等。Slater 和 Roth（1969）注意到患精神分裂症的人，其病前性格半数为分裂型人格。

（4）偏执型人格障碍

多见于男大学生。其主要特点是固执、多疑、喜好争辩和过度敏感。例如，易于把别人本来中性的甚至是友好的表示看作蔑视或敌视行为；遇挫折推诿客观，不愿意接受批评，自己的观点受质疑时，往往进行诡辩；表现孤单，有不安全感，缺乏幽默感；在生活和工作中容易与别人发生摩擦，难与领导相处，也容易与同事不和，别人常对其敬而远之等。

（5）爆发型人格障碍

包括易兴奋型、情绪不稳定型和攻击型。一般在学龄儿童开始，常因微小的精神刺激而突然爆发非常强烈的愤怒情绪和冲动行为，自己完全不能克制；间歇期表现是正常的。对发作时的所作所为感到懊悔，但不能防止再发。

此外还有冲动型、焦虑型、依赖型等多种人格障碍，而且各型人格障碍有重叠之处，难以确切区分。

【案例 2-1】马加爵，男，云南大学生化学院生物技术专业 2000 级本科生。他原本是一个默默无闻的大学生，却制造了震惊全国的恶性杀人案件。人们不禁要问：一个从广西山区走出来的带着全家人希望和重托的国家重点大学即将毕业的大学生，一个曾经获全国物理竞赛二等奖、高考以 697 分的优异成绩考上国家重点大学的前程远大的大学生为什么会犯下如此惨绝人寰、灭绝人性的、连杀四名同学的命案？

【评析】有关专家对该案件经过会审、分析认为：马加爵性格自卑、内向、孤僻，来自经济、就业和人际关系等方面的压力过大，于是他用杀人的方式来补偿自己的自卑等心理。有的专家认为：马加爵可能有混合型人格障碍，属于分裂型和攻击型，前者特征是对人冷漠、言语表达怪异和可笑、在人际交往方面存在明显缺陷等；后者特征是具有攻击性、脾气暴躁易发火等。马加爵的表现很符合这些特征，而这种人格障碍很大程度上是由于自卑或压力导致的。马加爵有预谋地杀人行动表示，他所承受的压力因长期压抑在心中，没得到及时发泄，最终形成一贯性的性格压抑，致使他必须从杀人等行动中体验到快感。

马加爵的悲剧，是家庭和学校教育的悲剧。长期以来，我国教育忽视人格教育，当学生已经明显表现出人格问题时，学校也缺乏足够的警惕和关注。马加爵事件发生后，社会各界对青少年心理卫生问题更加关注，高校也越来越重视大学生健康人格的培养。

三、大学生健全人格的培养

大学生的人际适应人格不仅具有青年中期情感依恋和人际交往的一般意义，而且对大学生心理发展和人格完善有特别重要的意义。塑造完善的人际适应人格，不仅是其完成从中学生到大学生的角色转换，将自己从"标签层面上的大学生"培养成为"观念层面上的大学生"，进而成长为"人格层面上的大学生"的需要，也是其有能力从容直面就业竞争、在社会生活和职业岗位上充分发挥才干、进而实现自身价值和服务祖国人民的需要。因而，为适应社会发展进步、学校育人目标的实现和大学生人格完善之需要，我们应当以大学生的人际适应人格为基点，将塑造大学生的人际适应人格作为促进大学生全面发展的重要内容去研究。

（一）加强大学生心理健康教育

心理健康是一种持续、高效而满意的心理状态，在这种状态下，人的生命具有活力，潜能能够得到开发，价值能够得到实现。大学生心理健康的要求大致可以概括为以下几个方面：一是能够保持对学习的浓厚兴趣和求知欲望；二是能够保持正确的自我意识；三是能调节与控制情绪，保持良好的心境；四是能保持和谐的人际关系并乐于交往；五是人的气质、能力、性格和理想、信念、人生观等各方面平衡发展，保持完整统一；六是保持良好的环境适应能力；七是心理行为符合年龄特征。心理健康是人格健康发展的基础和具体体现，是独立、自主、创造性人格形成的必备条件。因此，高校要根据大学生的心理特点，有针对性地做好下列工作：

1. 加强大学生适应能力的培养

适应能力是个体面对新的或变化了的环境，内部心理状态与外部环境保持一种动态平衡的能力，即能积极运用外界环境提供的条件，机动灵活地进行积极的心理调适和行为控制。由中学到大学，每个大学生都面临一连串的适应问题，如角色的变化，人际关系的变化，学习生活环境的变化等。因此，要突出抓好大学生适应能力的培养，帮助他们正确地认识自我、评价自我、接受自我，树立坚定的自信；引导他们学会处理各种人际关系，掌握处理人际关系的基本原则，坚持用真诚、尊重、信任、友爱、宽容、理解的态度与人相处，与他人、与集体保持协调关系；引导他们以积极的心态面对新的变化了的环境，善于调整自我。

2. 加强大学生耐挫能力的培养

挫折是人在通往目标的道路上遇到阻碍或干扰，致使个人动机不能实现，需要不能满足时产生的沮丧、失意、焦虑、紧张或愤懑的心理状态。俗话说"人生逆境十之八九"，大学生在校遇到学习生活、人际交往、恋爱、就业等方面的挫折，是经常性发生的。培养大学生耐受挫折的能力，不仅使大学生能承受挫折，避免引发心理矛盾，更重要的在于他们今后能以强者的姿态面对社会现实。

培养大学生的耐挫能力，首先要帮助他们正确地分析产生挫折的原因。造成挫折有主观和客观的原因，是主客观交互作用的结果，但就其实质而言是个体心理的冲突与不平衡。因此，要引导大学生善于调适来自需要、动机、能力、抱负等方面的心理冲突，确立既合乎自身实际，又能促其上进的期望值和抱负水平，避免欲达而不能所带来的心理挫折。对受挫折的人，应引导他们对不良情绪进行合理宣泄，缓释心理压力；要充分发挥学校党团组织、辅导员、专职心理工作者的优势，抓住大学生生活中几个关键发展阶段进行心理指导，使心理健康教育在"新生刚入学的适应期，遭遇感情纠葛的困扰期，学习目的不明确的迷惘期和毕业分配的选择期"发挥特殊的功能，使学生遭遇挫折的机会或挫折感的最终形成减少。

（二）加强道德品质教育

道德品质是一定社会或一定阶级的道德原则、规范在个人思想和行为中的体现，是一个人在一系列的道德行为中所表现出来的比较稳定的特征和倾向。大学生良好的道德品质，是社会主义道德原则和规范在大学生身上的体现和凝结，也是中华民族传统美德在新一代大学生身上的传承和弘扬。其基本要求大致可以概括为以下几点：一是孝敬父母，勤劳节俭；二是尊敬师长，团结和睦；三是立志勤学，开拓创新；四是文明礼貌，律己宽人；五是遵纪守法，诚实守信；六是公正无私，乐于奉献。道德品质对一个人人格的发展具有十分重要的作用，它不仅是健康人格构成的必要条件，而且是人格健康成长的内在动力和根本保证。"道德的基础是人类精神的自律"，良好道德品质的逐步形成过程实际上是道德规范从他律走上自律的过程。高校要在坚持以德治校的前提下，不断完善德育工作的目标，改进德育工作方法，注重大学生道德自律能力的培养。

1. 坚持认知教育与实践活动相结合

大学德育教育的首要任务是要让学生掌握真理性的道德知识，明辨是非善恶标准，做出正确的道德判断和道德选择。要通过显性的课堂教学系统介绍政治、社会、法律、道德、哲学、文化等知识，培养学生具有与社会实践相适应的价值观；通过隐性的"活动教学"，如演讲、主题讨论、辩论等，反映社会伦理、人生价值、政治制度等焦点问题，提高学生独立判断分析问题的能力，增强自律精神。要不断推出高层次、高格调、高品位的校园文化精品活动，营造积极向上的人文环境，将学生从录像厅、游戏厅、歌厅、网吧等场所吸引回来，避免不健康文化对学生的侵害。要通过青年志愿者活动、勤工俭学活动、健康联谊活动、社会调查等社会实践和公益活动培养学生服务社会、奉献社会的情操，潜移默化地使学生形成自律、自主、自觉意识，并且更具有持久性。

2. 坚持外在引导与自我教育相结合

道德自律不是靠外部强制，而是强调自我教育，重视发挥人的主体意识、智慧和创造力。在道德教育上，注重道德规范的灌输，并辅之以规章制度的约束，使学生知道我们提倡什么，反对什么，鼓励什么，制约什么。

但道德教育的根本不在于规范的灌输，而在于自我教育和自我道德修养能力的培养。首先，要坚持教育的民主化，教育的民主化是道德自律的重要保证。在教育民主化中师生相互尊重，平等相待，以诚相见，相互合作，教师对学生的自主性和创造性予以极大的关注和尊重，促成学生自律意识的提高。其次，要给予自我教育方法的指导。道德自律具有自觉性、自主性、自控性等特征，它是一个人长期潜心修炼的结果。因此，指导学生继承和发扬中华民族的优良道德传统，鼓励学生运用学习、自省、见贤思齐、改过迁善、修炼慎独等方法主动提高自己的道德修养，真正做到在个人独处、为人所不知的地方，也要恪守道德准则，展示新时代大学生道德人格的魅力。

（三）良好个性的自我培养

当前，人际适应人格大多处于自发的不断累积提高的状态，较少自觉地通过有意识的个体行为予以培养提高。大学生应当认识到，"良好的个性是良好人际关系形成的基础"，也是人际吸引力的源泉；自觉自律将大大提升人际适应人格培养的向度（方向性）和效度（有效性）。

1. 认识自我、悦纳自我

苏格拉底早就提出"认识你自己"的名言。只有正确地认识自我，才能发现自己的优点和不足，在人际交往中摆正位置，把握自己的情感和言行，做到不自卑、不骄横；才能扬长避短、取长补短，不断完善自我，进一步塑造自己的良好个性；才能正确对待他人的优缺点，做到豁达而不苛求，得到他人的认同和接纳。

读一读

1. 张××从小聪明过人，13 岁进入国内一所重点大学读书，在母亲照顾下读完大学。在独立上研究生期间，张××因无法和导师及同学沟通，基本生活能力低下等原因而自动退学回家。

正如他大学的一位同学所说，张××似乎有一种避免与任何人交往的倾向。他从来不和同学说话，甚至吃饭都是母亲安排的。老师反映，张××不知道任何社会行为规范，到老师的家不与老师的家人打招呼，只是径直走到书房打开电脑。

2. 众所周知，索菲亚·罗兰是世界著名影星，然而，当她16岁进入电影圈时，很多摄影师对她的外貌提出否定的看法：鼻子太长，臀部太大，无法把她拍得美丽动人，以至导演以不可分辩的口吻说："如果你要在电影界做一番事业，那你的鼻子就要作一番变动，你的臀部也应该考虑削减一些。"

请看索菲亚·罗兰是怎么回答的。她说："我当然知道我的外貌跟那些已经成名的女演员颇有不同。如果我的鼻子上有一个肿块，我会毫不犹豫地将它摘除。但如果说我的鼻子太长，那是毫无道理的。我喜欢我的鼻子和脸本来的样子，为什么非得要我长的和别人一样呢？我的臀部确实发达了点，但那也是我身体的一部分。我要保持我的本色，什么也不愿意改变。"

导演被索菲亚·罗兰异乎寻常的自信所折服。

2. 培养诚实的秉性

日本学者斋藤勇在《人际关系心理学》中认为，诚实、正直、通情达理、忠实、耿直、可信、聪明、可靠、开朗、深思熟虑是十项最令人喜欢的性格，说谎、虚伪、庸俗、暴戾、不老实、不可信赖、不愉快、心术不正、卑鄙、欺骗是十项最令人讨厌的性格。

📖 读一读

2003年8月，曾因发明"鸡尾酒疗法"而明显降低艾滋病患者死亡率的华裔科学家何大一和他的研究小组在 Science 上发表声明，当初发表的有关"α抑制素"并非来自发病的艾滋病感染者捐出的白细胞，很可能来自实验室常用的混合细胞，即研究结果可能是实验室污染造成的。

舆论哗然。一些人怀疑何大一其他研究结果，另一些人对何大一充满敬意。当年就断言何大一发表的研究结论过于草率的科学家利维得知此事后说："我深知研究工作的艰辛，但我也知道推翻过去自己的工作更不容易。我唯一需要做的，就是对何大一先生撤回报告的敬意。"

3. 积极向上

人际适应不良的重要归因是消极、被动。积极、主动、热情的个性和"阳光灿烂的笑容"能向他人直接传递乐意交往的信息并富有人际吸引力，易引起对方的积极回报。

热情是最能打动人、对人最具有吸引力的特质之一，一个充满热情的人很容易把自己的良性情绪传染给别人。因为人与人之间具有互动性，如果你能主动而热情地去关心别人、理解别人，别人也会以友好来回报。

乐于助人是积极向上的表现之一，一个乐于助人的人不但容易被人悦纳，而且能在交际群体中发挥榜样作用，使整个交际群体朝着健康、和谐的方向发展。

读一读

某大学二年级学生A自幼父母双亡，由姐姐和姐夫抚养。他学习一直名列前茅，热情开朗，乐于助人，并且力所能及地帮助姐姐、姐夫干农活。

A在大学当上了班长，一如既往地学习、帮助别人，工作十分踏实，受到老师和同学的赞扬。但美中不足的是，他的创造力不强。一次，他拟订一份策划方案参加学校的元旦庆典方案征选活动，结果夺魁的是邻班的一位男生B，因为B的方案很有个性，被人欣赏。

后来，A听到B在寝室里谈到A的作品没有创意，没有吸引力，并说A一天到晚跑前跑后替人卖傻劲，将来不会有什么成就。A虽然气得浑身发抖，但也不能与人辩驳自己有创造力。他想努力改变，可灵感迟迟不来。在以后参加的一些校园创意赛中，总是名落孙山。A常常苦恼，甚至对自己产生怀疑。

A渐渐从"无创意"的阴影中走出来，依旧保持勤奋好学、热情善良、乐于助人、稳重踏实的作风。和B预言的结果相反，8年后，A开办的咨询公司业绩出色。而B几经沉浮，总不得志。

不难看出，A具备了适应社会的最基本的个性特质，这些特质会使一个人在学习和实践中唤醒并发挥最大的潜能。

4. 尊重

尊重是助人的前提，是建立良好人际关系的一个重要因素，当你尊重理解别人的时候，你就会体会到对方的情感，理解对方的观点，从而赢得对方对你的信任。尊重别人，应该具有开放的心态。人们在价值观、人生观、生活方式、情感特点与行为模式等许多方面，往往会因为遗传、教育与环境的不同而产生很大的差别，应该承认这种差别的存在，并视其为合理，这样不但不会随便否定他人的意见或看法，更不会把自己的意志观点强加于他人，从而易消除一些偏见，这种民主、包容的态度是在和别人相处时要学的非常重要的事。

读一读

一位先生开车在拥挤的街道上缓行。在等红灯的时候，一个衣衫褴褛的小男孩敲着车窗问他是否买花。这位先生刚刚递出5元钱绿灯就亮了，后面的驾车者正猛按喇叭。因此，他粗暴地对正在询问他要买什么颜色花的小男孩说："什么颜色都可以，只要快点就行了！"小男孩十分礼貌地说："谢谢你，先生。"

开了一段路后，这位先生感到自己的粗暴无礼和小男孩的彬彬有礼形成极大的反差。他将车开回，再次给小男孩5元钱买花并将花送给了小男孩。小男孩愉快地接受了。

当这位先生发动汽车时，车子出了故障。一阵忙乱之后，他决定找拖车帮忙。此时，一辆拖车迎面而来，并帮助他将车子拖走。他大为惊讶，拖车司机说："有一个小男孩给了我10元钱，要我帮助你，还写了一张字条给你。"这位先生打开纸条一看，上面写道："这代表一束鲜花。"

承认过失是智者的表现，善意甚至获得立即的回报，而内心的释怀正是最好的回报。

5. 宽容

不同的人，其个性千差万别，在彼此的相处中发生冲突是不可避免的。虽然我们喜欢那些在人生态度、价值观、个性特征、文化背景等方面和我们相似的人，但我们无法避免，也不可能避免与那些相异者相处共事。因此，我们应该以一种宽容的态度对待他人，视彼此的差异为正常合理。人无完人，每个人多多少少总会有些大小不等的缺点，如果大家都能宽容一些，多一些豁达，多一些气量，就会创造一个大家共有的宽松和谐的气氛和融洽的关系。因此，大学生应尽可能多地从别人的角度和立场考虑问题，要能够容得下别人的某些缺陷，尊重别人那些和自己不同的兴趣和习惯方式。雨果说："比海洋广阔的是天空，比天空广阔的是胸怀。"当然，宽容并不是无原则的忍让，而是一种深厚的同情、深深的理解和包容。

读一读

《寓圃杂记》中记述了杨翥的两件小事。杨翥的邻人丢失了一只鸡，指骂被姓杨的偷去了。家人告知杨翥，杨翥却说："又不止我一家姓杨，随他骂去。"又一邻居每遇下雨天，便将自家院中的积水排放进杨翥家中，使杨家深受脏污潮湿之苦。家人告知杨翥，他却劝家人："总是晴天干燥的时日多，落雨的日子少。"

久而久之，邻居们被杨翥的忍让所感动。有一年，一伙贼人密谋欲抢杨家的财宝，邻居们得知后，主动组织起来帮杨家守夜防贼，使杨家免去了这场灾祸。

6. 真诚

真诚的态度有助于交往的有效进行，它和尊重、平等、理解等态度一样，能够给别人提供一个安全和自由的气氛。它之所以非常有效，主要是因为它能使对方无任何戒心地与你交流。真诚，看来如此简单而又明显有效，那为什么人们不经常使用它呢？主要原因是它并不像表面上看到的那么简单，人们在竞争的社会里成长，在成长过程中大多数人已学会通过使自己无懈可击来保护自己。这样，当我们受到伤害时，我们应竭力不表现出来。在一种不公平、互不诚实的关系中，人们往往压抑怒气并把否定的感情埋在心里，这就导致了双方关系的停滞不前。因此，人们能够分享彼此的真实感情和印象，是有效增进友情的一种重要方式。

（陶芳标，刘　峰）

第二节 恋爱心理及调适

哪个少女不怀春，哪个少男不钟情。

——歌德

"生命诚可贵，爱情价更高，若为自由故，两者皆可抛"，这首诗歌，在大学生中可谓人人皆知。爱情独具魅力，令人寻觅和向往，然而，恋爱问题往往也是大学生最感困惑的问题之一。

一、大学生恋爱心理特点

（一）大学生恋爱心理过程

恋爱问题是影响大学生学习和生活的重要因素，长期以来一直是高等院校思想教育工作和心理卫生工作的重要课题。因而，准确把握大学生的恋爱心理是至关重要的。

大学生恋爱心理经历以下三个阶段：

1. 第一印象

最初的表面直观性的东西就是所谓的"第一印象"，它对认识的深入发展起到一定的导向和动力作用。具体地说，第一印象主要是交往双方所呈现出来的外表体态、装扮、言行等，即一个人所体现出的风度。各人的风度各异，因而给人的第一印象也就互不相同。

2. 初恋心理

初恋是指恋爱的开始阶段。当大学生将爱情的信息传递给倾慕的异性，并得到对方肯定的回应时，其兴奋与激动的心情是难以描述的。这时可以说，他（她）开始跨入初恋的门槛。

爱情的发生只能通过自身的感受和体会来断定。值得注意的是，青年大学生要把爱恋与同情、好感、友谊、尊敬等区别开来，要把异性对自己的热情帮助和鼓励同对自己的爱意区别开来。初恋需要含蓄，过分外露对爱情不利。要理智地审察双方感情产生的基础，并精心培育一番，再去享受这朦胧的爱情所特有的"含有苦味的甘甜"。如果贸然揭开这层薄纱，反而会起到"拔苗助长"的作用。

3. 热恋心理

热恋是双方共同提高的过程。热恋期双方的情感相当浓烈和深厚，彼此间心理和感情交流的隔阂较少，对双方都有强烈的责任感，因而能够帮助对方获得最大程度的提高。双方深入的理解是热恋期最重要的心理内容和特征。

（二）大学生爱情心理特点

1. 大学生的恋爱价值观特点

（1）爱情在人生中的重要性

大学生的恋爱价值观，首先表现在他们如何看待爱情在人生中的位置上，即如何对待爱情与事业、爱情与学业的关系。

爱情已成为当代文化艺术的热门主题之一，"人生与爱情"的讨论也已进入了大学课堂。大学生更加重视爱情在生活中的价值，重视爱情在人生中的地位。大学生们在对待爱情与事业的关系上，希望"既立业又成家"、"爱情事业双丰收"，并力图协调处理好爱情与事业的关系。大部分同学认为，为了爱情而忘记学习和工作是不应该的，并认为自己能够处理好爱情与学习和工作的关系，这说明大学生在对待爱情与事业关系上的自觉意识和能力日趋成熟。但仍有少部分大学生把爱情摆在生命和事业之上，推崇"爱情至上"，把追求爱情作为人生的目的。

（2）恋爱生活方式

爱情及恋爱生活方式，是人们在恋爱生活中表现出的行为模式和生活习惯。根据人们对爱情的内在欲求和需要，可以把爱情生活方式分为三个层次：第一层次，满足生理需求，主要是指性的需求和满足；第二层次，满足物质需求，是指对爱情生活存在与发展的物质保障的需要和满足；第三层次，满足精神需求。大学生的恋爱生活方式具有以下特征和趋势：

① 总的说来，对恋爱生活方式的追求多数趋向高层次。大部分学生认为"恋爱是人生中的一件大事，应持严肃态度"。一份调查资料显示，70％以上的同学认为"恋爱是为了寻找一个志同道合的伴侣"，50％的学生将自己对爱情的追求与未来的家庭和事业发展联系起来，追求"充实的精神生活"和"美好的感情生活"，注重对方的内在素质，如要求对方性格相近或协调，情趣高雅，志趣相投，品德优良。

② 积极因素与消极因素并存，健康现象与不良现象共生。一方面，大学生的恋爱生活方式趋向高层次，表现出择优心理、审美心理、进取心理等积极心理状态；另一方面，一些大学生存在"寂寞期恋爱"、"痛苦期恋爱"，也表现出从众心理、攀比心理、光环效应、浪漫幻想等消极心理状态，将钱财、享乐、权势等功利因素作为恋爱的标准。

③ 大学生的恋爱生活方式有一些值得注意的变化趋向。其恋爱方式的表现形式，从以前的拘谨隐秘发展到自由公开；在对待周围环境舆论、社会道德评价方面，从以前比较注意老师、同学、家长的意见和学校的有关纪律规定到现在更加注重"两人世界"的感情交融。

2. 大学生的爱情道德心理特点

随着人类社会的发展进步，道德对社会进步以及品德对个体全面发展的特殊作用愈来愈明显。

（1）大学生的爱情道德认识

爱情道德认识，主要指对爱情客观存在的道德关系以及处理这种关系的原则和规范的认识，包括对爱情的本质及其社会特性的认识、爱情道德观念及其原则以及运用这些认识去进行道德判断。它使人们自觉地把理智和情感结合起来，按照一定的道德原则和规范去行动，不但懂得如何去做，而且懂得为什么那样去做，从而提高自己形成一定爱情道德品质的自觉性。

人类爱情不仅要具备"专一"和"排他"的特征，还应具有承担社会责任及义务的责任感。一种观点强调爱情的自然属性，以"快乐原则"以及"性自由"观点诋毁爱情的"专一"、"排他"性，这在大学生中有相当影响。大学生中的"三角恋"或"多角恋"现象，以及频繁更换恋爱对象的现象，其内在原因之一是其道德认识的模糊和错位。

（2）大学生的爱情道德情感

爱情道德情感是主体的道德需要在爱情生活中与相关行为是否一致而产生的态度体验。它主要涉及恋爱、婚姻、家庭生活中的责任义务感，对待处理恋爱、婚姻、家庭中的矛盾问题时表现出的同情感、羞耻感，以及对性生活的道德情感反应等。

大学生在对未来婚姻生活的责任义务方面，有较充分的心理准备。传统观念中家庭生活"大男子主义"和"男主外，女主内"的观念，在大学生中逐渐淡薄。在对恋爱中的"三角恋"或"多角恋"的道德情感反应方面，有 50％以上的大学生认为是"不道德的"，25％左右的学生持认可态度，认为是"恋爱中的正常现象"；13％的学生则认为是"恋爱自由的表现"，另有少数大学生感到"三角恋"、"多角恋"富有刺激，是罗曼蒂克的。

（3）大学生的爱情道德意志

爱情道德意志，是指人们在爱情生活中履行道德义务时所表现出的自觉地克服困难和挫折，控制其意识和行为，做好抉择的力量和坚持精神。大学生的爱情道德意志，在其恋爱生活中主要表现在两个方面：一是在选择追求爱情和恋爱对象的过程中所表现出的积极、坚持、克服困难的精神；二是在遇到爱情挫折时所表现出的坚强、理智、自制的道德意志水平。从某种意义上说，在遇到爱情挫折时，其爱情道德意志的作用更显得重要。

（4）大学生爱情道德行为

爱情道德行为，是指在爱情生活中主体在一定道德意识支配下表现出的符合、不符合，适应、不适应社会规范的行为。在爱情生活中，一个人只有把爱情道德认识、道德情感、道德意志转化为行为时，才能最终判断出其爱情品德如何。爱情道德行为，是衡量个体爱情品德的客观标准。目前，对大学生爱情道德行为反映较多的主要有以下几个方面的问题：

① 亲昵行为。恋爱学生在校园公共场所公开表现亲昵行为（拥抱、勾肩搭背、亲吻等），已成为校园文明建设中的一大问题。部分大学生认为，"恋人在公共场所

的亲昵行为，有伤风化，不文明，应注意场合"；有部分学生认为这是"感情真诚奔放的表现"，"罗曼蒂克"；有的则认为这是"两人间的私事，他人不用干涉"。另有部分同学持中立态度，即"自己不做，也不管他人的事"。

②"三角恋"行为。大学生在"三角恋"或"多角恋"中的行为选择，也反映出他们的爱情道德现状。其中又分为两种情况：一种是多角恋中被多方追求的对象，一般戏称为"主角"；一种是同时与他人追求一个对象，戏称为"配角"。假如处在"主角"的位置，大部分同学认为应"尽快选择一个，谢绝另一个"，从"多角恋"中解脱出来，其中已经恋爱的同学更愿选择此方案；少部分的大学生愿"保持下去，不断加以比较选择"，将此视为选择恋爱对象的一种有利条件。假如处在"配角"的位置，大多数男生表示要"积极竞争，不放弃机会"，而多数女生愿意"急流勇退，超然处之"，只有少数女生表示"不顾一切，坚决争夺"，另有极少数学生则宁愿"三败俱伤，在所不惜"。

③婚前性行为。大学生对婚前性行为（pre-marital sexual behavior）的道德选择及评价是目前争论较多的话题，部分学生明确表示"婚前性行为是不道德的和违法的"；另一部分学生认为"是不道德的，但往往又不可避免"。其余则对此持宽容态度，或者认为"只要双方相爱，可以理解和宽容"，或者认为是"个人私事，不存在道德和法律问题"，其中，男生比女生、高年级学生比低年级学生明显地表现出对婚前性行为的宽容。

二、恋爱及失恋心理调适

人类在社会化的过程中，随着社交意识的扩展与深化，朦胧的爱恋意识会随着与成熟异性的不断接触而萌生。在由初恋开始的配偶寻求中，个体会开始逐步体察到似乎较为完整的婚恋生活乐趣。但事实上，人们的恋爱追求并不总是能尽心如意的，失恋的阴影总会时时相随。

（一）大学生恋爱心理调适

大学生的恋爱问题，随着大学生中恋爱现象的日益普遍，引起了学校、社会、家庭的关注和重视。高等院校对大学生的恋爱态度，已由不准谈恋爱发展到不提倡、不反对，最后发展到承认现实，合理引导。但从目前的实际情况看，高校对大学生恋爱的"引导"常常是苍白无力的，呈现"似管非管，想管管不了"的局面。我国高校对大学生恋爱和性教育方面的教育引导还非常薄弱，有待改进和加强。

1. 树立正确的恋爱价值观

正确的恋爱价值观，要求爱情与事业的统一，把爱情作为事业成功的重要动力之一；要求获得真挚、纯洁的爱情；要求志同道合和情感的共鸣；要求爱情的专一和感情的持久。大学生应加强磨炼，提高修养，正确处理好恋爱中的几个关系。

（1）处理好爱情与学业的关系

大学生在学习期间，虽然生理已发育成熟，但心理还未成熟，人生观也尚不成熟。因此，要以学习为主，以事业为重，摆正爱情与学业的位置。

（2）处理好爱情与人生的关系

爱情是人生的一部分，但是，爱情不是人生的全部。要引导和教育当代大学生既反对禁欲主义，也反对爱情至上，用正确的人生观对待爱情，把爱情融入实现人生目的的追求中去，使其成为激励大学生前进的动力。引导教育大学生失恋不失志，让爱情服从于人生更高的追求。

（3）处理好恋爱与婚姻的关系

恋爱是培养爱情的过程，要严格区别恋爱与婚姻的界限，让爱情闪烁理智之光。要引导和教育大学生抵制"性解放"、"性自由"。热恋中的男女大学生应该严格控制自己的感情冲动，保持爱情节操，在未正式履行结婚手续之前，切不可感情冲动，做出违反社会公德甚至触犯法律的事情。

2. 加强道德修养

真正的爱情是同高尚的道德融为一体的，没有高尚的道德就没有纯洁的爱情。因此，要引导和教育大学生懂得：恋爱必须服从一定的社会道德规范，以高尚的情趣和健康的心理进行交往，用道德理智控制自己的感情。

（1）大学生恋爱过程中的责任感和义务感

当代大学生具有强烈爱的欲求，但他们在爱情及恋爱的认识上道德观念模糊，盲目性较大。在恋爱过程中，不重视恋爱的前景和结局，而只重视过程的欢悦，因而有的因产生尖锐矛盾而告吹，有的甚至出现性过失行为。这种建立在畸形的心理上的爱情，实际上是缺乏责任感、严肃感、义务感的表现。

（2）恋爱过程中的自制力和意志力

大学生道德意志的特点是自制能力发展不平衡。在爱情及恋爱问题的处理上，意志力强的学生对自己的行动目的具有明确的认识，对恋爱中的挫折能自觉控制自己的情绪，用理智战胜情感。而意志薄弱的学生思想盲目性大，分辨是非能力差，很容易为感情挫折所击倒，或因不良外部诱惑而误入歧途。因此，要加强大学生的道德情操和意志力，培养他们自我判断、自我评价、自我监督、自我控制和自我教育的能力，依靠其自身的内部力量去克服挫折和抵制外部不良诱因的影响。

（3）促进正常交往

大学生在恋爱过程中，随着感情的交流、心理相容程度的提高而出现一些亲昵行为是正常的。高雅的亲昵动作，可发挥爱情的愉悦感，而粗俗的亲昵动作，则往往产生情感分离的消极心理效果。近年来，在大学校园里，有的大学生在大庭广众众目睽睽之下，旁若无人，勾肩搭背，拥抱接吻，甚至举止轻浮，轻佻放荡，做出不堪入目的动作来。这不仅有损爱情的尊严，对他人也是一种不良的心理刺激。因此，必须培养大学生高尚的情趣。用理智控制情感，培养高尚的情趣，丰富和提高文学、艺术、美术等方面的素养，陶冶情操，使爱情升华。

☞ **学与做**

怎样应对男友的激情要求？

在卿卿我我、花前月下的热恋中，情之所至，沉浸在爱情中的大学生难免会有激情的冲动。可是囿于传统观念和其他原因，女孩子担心和顾虑会更多一些。怎样能既不伤及感情，又不伤害到自己呢？

1. 不委曲求全

通常情况下，男生希望女生主动，但过分的主动会使他怀疑你的真诚；相反，只有保持一定的距离，才能保持长久的吸引。首先要自尊，才能得到异性的尊重。

所以，即使你对他有感情，有时也需要矜持，一定的神秘感必不可少，尤其是在婚前。如果你"不惜奉献"，他在得到你以后通常会这样想：

（1）她是这样的容易献身，这样的女孩不可靠。

（2）她根本就不了解我，却轻易地服从我，这种没有尊严的女孩我不能要。

（3）她如此急于献身是不是别有企图？这种物质女孩我不能要。

因此，恋爱中的女孩不能迷失自我，要充分考虑这样做后会有什么后果，会给自己和对方带来什么，绝对不要献身求爱，因为结果往往是适得其反。

2. 理性拒绝

若男生执意要求，有如下几种回答供你参考：

（1）我还不了解你，我不能这样做。因为我会付出真情，如果你不是我要找的人，我会受到伤害。我不能随便伤害自己，我要对自己的选择负责任。

（2）我现在只想和你做朋友。我希望我们能从朋友顺其自然地走到一起。你能等待吗？

（3）你的话真的让我很感动（半开玩笑地）。但我不想听你怎么说，我要看你怎么做。

（4）若真的有缘分，我们总会属于彼此。既然你说你真的爱我，那来日方长，我们会有收获的。

这里要特别提醒女生的是：如果你真的没有感觉，你一定要明确地拒绝他。否则，一向以自我为中心的大男人们很可能会因为你暧昧不明的态度想入非非，或者误认为这是你对他故意的诱惑。

（二）大学生失恋心理调适

1. 失恋对心理的影响

（1）亲密关系与自我承认

对大学生来讲，失恋并不仅仅意味着失去了感情上的依托，在很多情况下还可能使他们的自信心受到极大的打击，尤其是表现为"被拒绝"的失恋时。社会的期望与大学生要求独立、希望积极参与社会生活的愿望易发生冲突，因而造成了大学生既自信、自负，但又往往不能得到预期的社会承认。从这个意义上讲，他们更多地需要从亲密关系中，特别是从恋爱关系中得到承认。

（2）失败感

很多人在失恋以后，往往会产生明显的自信心下降，从而对自己的各方面表现都感到不满，认为自己肯定是不如别人才导致了恋爱的挫折。

【案例2-2】肖×，大学三年级女生，与相恋两年的男友分手以后总感到不能忘怀对方，对其他男生也不感兴趣，总觉得不如他，连原来自己认为对方是缺点的地方，也变得有吸引力了。此后，肖×自信心下降，觉得自己这辈子不可能再遇到钟情的人，而且别人也不会再爱自己；同时，她也觉得自己已没有能力再去爱其他的人，自己以往对别人的耐心也已不复存在。经过这次挫折，她对学习、交往的兴趣也明显降低，总感到没有头绪，不知该如何调整自己的生活。

【评析】这个例子表明，因失恋产生的失败感极大地影响了肖×对自己在建立亲密关系方面能力的看法。这种影响更多地表现为对自己"再去爱其他人"的可能性持怀疑态度。所产生的失败感影响了她对自己的看法，认为自己将永远是一个失败者，不可能再有感情上的温暖，并且也影响了其对学习的兴趣和信心。

在大多数情况下，失恋者往往会产生"以后不可能再有这样的关系"之类的想法，而且对恋爱对象越看重，这种想法就越强烈。但很多人由此产生的影响不会像上面那位同学那样，大部分人虽然会一时对学习和交往产生不利的影响，但随着情绪状态的不断改善，这方面的影响会逐渐淡化。当学习和交往恢复正常以后，感情生活也会逐渐健全起来。

有些人在失恋以后往往并不表现为对自己爱上别人能力的怀疑，而是更多地表现为怀疑"会不会有人再爱上自己"。这就会影响到对自己各方面能力的评价，并容易产生强烈的自卑感。

【案例2-3】凤×，大二男生，在被女友拒绝以后，觉得自己在别人，特别是异性面前抬不起头来，并对自己各方面的表现感到不满，认为自己几乎一无是处。本来他在写作方面有比较好的基础，而且已有作品在报刊上发表，但失恋以后他觉得自己在写作上也是很差的，担心别人会取笑自己写的东西。在与人交往方面产生恐惧，尤其害怕与同龄的异性交往，担心对方会看不起自己，认为不会再有人喜欢他了。

【评析】虽然很多失恋者的反应并没有上述事例那样强烈，但这种自信心的降低和对自己能力的怀疑都是很常见的。如果在恋爱关系中自己受到其他人的影响而妨碍了恋爱关系的正常发展，就会更容易产生自卑反应。实际上，很多大学生，尤其是女大学生在恋爱关系中往往会受到父母或朋友的影响，这种影响在不同人身上的表现有着明显的不同；但如果存在这方面的影响，失恋后的反应就会更加复杂。

（3）失恋对社交的影响

失恋在对自尊、自信产生影响的同时，其另一个明显的影响则表现为社交困难。在很大程度上，这种社交困难往往与失恋引起的失败感有密切的关系，可以说是失败感的另一种表现。社交退缩是信心不足的一种表现。因失恋所产生的社交困难，在有些同学中的表现可能会更加严重，而且会影响情绪平衡和学习成绩。

【案例 2-4】钟××，大学二年级学生，因失恋而产生了严重的人际交往障碍。钟××幼年有点口吃，但不怎么严重，而且小学中学一直当班长，到高考前基本上已经没有口吃的现象了。但在大二时一向要好的女友提出要分手。他的女友是中学时的同学，没有考上大学做了临时工。当女友提出与他分手时，他感到自己无法向她解释，原来已经克服的口吃又重新出现。而且自信也不再存在，出现了强烈的自卑感。

【评析】这种自卑感和重新出现的口吃，使得这位同学在其他人面前也很紧张，害怕与人交往，即使在熟人面前说话也不能很好表达，而且对生活也失去了热情，属于因失恋而产生的自尊和自信心严重下降的一种类型。实际上，他的心理困扰来自不正确的认知，他的女友已和他交往了两年多，而且对他非常好，并没有嫌弃他口吃，现在离他而去或许是因为觉得自己配不上他。

（4）失恋后的情绪反应

无论是失败感还是社交困难，这些表现往往都建立在消极的情绪反应之上。实际上，失恋以后最直接的表现就是消极的情绪反应，其他的各种表现都是这种反应的后果，或者伴随的反应。

【案例 2-5】马×，一位 22 岁的大三男生，从大二开始谈恋爱，自己感觉很好。可是大三开始，女友移情别恋，最后彻底分手。几周来，马×一直沉浸在痛苦、失落、愤怒和自卑之中。过去与女友会面的情景总是像放电影一样，一幕幕清晰地出现在眼前。上课无精打采，甚至旷课，躲在寝室整日唉声叹气，或借酒消愁过日。几次看见女友与新男友在校园里漫步，妒火燃烧。有一次竟丧失理智，在路上拦截两人进行辱骂、争吵直至打斗，致使对方受伤住院，马×也受到学校的处分。

【评析】很明显，失恋使他产生了严重的抑郁情绪，不仅影响了学习的兴趣和成绩，而且产生了怨天尤人的消极想法，对自己的能力和表现失去了信心。这种情况从一个侧面反映了他在挫折面前的被动反应，这可能是自我发展过程中过分依赖别人倾向的一种表现。当自己所依赖的对象失去时，又不能树立起独立的自我，于是出现了对现实生活的消极态度。

大学生远离父母，失去父母的依托，有些同学就把爱情作为生活的依托。他们只有在恋爱关系中才能树立自信心，才能积极地面对生活；一旦失去这种感情上的依托，就很容易出现各种各样的问题。

【案例 2-6】程×，大一男生，苦苦追求一个女孩，但后来她出国了。这件事对程×影响很大，此后他便一直处于非常紧张的状态，失眠、注意力不集中等问题也相继出现。当时正值期末考试，结果他的成绩平平。后来每当考试就紧张，手发抖，乱动。而且遇到重要的和关键性的事情就紧张，如体育比赛会因紧张而反胜为败，去女生宿舍前脸就会抽搐。他自己也很奇怪为什么会这样，也曾尽力消除但并未见效，反

大学生健康教育（第2版）

而更加厉害。

随之而来的是，他对大学生活的评价也是很消极的，觉得失去了很多东西。原来自己很看重学习，现在却已经完全失去了学习上的刻苦精神。在与人交往和个人修养方面，也由原来的镇静自若变成了遇事紧张，不自信。

【评析】这位同学在失恋后不仅出现紧张和社交困难，而且对自己的评价也出现了明显的问题。显然，这些问题的出现都与他失恋有直接的关系。紧张反映了他自信心不足，而对自己的不满则更多的是由于受到消极情绪和自信心下降的影响。

2. 从失恋的不良情绪中走出

一般而言，失恋者首先面临的是巨大的痛苦、极度的自卑、失落与迷茫以及说不出的愤怒。如果心理始终处于痛苦失落的失衡状态中，必然导致沮丧、抑郁、精神分裂与精神失常等心理问题和疾病的产生。这一切追根求源都是因失恋者难以走出失恋的心理阴影诱发的。

（1）改变不合理的信念

失恋后的忧郁与沮丧情绪往往与自己的不合理观念有关。比如，不少失恋的同学都认为"失恋使自己在同学面前很没面子，他们一定会嘲笑我的"（不合理信念A）和"我怎么这样没用"（不合理信念B）。超越失恋的心理障碍，就要以理性去反驳这两个不合理的信念。自我反驳不合理信念A的理由：第一，担心别人会嘲笑自己，容易使自己陷入困境，影响自己与别人的人际关系；第二，这种想法只是自己主观上这样认为，并没有足够的证据证明同学一定会嘲笑我；第三，即使同学真的嘲笑我，难道我真的就无法忍受了吗？"被人嘲笑"难道真的有那么糟糕或可怕吗？通过这三个自我反驳，自己就容易体验到：虽然我不喜欢同学的嘲笑，但是如果发生了，我还是能忍受的；同学不一定都会嘲笑我，也许有些人会安慰我，跟我聊聊他们自己的经验和建议；与朋友分手了，可能只是因为我们不适合，从这次教训中也可以学习到与异性相处之道。

☞ 学与做

我真的没用？

对信念B"我怎么这样没用"按三级反驳程序进行自我辩驳。

第一，"我没有用"的想法会让我自责、自贬和失去自信心，导致意志消沉，学业荒废，生活没精打采。

第二，"我没有用"不符合我的实际，与恋人分手，并不代表我这个人没用。

第三，即使我一时得不到异性的欢心，也不代表我永远得不到异性欣赏。只要我冷静下来，弄清原因和自己的不足，并想办法改进，还是有可能成功的；即使分手的原因是我有一些缺点，但我还是有优点的。

（2）调整生活方式

既然已经失恋，就要抛弃任何幻想，保持尊严，树立自信，重新规划自己的生活与未来。很多失恋的同学尽量改变以前与恋人相处的环境与习惯，然后重新制订生活与工作计划。保持生活与学习的规律性，有利于自身的身心调适。恋爱期间"重色轻友"，现在恢复"单身"了，趁此机会向老友们"自首忏悔"。恋爱时容易分心，现在终于可以全心专注于课业了。"化悲痛为力量"，好好地努力，会有意想不到的成就，不少失恋的同学正是在这种情况下奋发努力而考上研究生或出国深造的。这就是所谓的"失之东隅，收之桑榆"。

（3）倾吐、移情与暗示

倾吐——失恋大学生精神遭受打击，被悔恨、遗憾、留恋、惆怅、失望、孤独、自卑等不良情绪困扰，应当找一个可以交心的对象，以释放心理压力；或用书面文字，如日记、书签把自己的苦闷记录下来，留给自己看，寄给朋友看，减轻自己的心理负荷，求得心理解脱。

移情——及时适当地把情感转移到失恋对象以外的其他人或事上。如失恋后，可与同学发展更为密切的关系，可积极参加各种娱乐活动，释放苦闷，陶冶性情；可投身大自然，把自己融化到大自然的博大胸怀中，以得到心灵的抚慰。

暗示——用理智的"我"来提醒、暗示、战胜迷情的"我"。别宁斯基曾经说过："如果我们生活的全部目的仅仅在于我们个人的幸福，而我们个人幸福又仅仅在于爱情，那么，生活就变成一个充满荒唐枯燥和破碎心灵的真正阴暗的荒原，炼成一座可怕的地狱。"大学生应从这些先哲的箴言中受到启发，使自我得到更新与升华，用奋斗去积极地转移失恋的痛苦。

三、大学生恋爱误区及其超越

爱情是男女之间在精神上和肉体上产生的强烈吸引，是随着男女之间一种看不见的吸引力而产生的。恋爱是两人的事，任何一方都有可能因情感骤变而发生恋爱心理障碍。大学生恋爱中常见的障碍有网恋、单恋、未婚同居、三角恋、第三者等。

（一）痴情网恋，隐患重生
——网 恋

【案例2-7】徐××，女，21岁，大学二年级学生，性格内向，胆小，不擅长交际。憧憬浪漫的爱情，由于自身的原因，没有在同学中找到心仪的人，也没有知心朋友。平时喜欢上网聊天，很快就沉迷其中。一天，与名为老K的网友聊天，说话十分投机。虽然没有见过对方，却心有灵犀一点通，几次聊下来，总有依依不舍的感觉。晚上躺在床上，徐××总是要根据聊天的内容，想象对方英俊的身材，潇洒大方的行为和热情奔放的情感。不到一个月，他们便相约在杭州见面。老K真的与自己的想象相符，还请她吃杭州名菜。可是就在饭后，老K却在自己的包房里将徐××奸污了。

【评析】所谓网恋，顾名思义就是通过网络平台来进行恋爱。网恋作为近年来出现的一种新的恋爱方式，为不少大学生所喜爱。大学生网恋具有一个共同特点，即抛弃"恋爱是为了缔结婚姻"的观点，把网恋视为一种网络游戏，在网上进行网络情感交流的一种方式。他们认为网恋不仅可以把现实社会的种种规则完全抛开，而且可以模糊性别和身份，把所有的事情都当作游戏。

网恋作为恋爱的一种方式，本无可厚非。但是，大学生网恋一般很容易上瘾，一旦上瘾就会沉湎于网络不能自拔，把网上爱情视为生活的唯一追求。网恋不仅严重影响学习，而且使他们与老师、同学之间的交流减少，不愿意参加集体活动，性格变得孤僻，甚至造成人格分裂。已经有大学生靠偷窃来支付上网费用，还有些大学生因为网恋失意，不得不到精神卫生中心求治，问题严重的甚至出现精神崩溃。正因为此，我们将大学生沉湎于网恋视为心理障碍。

读一读

网络恋情，雾里看花

网恋是无拘无束的，没有现实的道德观念。可以自由选择网恋对象，并且这种选择余地是相当大的，可以因为不需要太多的珍惜而不必谨小慎微，可以任由本我快乐原则肆意大放厥词而不须顾及会有伤大雅。网恋可以超越时空的限制而进行超大范围的挑选，从相识到相爱。网恋是否有成功的范例呢？如果将结婚作为成功的标准，恐怕99.99%的网恋都是归于失败的。在绝大多数情况下，网上恋人的见面都意味着最后的晚餐。因为网恋在打造欢愉和快感的同时，痛苦和阴暗也是不言而喻的。

在网上，网友大都用虚假的名字、身份甚至性别把自己包装起来与他人交流，难免会有人掺杂着许多虚假成分在里面。因为对方的年龄、性别、爱好和相貌只凭各人自己说，即使是语音聊天，也不一定真实，可以通过一种变音软件，把声音变频后男女不分。网上恋爱更多的是要凭各人想象和感觉来完成对恋人的塑造，纵使有火眼金睛，在网上也真假难辨，其结果往往是"假作真时真亦假"。因此，幻想中风姿绰约的小姐也许是一古稀老妪，家财万贯的富翁也许是个不名一文的穷小子，为之倾倒的小帅哥很可能是个女儿身。花言巧语的背后有时隐藏着陷阱，网恋的结果并非都是鲜花和笑脸，有许多都是烦恼和惆怅，甚至是危险，一旦陷进去就不能自拔。可见，网恋有玫瑰，也有陷阱，但更多的则是一束束罂粟花。一旦接触，勾魂摄魄，不能解脱。无论温柔缠绵、凄婉动人，还是惊心动魄，悲剧总是多于喜剧。

（二）倾心伊人，那人却在水中央
——单 恋

【案例2-8】陈×，女，20岁，大学二年级学生。早在高中二年级时，她就喜欢一位学习成绩很好、长相很酷的同桌男生，但一直没有向该男生表露过自己的爱意，始终将爱埋藏于心灵深处。高考之后，该男生考取北京大学，两人也没有任何联系。可是陈×却一直深爱着他，每到夜深人静时，总要想起高中时向他求教而他又耐心热情讲解的美好情境。但是陈×不敢给他写信、打电话或发 E-mail，内心的爱却又折磨着她，使她情绪低落，痛苦不堪。

【案例2-9】王××，男，22岁，大学三年级学生。十岁时，父母离异，后一直由祖母抚养长大。从大学二年级第二学期开始，他发现班级里有三位女同学对自己特别友好。王××认为从她们的一举一动和一言一行中，都清楚地表明她们对自己有爱意。于是，王××先后向她们表示："最近我发现你们喜欢我，我也是非常爱你们！"引起这三位女同学的勃然大怒，骂他神经病。王××无法理解的是她们明明喜欢自己，为什么她们都矢口否认呢？于是他在寝室里像狼一样地号叫，其他同学以为他得了精神病。

【评析】陈×和王××均属于单恋，即以一方对另一方一厢情愿的倾慕与热爱为特征的爱情。单恋包括陈×那样的暗恋和王××那样的单相思。暗恋者对异性的一厢情愿和热爱始终深埋在心灵深处，没有一丝一毫的表示；单相思者则要将一厢情愿的倾慕和热爱向对方表白。

单恋始发于青春期，处于青春期的少男少女特别爱沉湎于幻想，又不善于自我控制。单恋的学生大多性格内向、敏感、富于幻想、自卑感强。陷入单恋后，总是心情压抑，内心苦闷，又无处可以排解和疏泄，心理处于失衡状态，生活变得无规律，产生一些不良的行为或欲望，有的甚至演变为癔症。

单恋多是一场情感误会，是"爱情错觉"的产物。"爱情错觉"是指因受对方言谈举止的迷惑，或自身的各种主观体验的影响而错误地主动涉入爱河，或因自以为某个异性对自己有意而产生的爱意绵绵的主观感受。因"爱情错觉"而引发的单恋有两种情况，一种是毫无理由的"单相思"，对方毫无表示，甚至对方还不认识自己，而自己却执着地爱对方，这种恋爱是纯粹"单向"的；另一种是自认为有"理由"的单相思，错认为对方对自己有情，于是"落花无意"变成"落花有意"，这是假"双向"，真"单向"。

☞学与做

正确对待单恋

对于单恋，我们首先要分清"爱情"与"友谊"的界限。"爱情错觉"的产生往往是由于自己爱上对方，而对方也就从言行上表现出好感。但他们的好感往往是友谊的好感，虽然有时友谊也会在一定的条件下演变为爱情，但友谊毕竟不是爱情本身。友谊的好感通常明朗大方，公开多向，只要我们冷静地观察和分析，是不可能将它们与爱情相混淆的。

克服单恋的痛苦重在防患于未然。学会准确地观察和分析对方表情，用心明辨；要视其反复性来判断，某种信息的经常出现可能意义很深，但仅仅一两次就不足为凭了；要学会用联系的观点去分析问题，把某种信息和其他因素结合起来考虑。如有个小伙子经常对一位姑娘进行帮助，如果这小伙子是副热心肠，对谁都乐于帮助，那么姑娘大可不必胡思乱想；如果这小伙子只对这个姑娘如此，那姑娘就须得注意了。

恋爱是男女双方的两相情愿，检查一下自己是否产生了不现实的期望或不可能得到回应。如果是，就要对自己单方面的思念加以否定。一旦发现自己陷入了单恋的境地，应该毫不迟疑地打消爱情的海市蜃楼，尽快摆脱自己编织的虚幻情网，借助理智的力量，获得情感上的解脱。若在这种情况下还不能急流勇退，继续爱之若狂，冒昧追求，显然是不明智的。

一旦单恋已然发生，就需要拿出十足的勇气，克服羞怯心理和自我安慰心理的折磨，勇敢而得体地用心灵去撞击。如果对方有意，心灵闪现出共同撞击的火花，单恋则转化为"双恋"，爱的快乐就取代了爱的痛苦。如果是"落花有意，流水无情"，则应该面对现实，勇敢地抛弃幻想，用理智主宰感情，通过思想感情的转换和升华来获取心理平衡。

（三）试婚可行吗？
——未婚同居

【案例 2-10】李××，女，21 岁，大学二年级学生。上学期，李××在阅览室里与三年级的男生王××相识。两人一见钟情，无话不谈，感情迅速升温，两个月后，两人就在校外租房同居。夫妻般地生活，令李××兴奋不已，学习效率似乎也大大提高。当有同学劝她小心时，李××并不在意，反将未婚同居称之为试婚。试婚不到三个月，两人的分歧不断出现，感情的裂痕渐显，从小的争论发展到大的吵闹，最后竟分道扬镳。李××痛苦不堪，她不知道如何去面对今后的生活。

【评析】婚前同居也称试婚，男女双方都抱着试一试的态度共同生活，都准备着试婚失败而各奔东西。在这种消极心态支配下，很难积极主动地面对生活中出现的问题。

首先，未婚同居给女方心理带来极大压力，如恐惧、自卑、冲突等消极情绪接踵而来。有调查发现，有 27.3% 的人性交后怕怀孕，21.3% 很懊悔，21% 惧怕败坏名誉。在接受人流手术时，怕手术痛苦者 48.4%，不敢告诉家长者 17.3%，手术后怕产生后遗症的 62.3%，怕失恋后不易再找对象的 20.7%。其次，未婚同居给女方身体健康造成严重影响，有的女同学不慎怀孕后人工流产，为了不让别人知道，做完手术后不休息，立刻去上课学习，严重影响身体恢复。有的女同学不敢去医院人流，找那些江湖医生，在极不科学的条件下手术，引起多种并发症，有的甚至送了命。

未婚怀孕还使恋爱关系出现不利于女方的发展趋势。在未发生婚前性行为时，恋爱双方是相互平等、自由选择的关系，可发生之后情况则有所不同：一是双方吸引力较过去逐渐减弱，原以为很神秘的两性关系，现在变得"不过如此"。二是女方再选择机会减少，原来男方十分迁就女方，自女方委身于他之后，便以为"她再也离不开我了"、"非我莫属了"，故对女方开始态度随便、任意支配。反之，女方则因把贞节已交给他了，"已经是他的人了"，又担心男方改变初衷，唯恐被抛弃，于是对男方一再迁就、容忍，即使发现他有较大缺点，可事已至此，只得将就成婚，贻误了终身大事。三是使男方对女方的猜疑开始萌生。男性总希望女友只信任自己，对自己开放，一旦与之发生性关系，便又开始猜疑女方，"她对别人是否也这样？"的疑问挥之不去。若女方过去已谈过几个对象，这种疑心就会加重，或导致中止恋爱关系，或婚后生活不和谐。

📖 读一读

药物流产三思而后行

首先要了解，凡用来"药流"的药物，如米非司酮等催经止孕药，服用后除常有恶心、呕吐、腹痛、腹泻等消化道反应外，还对肝脏、肾脏有一定的影响。如果肝肾功能不良的妇女，服了这类药物，有可能加重肝肾负担，诱发肝肾疾病，或使原有疾病进一步加重。药物流产成功与否，主要取决于妇女自身的敏感性和胚胎本身的特点等因素。一般来说，闭经日期越短，成功率越高，通常闭经 50 天内妊娠早期的妇女，才宜选用"药流"。

其次应知道，采用药物流产，用药后一般阴道出血多在 5～10 天，严重者可在半月以上，易引起贫血。有些人进行"药流"后，仅能排出部分胚胎，甚至不能排出胚胎，造成阴道流血达数月之久，更有甚者还会发生致命的大出血。出现此类情况，若不及时进行处理，则阴道出血淋漓不净，可诱发盆腔炎，引起输卵管阻塞，继发不孕症；有的还会遗留下腰酸腹痛等症状。如果是宫外孕，误服了堕胎药物，不仅会延误宫外孕的诊治，还可能因输卵管破裂而危及生命。

还有一点值得注意，某些未婚先孕的女大学生，由于怕张扬，常暗自买药堕胎。这些人"药流"时不能得到充分的休息，边流产边上学。如果未休息充分，还可出现其他并发症，如风湿性腰腿痛及肝肾虚损所致的一些病症。"药流"时如不注意卫生，或卫生常识少，易发生生殖器官感染，并发盆腔炎、宫颈炎、阴道炎等妇科疾病。有的用药不当导致大出血，抢救不及时还会有生命危险。因此，妇产科专家提醒大家：药物流产有严格的适应征，不适合药物流产的人私自买药堕胎非常危险！"药流"一定要到有血源、具备手术和输血条件的医院的妇产科去做；要请妇产科医生仔细检查确定可以服用时，方可在医生的指导下服药。

（四）鱼与熊掌都想兼得的恋情
——三角恋

【案例 2-11】梁××，男，21 岁，大学二年级学生。两年前，他与高中同班女同学沈×一起考入某商学院。梁××觉得沈×待人热情，善于交际，学习成绩好，两人很快便产生了好感，总是形影不离，亲密无间，无话不谈。可是从大二开始，梁××又爱上了性格内向、处事细致、情感细腻、待人随和的同班女生王×，而且情感迅速升温。对于这两位恋人，梁××感到十分满意，一个都不想放弃。平时，除上课之外，几乎将所有的时间都用来应付两位女友。一会儿邀沈×共进晚餐，一会儿又请王×去舞厅跳舞。虽然经常体验到愉悦，但当没有时间和精力应付两位女友而遭到其中任何一位的埋怨时，又感到痛苦不堪。有一次，沈×从同寝室同学那里知道梁××与王×接吻后，大怒，坚决与其分手。而王×知道梁××还有女友后也立即中断了恋情。

【评析】三角恋的发生，可能是个体对自己恐惧失败的一种补偿。有的学生因各种原因而形成较强的自卑感，为了证明自己的魅力，以浪漫的多角恋爱来证明自己的优越。有些同学发生多角恋是出于情感玩弄。他们的恋爱观是只追求恋爱的过程，而不在乎恋爱的结果。三角恋的发生还与某些不良的人格特征有关。有自恋性人格特征的学生，往往有强烈的自我中心意识，他们自认为对异性有吸引力，有博得异性欢心的魅力。有表演型人格特征的学生，在异性面前总是表现得热情活跃，风度翩翩，为异性花钱毫不吝惜，很容易博得异性的青睐。

爱情是神圣的，要杜绝不严肃的"恋爱游戏"。如果自己已经有了明确的恋爱对象，就不应该再与其他异性发展恋情；如果发现他人已经有了明确的恋爱对象，便不要随便插足其中。恋爱中的竞争，胜负一方面取决于个人的人品、青春魅力和学识才能等综合素质，另一方面也取决于双方的择偶标准和判断力，而绝不是蛮横无理的干涉和胡搅蛮缠。

（五）心甘情愿，为何行不通
——第三者

【案例2-12】张××，女，22岁，大学三年级学生。大二下学期，张××在网上结识了泰国华侨王先生。频繁的聊天，使她爱上了这位已有妻儿家室的40岁的王先生。之后王先生两次来张××所在大学，给了张××一张一百万元钱的银行信用卡，两人在宾馆同居，十分幸福。但两人的同居很快就被其夫人发现，王夫人带着十二岁的女儿赶了过来。张××向王夫人承认了真实的情况，并保证不会破坏其家庭，只求与王先生保持目前的关系，但王夫人严词拒绝。在夫人的重压之下，王先生也只对张××说了声对不起就一去不返。张××痛苦极了，她怎么也想不通，为什么自己付出了真情，却得不到应有的回报呢？难道心甘情愿爱一位已婚的先生，错了吗？

【评析】"第三者"这个词，往往是在一片责骂声中问世：破坏家庭、道德败坏、伤风败俗、破鞋等。"第三者"是带着结婚的目的介入他人家庭的，因而他们必须是未婚者，是一个未婚者对一个已婚者的追求。"第三者"大凡都是那些智商较高又有魄力的女青年，她们对于自己的感情投向是经过认真考虑的，考虑成熟便不顾及社会舆论和组织压力，有一股不达目的誓不罢休的劲头。

俗话说，萝卜青菜，各有所爱。喜欢谁，爱哪一个人，本是属于自己的权利，似乎很难说对与错。但是作为大学生，还是需要考虑自己的婚恋观是什么。不应该在他人说婚姻不幸的时候，去直接介入，甚至企图取而代之；如果他们没有说过其原有婚姻的不幸，仅凭一厢情愿的情感驱使而企图获得爱情，便更不可取。目前，世界绝大多数国家实行的都是一夫一妻制，现有的婚姻是有法律保障的。因此无论在什么情况下，我们都不宜轻易介入他人的家庭婚姻生活，企图维持婚外情实际上是行不通的。

（黄　锟，曹召伦）

第三节　性心理卫生与适应

食、色，性也。

——《孟子集注·告子篇》

要是在我们的生命中理智和情欲不能保持平衡，我们血肉的邪心就会引导我们到达一个荒唐的结局。

——莎士比亚

"性"是人类古老而常新的话题。大学生处于青春发育后期和青年早期，面对成年而又未成家的大学生，如何看待"性"，如何处理因"性"而产生的心理困惑，是大学生生活中必须正视的问题。

一、大学生性心理发展的特征

大学生生理发育基本成熟、社会性以及情感发展趋于稳定，其性心理也得到了发展。处在青年期的大学生由于受文化层次、接受教育程度以及所处的特殊环境的影响，其性心理发展除了具有这一年龄段青年的普遍特征以外，还有其特殊性，主要表现在性观念、性意识、性知识和性行为等方面。

（一）大学生性心理表现

1. 对性知识的寻求

生理上的成熟、性意识的发展带来青少年对性知识兴趣的增加与渴望，这是每个青少年性心理的正常发展。尤其是具有高文化水准的当代大学生更应该了解和懂得男女两性的性生理解剖学特点，了解性心理的发生发展过程，并正确对待性意识。但是长期以来视性为不洁"禁区"的观念也在影响大学生，认为不能在公开场合阅读性知识，更不能对性问题进行探讨，造成心理需求不能通过正常的渠道满足，而只能以"不可告人"的手段秘密地去寻找，最终以忐忑不安的心理得到一些不科学、不健康的性知识。

2. 向往追求异性

当大学生开始寻求性知识时也就对异性产生了需要。他们采取各种方式接近异性，在异性面前表现自己，尤其是对认为符合自己心中形象的异性，利用各种机会增加交往的时间，并投其所好，直到双方认可。

3. 性冲动强烈

性欲是人体发育到一定时期自然出现的一种本能活动，是健康机体的一种正常生理现象。正常男女到了成熟期，便产生性欲，需要得到性的满足，这是完全自然的、合理的。人的两性结合，不仅是性的吸引，而且需要更加高尚、更加完美、更为丰富的社会学内容。

（二）大学生性兴趣和性兴奋的特点

1. 性兴趣

性兴趣主要表现在对性的关心以及向往与异性的交往上。对性的关心，一般男性比女性更为强烈，男性对第二性征的肯定态度比例比女性高，迫切地想要了解性奥秘，大胆阅读有关性知识的书籍报刊。而女性对第二性征的否定态度比男性比例高，也阅读有关书籍，但常常带有紧张、不安和秘密的心情，不愿别人了解自己对性问题的探索。

2. 性兴奋

性兴奋的性别差异主要表现在产生性兴奋的时间和比例以及性兴奋激起的特点上。性兴奋产生的时间男性比女性早，男性在性生理发育初期就已经有了强烈的性兴奋，13岁时产生性兴奋的人数就已经超过半数。女性在性生理发育初期，性兴奋不明显，到性生理发育晚期（约18岁时），产生性兴奋的人数才超过半数。

在性兴奋激起的特点上，男大学生性代偿行为和手淫明显。据调查，到大学高年级，90％以上男生有过一次或多次的手淫经验。女大学生没有明显的代偿行为，经常出现性幻想和春梦，其性兴奋激起的特点是期望互相抚摸、拥抱，性兴奋带有弥散性，并不集中于生殖器官。

📖 读一读

不必为阴茎勃起而烦恼

大学男生处在性敏感期。当接触到异性，或看到、听到有关性内容的事情时，有时阴茎会不由自主地勃起，如果在一个人独处时，自己也许不会在意；然而，如果在公开场合，就常常使人难堪。

通过听觉、视觉、嗅觉、触觉以及思维、想象等刺激作用而引起的阴茎勃起，叫精神性勃起。因局部直接刺激，如对外生殖器的直接触摸，走路时被内裤摩擦以及直肠膀胱受到刺激所引起的勃起，称反射性勃起。大学生这两种原因引起的勃起属正常生理现象，不仅无需治疗，反而是性发育成熟的标志，也是性激素分泌正常的表现。对此，应坦然处之，无需多虑。

男生睡觉时偶尔会在梦中梦见自己认识的女性或其乳房、脖颈、大腿等部位，此时阴茎也会情不自禁地勃起，当达到极度兴奋时，还会遗精。这是普遍发生的性梦，是青春期性心理活动的重要内容之一，常发生在深睡或假寐时。性梦和梦遗不是病态，而是一种不由自主的潜意识性行为。有关专家指出，性梦是正常现象，不仅大学生有，成年人也会有，不必大惊小怪。

世上很多事情常不以个人的意志为转移，我们有时刻意去禁止的东西，反而会更频繁地出现；相反，如果不去理会它，自然又会淡化。男生们应该采取的态度是不过分关注这些事，更不必去痛恨它。如果把主要精力放到学习或有益的活动中，生活就会充实和愉快，也许根本不会去注意自己阴茎的变化，烦恼自然会消失的。

如果阴茎勃起是在大庭广众之中，也有办法解决。例如，有的男生趁势蹲下，以系鞋带掩饰；有的用一本书挡在面前；还有的借口暂时离开。如果穿的裤子比较宽松，其实别人是很难察觉的。

（三）大学生常见的性心理问题

大学生的性心理一般都是正常、健康的，大多能正确对待两性交往，较好调节自己的性欲望、性冲动，表现出符合社会规范的言论和行为。但也有些学生存在性方面的心理问题，需要进行及时调适。心理学研究表明，大学生性心理卫生问题具有广泛性、轻微性、冲突性和隐蔽性的特点，即涉及的人数众多，但多数是属于细节问题而非障碍，且以对性的内心矛盾不安为主，由于社会的忽视和个体的掩饰而不易被发现，这样有可能以其他曲折的形式表现出来。

1. 性认知偏差

不少大学生对"性"持有不正确的认识，视性是下流的、肮脏的、见不得人的、难以启齿的等。这种性认知往往会导致性情感、性态度的过敏、禁忌和矛盾。一些人（尤其是女大学生）表现为纯粹追求"柏拉图式"的爱情，他们把性与爱情完全割裂开来，认为只有精神上的享受而非生活中的爱情才是崇高的。也有极少数大学生过分强调人的生物性，信奉性自由、性解放，推崇"杯水主义"，抱着"填补空虚，逢场作戏"的想法，以不恰当的手段获取性的满足。性爱应该建立在双方情感和精神探索的基础之上，颠倒了这个模式，很容易使自己成为性欲的奴隶。英国著名的哲学家罗素说过："爱情使我整个生命更新，正如大旱之后的甘霖对于植物一样，没有爱的性行为，却全无这等力量，一刹那欢娱之后，剩下的是疲倦、厌恶……"

性既有自然属性，也有社会属性。性的自然属性是指性是人性的表现，学习、掌握性知识是大学生身心发展的需要；性的社会属性是人的社会性的具体表现，人的性观念、性行为应符合社会规范和社会道德。在坚持性的社会性的条件下，人类性的自然性才会发挥得更好。

2. 性冲动困扰

性冲动是男女大学生性生理成熟、性意识觉醒的正常表现，它是在性激素作用和外界刺激下产生的。大学生一方面对异性抱有美好的情感，追求纯洁的爱情，另一方面又对自己的某些性欲望、性冲动感到无比的厌恶，试图加以否定批判，必然形成内心的矛盾和冲突。

性冲动常见的表现形式有性幻想、性梦和手淫。

（1）性幻想

大学生充满探求的欲望，生理的发育引起心理对异性的好奇和性幻想。通过异性形象、图片、语言、文字等对感官的刺激，再通过其丰富的想象力，获得兴奋，这就是性幻想。男女大学生对异性爱慕渴望很强烈，但又不能与所爱慕的异性发生性行为以满足自己的性欲，这样就把曾经在电影、电视、杂志、文艺书籍中看到过的情爱镜头和片断，经过重新组合，虚构出自己与爱慕的异性在一起。在进入角色之后，还伴有相应的情绪反应。这种性幻想在入睡前、睡醒后卧床的那段时间，以及闲暇时较多出现，部分人还可产生性兴奋。国外资料报道，大约有 27％的男性和 25％的女性肯定他们在完全没有性知识时就有了性幻想。国内调查显示，在 19 岁以下的大学生中，有性幻想的占 68.8％。

（2）性梦

是指在睡梦中与异性发生性行为，达到性满足的现象。在人的睡眠过程中，无论男女，身体会经常进入性兴奋状态，有时甚至一夜多达四五次。在这段时间里，容易做与性有关的梦，每次持续 20～25 分钟。在做梦的过程中，血液流向性器官，男性会阴茎勃起，女性则会阴道湿润。女性在经期出现这种状况的概率更高。性梦的发生率男性多于女性；男性多发于青春期，女性多发于青春后期。男性在性梦时常有射精（梦遗），一般性梦越生动逼真，肉体快感越大。梦中的情人多为不认识或仅仅见过面的女性，而且醒后一般回忆不起每一个细节。不同于男性性梦的是，女性睡醒后能回忆起梦的内容，并可影响自己的情绪和行为，这在具有癔症性格特点的女性更为显著。

性梦的出现是无法受意识支配的，它是性欲得不到排解、自我压抑、转入梦境得到满足的一种生理活动，对他人无任何伤害，但起到了排解性欲的作用。研究表明，性意识越强烈，压制越深，性梦出现的可能性就越大。一般来讲，性梦的频率、内容会受一个人性欲高低、性经验多少和性别等因素影响。性欲强时，性爱场面会栩栩如生；性欲弱时，性梦则比较隐晦。没有性经验的人，性梦通常单调模糊；经验越多，性梦也就越逼真。未婚女性所做的性梦大多限于拥抱和接吻。此外，性梦发生还受性文化和信息传播的影响。有调查显示，同龄少年性梦发生率，城市比农村高。

（3）手淫

是指通过自我抚弄或刺激性器官而产生性兴奋或性高潮的一种行为，这种刺激可以通过手或是某种物体，甚至两腿夹挤生殖器即可产生。手淫是一种自慰手段，是释放性能量、缓和性心理紧张的一种措施。手淫在大学男、女生中均可发生，以男性更多见。

手淫频率大致分以下几种情况：①偶尔有手淫行为，如偶然因手接触生殖器而意外引起性兴奋，产生一时快感；或者来自视觉、听觉、触觉和某些刺激，如语言、文字、图像乃至一首缠绵的爱情歌曲，引起性的冲动和欲望而手淫。②已经形成手淫习惯，在每次排尿前、体育训练后、课余活动时手淫。③手淫次数频繁，晚上睡觉、早上起床和午睡前后手淫；个别手淫频繁且不能自控者，则不分场合、不分时间，甚至在课堂上手淫。因手淫习惯引起的不良心理反应与手淫频率一般成正比，手淫越频繁，心理不良反应越严重。

3. 性心理焦虑

性心理焦虑是大学生常见的性心理异常现象。性焦虑主要包括对自己形体的焦虑、对自己性角色的焦虑和对自己性功能的焦虑。

随着青春期的到来，生理发育的逐渐成熟，一些大学生出现了对自己形体的不安。集中表现在与自己性别相关的形体特征，如对自己身材的希望、对发育状况的关心等。除了对形体的不安外，大学生还存在对自己性角色的焦虑。如男生感到自己缺乏男子汉的阳刚之气，女生觉得自己温柔不够、细心不足等。焦虑对青年学生性心理的发展、日常生活以及整个精神状态都有影响。

📖 读一读

男生、女生的忧郁

一位女大学生成绩优良，但她对自己的汗毛过多深感不安。夏天，其他女生穿上裙子，而她却长裤长衫，把自己捂得严严实实，甚至连洗澡都不到公共浴室。一天，她在杂志上看到汗毛过多是返祖现象，这更使她忐忑不安。为了去掉体毛，她尝试过用剪刀剪，用手拔，甚至到药店买来脱毛剂。费尽心思，可汗毛依旧是"春风吹又生"。在万般无奈的情况下，她求助于心理医生。医生告诉她，汗毛多是一种个体差异，对身体无关紧要，不必过于担心，这才驱散了她心头的一片愁云。

一位男生几个月没有遗精，就断定自己患了性功能障碍。他找到校医，校医给他作了外科检查，告诉他一切正常。可他对校医的话半信半疑，又偷偷跑到省立医院检查，结果仍然得出同样的结论。这时，他一颗悬着的心才放下。一般来说，未婚的男女缺乏性经验，很难下有性功能障碍的结论。成年男女中，90%以上性功能障碍患者是由于心理因素所引起的，其中大多数经过心理治疗都是可以治愈的，大学生大可不必为此事烦恼。

4. 性压抑或不合理宣泄

大学生属于高知识水平人群，有较强的理解力和接受能力、博学兼容的特征及求新求异的倾向，这就决定了他们有可能接触并接受更多的新思潮、新观念（其中包括大量不合理的性思潮、性观念），其性思维相对较为活跃。同时，较为严谨的价值体系、道德意识及相对制约的校园生活，在一定程度上约束着他们的性表达和宣泄渠道。这种开放的性观念与保守的性行为之间的矛盾冲突可能导致两种后果：一是性压抑，二是不合理的性宣泄。大部分大学生能通过专业学习、良好的人际关系、适当的社会工作和积极的文娱活动，对性需求进行恰当的转移和升华，但也有少数同学不能对性的需求进行有效的转移，出现性压抑、性焦虑。有些大学生还采取一些不合理的渠道进行性宣泄，如高校校园的"课桌文学"及"厕所文学"等，其中相当一部分是与性有关的内容。个别学生的嫖娼、性淫乱则是一种畸形的宣泄。

5. 性恐惧

性恐惧大多是由遗精和痛经引起的。最初的射精和最初的月经会让少男少女感到不安和恐慌，这种由第一次性生理活动所引起的性心理反应，对以后性心理的正常发展将产生深远影响。不少学生因缺乏必要的性科学知识，对所出现的性生理现象无心理准备，有的还接受了一些错误的性生理观念，导致忧虑与惊恐。

6. 婚前性行为

资料显示，近年来高校大学生婚前性行为的发生人数有上升趋势，女生性体验发生率随年龄、年级的增高而依次递升，男生在低年级时的发生率大大低于女生，进入高年级后有突增趋势。大学生的婚前性行为常不为社会和道德所接受，因而容易引起心理冲突。性行为多有冲动性，在无避孕措施的情况下性行为，女性妊娠直接引起双方的不安、自责，堕胎或引产对女性身心的伤害往往是终生的。

7. 性行为异常

性行为异常主要表现为窥视、露阴、恋物等行为。对大学生中的这类行为，如果偶尔为之，不能简单地冠之以"窥阴癖"、"露阴癖"、"恋物癖"等性变态的名称。大学生中的这类行为多属"窥视倾向"、"露阴倾向"和"恋物倾向"，是由于正常的性对象、性方式的需求不能满足而导致的一种补偿性行为，是性压抑的一种宣泄方式，但这种宣泄方式是有悖于社会规范的。

二、大学生性心理适应

人类社会发展到今天，人类性欲望和性冲动的满足只能通过合法的婚姻来实现。但婚姻的建立，要经过择偶、具备一定的生活条件以及抚养教育子女的能力等诸多准备过程，这个过程对大学生来说是相当长的，一般约10年以上。在这个过程中，人们对自身性欲望的延缓满足的适应，叫作"性心理适应"。现代大学生个人的社会性延长，性欲望延缓满足的时间也随之延长，性冲动所引起的心理苦恼也是不可避免的。因此要正确地解决性冲动的自然性和社会性的矛盾，大学生"性适应"就显得非常重要。

（一）性冲动行为的适应

大学生在性心理适应的过程中，需要逐渐形成以下三种观念：

1. 性幻想不是病态

正常人的性幻想和精神病人的幻觉是有本质区别的。性幻想是能自我控制的、暂时的，幻想者能清楚地认识到其内容是虚构的、不存在于现实生活中的，受主观意志所支配；而精神病幻觉则是一种病态，是一种虚幻的知觉障碍，患者不能辨别和批评，甚至在幻觉支配下会产生各种冲动的、怪异的行为。性幻想不受时间、空间限制，不怕别人窥破，容许暂时超脱现实。性幻想还可能舒缓压力和性紧张，并非病态。

2. 性梦是性生理与性心理健康的标志

心理学家认为，性梦是性生理和性心理健康的标志。从生理方面来看，熟睡之后，人们白天对性欲的自我压抑暂时消失，本能的性欲望得到了释放。从心理上看，身边的人（包括亲人），因为与自己最熟悉，通常会成为释放性压抑的首选对象。有统计显示，男性在 15～30 岁之间，女性在 30～50 岁之间时，最容易坠入性梦之中，而这两个年龄段的男女被公认为最不容易得到性满足的人群。

夜间的性兴奋不仅是性压抑的释放，同时也是人体对性器官功能进行自我检查和维护的一种方式。尤其突出的是，它可以促使男性青少年性器官的成熟。性梦是在意识清醒状态下的想象活动，它可使当事人的性冲动得以满足和缓解。但是和性幻想一样，性梦无法预测、预防，无法控制、调节。

3. 手淫与性功能障碍没有关系

有了手淫行为后，由于各人的心理状态不同，往往会有两类结果：一类是那些有较强自控能力的人，定期有意识利用手淫解除因精液充盈带来的神经反射的不适，或者有意识超前于遗精而手淫排精，避免遗精沾污裤褥，这类人并不会因手淫而带来精神上的懊恼与自责，对正常性功能的发挥亦不带来影响；另一类青少年既沉溺于色欲，又不能自控，于是频繁手淫，养成习惯，常是既害怕又兴奋，事后感到自己做了错事，但又解脱不了，不但出现疲乏、注意力不集中、头痛、头晕等身体反应，还会产生心理上的有害影响。

现代医学证实，手淫本身并不直接对性功能发挥带来影响，即使有影响，也是间接通过懊恼、悔恨、恐惧、焦虑、悲观等不良心理活动产生。不良的心理活动对大脑皮质是一种不良刺激，大脑皮质专门负责管辖性生理活动的神经细胞因这些不良刺激的影响与干扰，往往也会处于不良的兴奋状态，结果抑制了勃起、射精等下一级性中枢神经的正常活动，阳痿等性功能障碍便接踵而至。

☞ 学与做

手淫习惯的克服

1. 自我教育、自我暗示

进行意志和毅力的锻炼，性冲动一旦出现，可以进行自我调节，尽量控制手淫的欲念。先从减少次数开始，减少到只是极为偶然的现象，直至戒除。

2. 分神法

每当出现手淫念头时，去做对自己最有吸引力、兴致最浓的事情。例如：大学生小伟每当想手淫时就找同学下棋或到操场上跑几圈。

3.丰富生活

积极参加正当的文娱、体育活动，扩大业余爱好，使课外生活丰富多彩，可以淡化和转移性欲而无遐想手淫之事。

4.养成有规律的生活习惯

定时睡觉、起床，睡前避免过度兴奋，不看色情书、画，减少性刺激。睡眠以右侧卧为佳，不要俯卧，被子不要过厚。

例如：大学生小剑手淫多在睡懒觉起床时进行。养成按时睡觉，按时起床，醒后立即起床的习惯，手淫就会戒除。

5.有选择地阅读书刊

选择科学的性知识读物，可以帮助大学生从医学和健康的观点去了解性生理、性心理现象，使之做出积极的、适当的反应，从而排除有碍身心健康发展的消极因素。

例如：大学生小哲就是因为看有爱情描写的书以后染上手淫习惯的，停看这类书后，配合分神法、听音乐等，便克服了手淫习惯。

6.消除形成手淫习惯的生理原因

如包皮过长、包茎应进行手术治疗。

7.日常生活中应该注意的问题

经常清洗外阴，消除积垢对生殖器的刺激；不要憋尿，避免膀胱过分充盈引起刺激；内裤不要过于紧小，防止摩擦外生殖器而引起刺激。

（二）获得健康、完整的性知识

1.性生理知识

性生理知识是性科学知识的基本内容之一。应当让处于青春发育期的大学生知道进入青春期后自己在身体上会发生哪些变化，什么是第一性征，什么是第二性征，女孩为什么会有月经，男孩为什么会分泌精液，这些现象为什么会发生，怎样正确认识手淫，了解性病的产生和危害、艾滋病的传播与预防等。这些知识对于增进大学生的身心健康有重要意义。

人类的生殖系统与身体的其他系统一样，有其特殊的结构和功能。生殖系统是专司繁衍后代和种族延续的器官，它与人体的其他系统相比，具有四大特点：

（1）其他系统对于人体生命的存在具有绝对的必要性，在消化、呼吸、循环等系统中，任何一个系统功能丧失，都会导致生命的消亡。生殖系统则不然，它对人体生命的存在，并不是绝对必要的，生命并不因生殖系统的器官、功能丧失而终止，但它对人类的存在和种族的繁衍却是绝对必要的。没有生殖功能，人类将不复存在。

（2）人体其他系统在男女之间，虽然存在量和力的大小区别，但却不存在质的差别。然而生殖系统在男女间却迥然不同，不仅器官的形态、大小不同，其结构和功能也各有千秋。

（3）人体的每一个系统都能独立地完成自己所负的使命，然而，无论男性或女性都不能单独完成生殖系统的功能，必须与异性个体的生殖细胞结合，才能实现生殖功能。

（4）人出生后，其他系统都在逐渐生长发育，但生殖系统却基本处于沉睡状态。一旦进入青春期，生殖系统就开始了突飞猛进的发育历程，在相对短的时间内就达到了成熟的水平。

作为大学生，要充分了解生殖系统的构造和功能，还要保护它，维护它的清洁卫生，这样才能使它真正担负起保持身体健康和生育后代的任务。

📖 读一读

女性生殖生理

女性的生殖器分内生殖器、外生殖器两部分，外生殖器有阴阜、大小阴唇、阴蒂、前庭、阴道口及处女膜、前庭大腺；内生殖器有阴道、子宫、输卵管、卵巢。

1. 子宫

位于骨盆腔内，像一个倒置的小梨子，上宽下窄，重约50g，上方两侧与两条输卵管相通，下方为宫颈管与阴道相通。子宫内膜有两层，表层叫功能层，在雌激素和孕激素的影响下，每个月脱落一次形成月经。里层叫基底层，不发生脱落，如果此层受到损伤就会发生子宫粘连，形成疤痕，影响妊娠和胎儿的发育，也可发生继发性不孕，还会发生胎盘粘连、植入，危及产妇安全，所以多次妊娠、流产、引产都是不好的。

月经期子宫内膜脱落，宫腔表面形成创面。这时宫颈口也相对张开，阴道内充满血液，如此时发生性行为、盆浴或阴道检查最容易引起妇科疾病。

2. 输卵管

是精子和卵子相遇而受精的地方，共有两条，一头是与子宫顶部的宫角相通，另一头与腹腔相通。它分为四部分，从里到外分为间质部、峡部、壶腹部和伞部。一般都在壶腹部受精，受精后把孕卵运送到子宫腔内着床并生长发育。如输卵管不通，精子和卵子就不能相遇，因此不能怀孕。输卵管结扎就是根据这一道理实行的节育手术。

3. 卵巢

是一对扁圆形的腺体，约红枣大小，在输卵管的下方。成熟的女性卵巢每月排卵一次。它还分泌雌激素、孕激素，维持女性的第二性征，如皮肤白嫩、臀部宽大、声音尖细、胸部丰满等。

4. 阴道

是一个富有弹性的多皱折管道。因阴道皱折多，细菌或滴虫等病原体感染后，藏在里面不易治愈，如有不清洁的性交史，常常会发生阴道炎，如不彻底治疗还可引起子宫、输卵管等广泛性生殖器炎症和不育症等严重疾病。因此要养成良好的生活和卫生习惯，并且不要用公共浴巾、浴盆，防止交叉感染。

2. 性心理教育

性心理教育是在性生理教育的基础上，对大学生进行性心理健康教育，使大学生知道进入青春期后，随着生理的成熟，自己在心理上会产生哪些变化，情绪上可能产生哪些波动，从而消除不必要的恐惧和焦虑、自罪和自责感，积极认同自己的性别角色，了解健康人格的标志，主动建立健全人格，防止和矫治各种偏态和病态人格，防止性心理疾病的产生。

3. 性伦理知识

性伦理教育也是性教育中必不可少的内容。性伦理主要涉及两性方面的行为规范和准则，例如：如何正确认识和对待男女性别差异，彼此相互尊重；如何正确处理两性之间的情感，培养自己高尚的人格等。大学生正值"恋爱季节"，在恋爱过程中会出现许多性生理和性心理方面的要求。如何把握自己，掌握接触分寸，区别婚前接触和婚后接触的界限，坚持两性交往中的道德原则，这些方面的教育可增强学生的责任感、道德感和自我保护的意识。

（三）约束性行为

不仅所有历史悠久的文明民族在历史上都有着严格的性约束，即使在一些原始部落里，性行为也并不像人们所想象的那样放任不羁。人类在历史发展的不同时期所形成的文化是演进的，扬新弃旧的，然而创新决不意味着对历史的全部否定，对中华文化中的性道德传统也应采取具体分析的态度。

1. 人类性行为的约束是生存发展的需要

性行为必须受到约束的原因是多方面的。生物的、心理的、社会的诸多因素，迫使人类在谋求生存发展的漫长历程中，对自己的性行为加以约束。

优生已为人们所熟知，但西方的性解放所开创的新群婚时代，使许多人不知道亲生父母是谁。如名噪一时的美国拳王阿里曾遗弃一名怀孕女大学生，生下的女儿到 18 岁时才知道阿里是生父，倘若阿里不是拳王，她可能永远不知道父亲是谁。在这种性乱的社会背景下，同父异母的后代大量增加，优生还是劣生是显而易见的。

性约束最重要的生物学因素是预防性传播疾病。随着现代交通工具的发展，国际、洲际的人员往来日趋频繁，原来散布于世界局部地区的不同性病，也随着人群的大流动向全世界蔓延。在出现性病特效药以前，许多人慑于性病的威胁，被迫接受性道德。20 世纪 40 年代末，美国使用青霉素治疗性病，疗效卓著，这使人们以为从此有可能控制甚至消灭性病。然而事与愿违，到 20 世纪 50 年代中期淋病的发病人数逐年回升，回升的原因并不是淋球菌抗药，而是青霉素促使人们有恃无恐地参与性乱。令人色变的艾滋病（AIDS）也已由世界的某个角落迅速向世界的每一个角落蔓延。艾滋病病毒变异能力极强，致使特效药和疫苗的研制陷入困境。

2. 性约束能最大程度地保护女性健康

性约束对于保护女性健康有特殊意义。性乱给女性带来的人工流产风险或生育责任，对没有婚姻关系保障的女性来说，必然成为不负责任的性行为的直接受害者。性乱还可使女性生殖系统恶性肿瘤的发病率增加。女性初次性交的年龄越小，患生殖器官癌症的机会也越多。有些性乱的女性认为在不洁性交后冲洗阴道可以避免染上性病。其实，隐藏在阴道皱襞中的病菌难以冲洗干净，而极少量残留的病菌足以引起性病的发生。有人认为安全套可预防性病，而目前安全套预防性病的失败率达10％，主要原因是破裂和滑脱。避孕失败可以通过人流补救，预防性病的失败尤其是染上艾滋病则是无法挽回的。有人认为开设红灯区，让妓女合法化，就可以定期对其体检，防止性病。西方国家妓女定期体检已有相当长的历史，然而性病却依旧存在，原因在于即使每月甚至每周一次的体检，也难以阻止妓女带性病卖淫。如上午体检正常，下午嫖客就可以把性病传染给妓女，使其成为性病病原体携带者，在此后的6～30天将性病传染给许多嫖客。持有健康证的妓女往往会使嫖客丧失警惕，更易染上性病。

读一读

处女膜所承载的生命价值究竟有多大？

处女膜是覆盖在女性阴道外口的一块中空薄膜，大约1～2毫米厚，膜的正反两面都是湿润的粘膜，两层粘膜之间含有结缔组织、微血管和神经末梢。中间的小孔叫处女膜孔。处女膜孔的大小和膜的厚薄程度各人可有不同，处女膜孔的直径约为1～1.5厘米，通常为圆形、椭圆形或锯齿形；有的呈半月形，膜孔偏于一侧；有的为隔形孔，有两个小孔作上下或左右并列；有的有很多分散的小孔，就像筛子上的小孔。处女膜可以防止外界不洁的东西进入阴道，有保护阴道的作用。青春期前由于卵巢所分泌的雌激素很少，这时阴道粘膜薄、皱襞少、酸度低，故抵抗力差，处女膜有阻拦细菌入侵阴道的保护作用。青春期后，随着卵巢的发育，体内雌激素增多，阴道抵抗力有所加强，处女膜也就逐渐失去了作用。处女膜孔是生理所必需的，女性每月一次的经血就是通过这个小孔排出体外。

处女初次性交，男性的阴茎插入女性的阴道时，常将处女膜顶破而形成裂口。生育过的妇女，由于胎儿经阴道娩出，使处女膜进一步破损，有时仅留下几个残存的突起，叫处女膜痕。

一般地说，女性的处女膜破裂就意味着不再是处女了，但不尽然。有的女性处女膜虽然完整，但也已不是处女了；有的女性确实是真实的处女，而处女膜已破裂。因有些处女的处女膜孔大，弹性好，膜内血管少，加上在性交时男方比较斯文，多次性交后处女膜可以不破裂。相反，有的处女因某些意外使处女膜破裂，如有的女性在儿童期无知地将小玩具插入阴道，有的遇到外伤，或尖锐物碰巧抵在外阴部，有的因手淫、洗涤或阴道塞药造成损伤，也有的是处女膜本来就很脆弱，从事剧烈运动时可使之破裂。因此，不能仅凭处女膜是否破裂来鉴定是否是处女。

看一看我们身边的社会现实，有多少有过婚前或婚外性关系的男性会担心自己的"不洁"无法面对未来的女友和妻子？他会因为社会舆论的指指点点而无法

"嫁"人吗？一个男人可以"在婚前有几个恋人，在婚后有几个情人，唯独在结婚时，非要个纯洁得不能再纯洁的女性做妻子"，可是，他的妻子却要为自己的"贞操"负全责……于是，处女膜成了社会实行双重道德标准的生理依据，成了社会格外压抑和束缚女性的天然理由。

有研究者调查了北京市大学生，发现真正发生性交合（处女膜当然破裂）的人只有 8％～9％，但是发生过种种性爱抚行为的人却高达 30％左右。即使在调查前的半年之内，有过性爱抚的人也比真正性交合的人多 3 倍。这里所说的性爱抚，是指超过接吻的、直到双方生殖器发生接触却没有插入的各种行为。从性学的角度来看，这些爱抚行为与真正的性交合一样，也可以获得性满足，应是不折不扣的"性行为"。但是，按照社会的标准，双方无论怎么爱抚，爱抚多深，都仍然是"贞洁"的。

并不是每个发生婚前性关系的女孩都是对爱的不忠。如果我们对人性有着更多更深的理解，就会发现，出于无奈、无力、无助和无知，一个人在某个情境中的选择是可以理解和原谅的。可能正是在这个经历中，一个人学会了珍惜爱与被爱。

从人权的角度上来讲，一个人无权要求他（她）的爱人在婚前对他（她）保持忠诚。但是，他（她）有权要求对方在婚后对自己保持忠诚。当然，每个人都需要在任何时候慎重地做出自己的性决定，但那不是为了别人，而是为自己负责。

（四）特殊情况下的避孕

在当今任何文化背景下的大学生，均存在婚前性行为。为避免因女性怀孕而导致对身心健康的影响，特殊情况下的避孕是十分必要的。

1. 正确使用安全套

安全套不但可以有效地避孕，还可以预防性病、艾滋病的传播。安全套的优点是：在正确使用的前提下能够达到避孕效果，而且基本上没有副作用。

安全套的使用时间应该是在阴茎勃起之后，在阴茎跟阴道发生任何形式的接触之前。使用之前应检查安全套的生产日期并选择合适的型号，拆封后通过向贮精囊（安全套上端的一个小小隆起部位，射精时用来贮存精子）内吹气检查其是否漏气。在套上安全套以前，应该先压住贮精囊，使里面的空气完全排出，然后把它放在龟头上。如果使用的安全套没有贮精囊，应该先套住上端并且注意在安全套末端和龟头之间留出一定空隙，慢慢地把包皮向后拉，把安全套展开，一直到阴茎的根部。在射精后，不要让阴茎在阴道里停留时间过长，而应该在阴茎疲软之前抽出阴道，否则安全套中的精液就会由于阴茎体积减小而流入阴道；同样沾有精液的安全套也不能在两片阴唇之间停留太长时间。安全套取出后应再次检查是否漏气，如有则应采取紧急避孕措施。

在安全套的使用过程中，导致危险的唯一可能性是使用方法不当。这主要包括以下两个方面：安全套的使用时间太迟，在使用时精子已经通过阴茎分泌物流入阴道；另外就是性交后阴茎从阴道中取出太晚，精子从安全套的间隙中流入阴道。

2. 紧急避孕

（1）什么情况下采取紧急避孕？

下列任何一种情况发生，均需采取紧急避孕：

① 无保护的性交

a. 未采取避孕措施——特别是初次性交时的无保护性行为；

b. 性交中断——未能及时从阴道中抽出阴茎导致射精发生在阴道内；

c. 在阴道口外射精；

d. 安全期避孕时日期计算错误。

② 安全套破裂或脱落在阴道内

③ 阴道隔膜、宫颈帽放置不当，性交过程中脱落、破裂或过早取出

④ 宫内节育器部分或完全脱落

⑤ 口服避孕药出现漏服情况

⑥ 被性侵犯——无论何种性质都需要紧急避孕

（2）不可滥用

现在市场上有多种用于事后紧急避孕的药物，但需要在医生的指导下服用。少数人服用后，可能有副反应，如轻微的头晕、头痛和恶心，或偶尔有呕吐发生，一般无需处理。若服药后 2 小时内发生呕吐，应立即补服相同剂量的药物。如在服药时少量进食，可减轻和避免恶心、呕吐。

但是，需要说明的是，尽管紧急避孕药的剂量小，在体内存留的时间短，使用比较安全，但毕竟对排卵和子宫内膜会有影响，短期内反复使用会增加月经紊乱的发生概率。

读一读

生命的由来

什么是受精？成熟的精子与卵子结合，成为受精卵的过程，就是受精。每一个新生的小宝宝都是爸爸的精子和妈妈的卵子相结合的产物。

精子产生于成熟男性的睾丸。睾丸由许多弯曲的精细小管构成，这些精细小管的内壁里有无数个原始的生殖细胞——精原细胞，它们逐渐长大、分裂成熟为精子。盖在睾丸上端有一顶小帽子叫"附睾"，它是精子贮存的仓库。而输精管是负责输送精子的管道。一个成年男性每日可产生 5000 万到 1 亿个左右的精子。精子的外形就像有尾巴的小蝌蚪一样，头长 6 微米，尾长 60 微米，只有在高倍显微镜下才能看到。精子的生存时间只有 3 天，它携带着父亲方面的遗传基因。

卵子产生于成熟女性的卵巢。一个新生女婴的卵巢内有大约 40 万个不成熟的原始卵泡，到了青春期，这些卵泡开始苏醒、生长和成熟。从女性月经初潮开始，

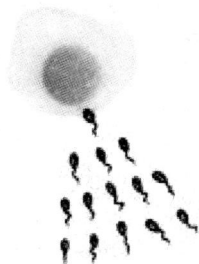

卵巢每个月排出一个成熟的卵子，直到 50 岁左右的绝经期为止。因此，一个女性一生中，最多只能排出 400 多个卵子。成熟的卵子呈球形，是人体内最大的细胞。它的生命短暂，不超过 24 小时。卵细胞携带了母亲方面的遗传基因。

正是精子和卵子携带的遗传基因，才塑造了每个人现在这个样子：高矮、胖瘦、肤色、发色、性格等等。想想看，如果换了另一个精子与卵子相结合，那你就会变成另外一个人的模样。这是多么奇妙的事情啊！

输卵管是精子与卵子相遇并结合的地方，它是一条大约 15 厘米长的、狭窄的管道。卵子从卵巢排出后 8~10 分钟，会向子宫游动，它周围的营养细胞像一串串美丽的光环围绕着它。很快，它将与精子相遇并开始受精的过程。如果在 24 小时内，没有精子来与卵子结合，卵子就会自动被人体的腹腔所吸收。

500 万个精子争先恐后地游向它们的终点——隐蔽在输卵管中的卵子。如果在输卵管内正好遇到从卵巢里排出的卵子，这些精子就会立即包围卵子。每个精子都试图穿透卵泡壁而进入其中，但最终能攻破卵子的却只有一个。所以，虽然精子部队非常庞大，但竞争的结果，只有一个"英雄"能成功地与卵子结合，成为受精卵，然后进入子宫"着床"安家。女性就这样怀孕了。

一般情况下，一个卵子只与一个精子结合，发育形成一个胎儿。有一种特殊情况是，一个卵子与一个精子正常结合，但在受精卵裂变过程中，分裂成两部分或三部分，每部分都构成一个胚胎，独立发育。这样形成的胎儿就是双胞胎或三胞胎。还有一种特殊情况就是，卵巢同时排出两个或两个以上的成熟卵子，每个卵子都与一个精子结合成受精卵，然后各自发育形成胎儿，这样形成的胎儿也是双胞胎或多胞胎。

随着现代科学技术的发展，已经可以做到在人体之外使精子与卵子结合了，即在试管内进行"人工授精"，然后把受精卵移入子宫。由此孕育诞生的婴儿就是所谓的"试管婴儿"。

（杨佩龙，黄　锟）

第四节　理性应用网络

我们必须接受有限的失望，但我们绝不可失去无限的希望。

——马丁·路德·金

We must accept finite disappointment, but we must never lose infinite hope.

——Martin Luther King

互联网是 20 世纪最重要的一项发明，正极大地改变着人类的生产、生活和学习方式。随着网络时代的来临，中国网民数迅猛增加。中国互联网络信息中心

（CNNIC）的最新调查显示，截至 2013 年 7 月底，我国移动互联网用户总数达 8.2 亿户。大学生已成为网民中一支重要力量。

当我们津津乐道网络创造的奇迹时，切不可轻视它的负面效应，尤其是对大学生道德品质的形成与发展造成的负面影响。过度沉溺于互联网会给大学生的身心健康带来不良影响，一部分自制力较弱的大学生在"信息爆炸"时代很可能陷入"网络成瘾"的泥沼中。

一、网络成瘾自我评定和分类

（一）什么是网络成瘾

网络虽不是毒品，但却能麻醉身心。网络让人暂时忘却现实的烦恼和痛苦，求得短暂的安宁与超脱。一旦离开网络，抑郁、焦虑、孤独就将轮番袭来。网络成瘾（Internet Addiction/ Online Addiction）是指个体由于对互联网过度依赖而导致明显的心理异常症状以及伴随的生理受损的现象，是在无成瘾物质作用下的上网行为冲动失控，这种强迫行为类似于病态赌博。

网络成瘾是从过度使用网络开始，起初上网可以满足个体的适应功能，之后可以改变个体的情绪和心理状态，逐步改变人的意识、知觉和思维，产生特殊的精神体验。个体为了追求精神上的快感与刺激，或者为了逃避现实而沉溺于网络，最后形成了强烈的依赖心理和行为。期间会由于信息刺激、环境改变或个体认知、行为的变化，使"依赖"过程逐渐强化或弱化，从而导致最后的"成瘾"或"非成瘾"的结果。

（二）网络成瘾的自我评定

网络成瘾虽然表现为长时间的上网行为，但上网时间的长短不能作为网络成瘾唯一的判断标准。有很多人长时间泡在网上是因为工作需要，如软件工程师、程序员和网站职员等，而不是由于对某种网上活动不可控制的内在冲动。对于网络成瘾的鉴定应该谨慎，需要从多个角度和层面进行综合分析。下面是两套自我评定方案：

1. 简易诊断标准

（1）项目

① 你感觉被网络所占据吗（想着上一次网上的活动或期待下一次的上网）？

② 为了达到满足，你觉得需要增加上网的时间吗？

③ 为控制、减少或停止网络的使用，你是否反复地尝试，总是不能取得成功？

④ 当试图减少或停止网络使用时，你是否感到烦躁不安、情绪低落、抑郁或易激怒？

⑤ 你在网上待的时间是否往往比原先预期的更长？

⑥ 由于上网，你是否很可能失去重要的人际关系、工作、教育或职业机会？

⑦ 为了隐瞒你沉迷网络的程度，你是否曾经对家庭成员、治疗师或其他人说谎？

⑧ 你是否利用网络作为逃避问题或消除烦躁不安情绪（如无助感、内疚、焦虑、抑郁）的一种手段？

（2）判定方法

如果在 12 个月内，每天上网超过四个小时的网络用户符合以上 8 项中的 5 项或以上，便可视为网络成瘾的高危人群。换句话说，如果网络用户对以上 8 项中的 5 项或以上都回答"是"，则可以视其为"依赖性网络使用者"，也就是初步诊断为网络成瘾，否则就属于"非依赖性网络使用者"，即正常的网络使用者。此外，如果每周上网时间超过 40 小时，就更加确定为网络成瘾。

2. 互联网成瘾损害量表（Internet Addiction Impairment Index，IAII）

（1）评定量表（见表 2－4 所列）

仔细阅读每一题，评判时仅考虑与非学术或非工作相关的上网时间，根据个人使用网络的情况，对每一题后代表"从来没有"、"几乎没有"、"偶尔"、"有时"、"经常"、"总是"的数字进行选择。

表 2－4　网络成瘾量表

项　　　目	从来没有	几乎没有	偶尔	有时	经常	总是
1. 你觉得上网的时间比你预期的要长吗？	0	1	2	3	4	5
2. 你会因为上网忽略自己要做的事情吗？	0	1	2	3	4	5
3. 你更愿意上网而不是和亲密的朋友待在一起吗？	0	1	2	3	4	5
4. 你经常在网上结交新朋友吗？	0	1	2	3	4	5
5. 生活中朋友、家人会抱怨你上网时间太长吗？	0	1	2	3	4	5
6. 你因为上网影响了学习吗？	0	1	2	3	4	5
7. 你是否会不顾身边急需解决的一些问题而上网查 E－mail 或看留言？	0	1	2	3	4	5
8. 因为上网影响到你的日常生活了吗？	0	1	2	3	4	5
9. 你是否担心网上的隐私被人知道？	0	1	2	3	4	5
10. 你会因为心情不好去上网吗？	0	1	2	3	4	5
11. 你在一次上网后会渴望下一次上网吗？	0	1	2	3	4	5
12. 如果无法上网你会觉得生活空虚无聊吗？	0	1	2	3	4	5
13. 你会因为别人打搅你上网发脾气吗？	0	1	2	3	4	5

（续表）

项　　目	从来没有	几乎没有	偶尔	有时	经常	总是
14. 你会上网到深夜不去睡觉吗？	0	1	2	3	4	5
15. 你在离开网络后会想着网上的事情吗？	0	1	2	3	4	5
16. 你在上网时会对自己说"就再玩一会"吗？	0	1	2	3	4	5
17. 你会想法减少上网时间而以失败告终吗？	0	1	2	3	4	5
18. 你会对人隐瞒你上网时间吗？	0	1	2	3	4	5
19. 你宁愿上网而不愿意和朋友们出去玩吗？	0	1	2	3	4	5
20. 你会因为不能上网变得烦躁不安，喜怒无常，而一旦能上网就不会这样吗？	0	1	2	3	4	5

（2）判定方法

所选择的每一题后的数字即为该题的得分，20 个问题得分的总和即为该调查问卷的评分。评分越高，表明沉迷于网络的程度越严重，成瘾的症状也越明显。分数 40～60 为轻度，60～80 为中度，80～100 为重度。

（三）网络成瘾的分类

网上活动数不胜数，不同网络成瘾者参与不同的网络活动，其满足的需要也是不一样的。因此，把所有的网络成瘾者看成一个特征一致的群体是不恰当的。根据不同的网上活动及其满足的需要，网络成瘾可以分为五类：

1. 网络交际成瘾

是指沉迷于通过网上聊天、交友等，过度卷入网络人际关系中，以虚拟空间的网络聊天室或以网络社区的人际关系取代了现实生活中的亲朋好友，当然也包括网络恋情。上网者每天花费大量的时间，利用各种聊天软件以及网站的聊天室进行人际交流，网上交友、恋爱对心理的影响超过现实生活中的朋友和家人，甚至诱发网络黑交易、发表反动或愚昧言论、网络欺诈与愚弄等危害行为和犯罪行为。

2. 网络色情成瘾

是指对成人聊天室和网上色情作品上瘾。表现为沉迷于浏览黄色网站，下载色情音乐、图片、影像，在线进行色情交易，网络性爱或者进入成人聊天室，以满足那些日常生活中无法满足的性需要或变态的意念等不能自拔。专家指出，每周花费 11 小时以上用来漫游色情网站的人，就有色情成瘾的嫌疑。

3. 网络娱乐成瘾

包括网络游戏成瘾、网络歌曲成瘾、网络电影成瘾，也包括离线的（单机）游戏等。其中最为典型的是过分迷恋计算机游戏，不可抑制地长时间玩游戏。这在大、中、小学生中是较为普遍的现象。在网络游戏这样一个虚拟的空间里，似乎一切随心所欲，可以抛开现实生活中的种种束缚。网络游戏中一般都以虚拟的网上奖励作为强化手段，如色情照片或让他们获得赌资等。许多玩游戏成瘾的大学生在现实生活中大都不太如意，虚拟的网络游戏则为其提供了一个堂而皇之的宣泄渠道，使其暂时忘却生活中的"角色规则"。

4. 信息超载

是指强迫性的网上冲浪或资料搜索，花大量的时间浏览、搜集网上数据和信息。这种行为有明显的强迫性，是因惧怕所拥有的信息不足而不停地上网漫游或搜寻信息，强迫性地从网上搜集无用的、无关紧要的或者不迫切需要的信息。网络信息种类繁多、数量巨大、质量良莠不齐，让许多人感觉到面对浩瀚如海的信息时常常手足无措，只能被动地接收。对于有强迫信息收集成瘾者来说，互联网带给他们的不再是快捷方便，而是心理上的困惑、痛苦。

5. 其他网络强迫行为

网络强迫行为指一种难以抵抗的冲动，着迷于在线赌博、购物、交易等活动，还包括不能自拔地沉溺于计算机程序编写和网页制作。

目前，多数大学生网络成瘾属于前三类。

二、网络成瘾的危害

网络成瘾与染上吸毒、酗酒或赌博等恶习很相似，后果都是消极的。而且它的危害程度并不亚于酗酒或吸毒。网络成瘾的危害表现为身体、心理和社会适应等方面。

（一）网络成瘾损害身体健康

【案例2-13】大一学生小亮在放暑假后就闭门不出，一个名叫CS的火爆刺激性游戏把小亮深深吸引。他连续三天三夜都在网上与网友组队玩CS，打得昏天黑地。爸爸说："这几天他除了实在忍不住去厕所，就没离开过电脑一步，一边干啃方便面一边盯着电脑，累了就在电脑旁趴上一两个小时，然后再玩。我和他妈说什么都没用，他还威胁我们，再在旁边烦他，他就把电脑砸到街上去，然后去网吧。"70多个小时后，小亮才从高度集中的状态中松弛下来。但他却睡不着，也吃不下。发现小亮手脚发冷发抖，额头发烫时，束手无策的父亲到处打电话求救。

【评析】小亮连续玩游戏三天三夜，饮食紊乱，

作息紊乱，最后导致一系列严重的生理问题，必须及时送到医院。长时间持续上网，大脑持续处于过度兴奋状态，会引起肾上腺素水平异常增高、交感神经过度兴奋、血压升高、植物神经功能紊乱，并伴有睡眠障碍。不能上网时头昏眼花、双手颤抖、疲乏无力、食欲不振，上网后这些现象可以消失，呈现阶段性的高度兴奋；而后进一步增加上网者的颓废感和沮丧感，从而形成一种类似于"毒瘾"的循环。这将导致自主神经功能紊乱、体内激素水平失衡，人体的免疫功能降低，诱发腱鞘炎、肥胖、胃肠疾病、心血管疾病、妇科炎症及其他疾病，严重者会危及生命。

（二）网络成瘾损害心理健康

虽然网络成瘾者能从网络世界中获得某种程度的满足、安慰和支持，但当离开网络空间暴露于现实生活，完美的感觉消退之后，就会感到灰心和迷茫，从而产生种种心理问题。

【案例 2-14】小虎在父母 35 岁时出生，独生子女，性格较内向，从小身体健康，生活优越，未得过什么大病。小学和中学的学习成绩优秀，考上了一所重点大学，想要的东西父母基本都满足。中学期间有间断上网，时间很短。因考上了重点大学，小虎要求买一台电脑作为奖励，所以父母给他买了一台电脑。暑假期间，小虎上网时间逐渐增加，甚至忘了吃饭，而且主要在玩游戏。父母加以阻止，并要求他减少上网时间。刚开始一周还能坚持，以后又故态重演，甚至作业不能完成。上网时间过长，父亲强硬制止小虎时，他异常不满，以摔东西和绝食来抗议，最终以父母妥协而告终。开学以后，小虎在学校上网时间并没有减少，已经严重影响学习。最后发展到脾气暴躁，不与同学、老师和父母沟通，在同学劝阻时对同学动手，对老师的阻止也置之不理。

【评析】小虎从小养成了衣来伸手、饭来张口的习惯，体会不到父母的爱以及应该如何回报父母的爱。在家庭教育中，父母教育方式不当是小虎网络成瘾的主要诱因。沉迷于网络游戏不但引起社会功能减退，还导致人格特质逐渐发生扭曲。

常见的网络成瘾对心理的负面影响有以下几点：

1. 社会功能减退

网络成瘾者一有时间就去上网，参加社会性活动大大减少，真实生活中人与人交流的时间过短，逐渐缺乏对社会的了解与认同，导致社会经验缺乏、适应能力减退。

2. 人格特质改变

网络成瘾者关注并满足于虚幻的网络世界，对现实环境的感受能力渐渐减弱，智力、推理能力和支配能力也降低，情绪低落、精神不振、无愉快感或兴趣丧失，形成寡言少语、多疑、恐惧、过度防范、焦虑不安和缺乏责任感等心理现象，甚至形成具有冷漠无情、自私内向、破坏性和攻击性倾向的人格。

3. "自我"迷失

网络成瘾者的"自我"系统中有两个"自我"，即"真实自我"和"虚拟自我"。这两者有时相互冲突，上网时精神兴奋，离开网络就精力不足、思维迟缓、自我评价降低，网上网下两种截然不同的状态有可能导致多重人格问题的出现。

4. 道德规范的迷失

网络中的个体活动几乎不受制约与监督，这为不正当、不道德行为的滋生提供了空间，从而造成网络世界虚假信息的泛滥及不道德现象的发生，如粗言恶语、人身攻击、多角恋、虚拟性爱、色情影视、恶意攻击网络运行（即黑客行为）等。

5. 伴随或诱发心理障碍

网络成瘾还可以伴随或诱发品行和人格障碍、人际交往障碍、情绪障碍等心理障碍和精神疾病。例如说谎、偷窃、出走、蔑视规章制度、打架斗殴、无同情心是较突出的品行障碍，甚至形成攻击性人格。

（三）网络成瘾引发社会问题

沉溺于网络中的个体的工作、人际关系、经济状况、学习等往往出现不同程度的问题。职员无心上班、旷工、渎职；学生无心学习、旷课、逃学、成绩下降，甚至离家出走。少数网络成瘾者甚至为了上网可以不择手段，出现危害社会的行为，如欺骗、打架、赌博、盗窃，走上违法犯罪的道路，更严重者会出现自杀意念或其他自残行为、吸烟、吸毒、酗酒和滥用药物等现象。

【案例2-15】一名清华大学二年级的学生，深深迷恋网络世界，"三国"、"魔兽争霸"、"盛大富翁"等网络游戏几乎成为他生活的全部。心急如焚又无能为力的父亲不远千里，四次来京劝阻。在极度绝望中，父亲不得不在饮料中下了安眠药，乘儿子昏迷时将他送到网络成瘾中心"戒毒"，医生诊断他为"重度网络成瘾患者"。入院当晚，该名学生就打碎了屋顶灯管，用玻璃碎片割破了手腕……

【评析】沉迷于网络导致荒废学业，诱使很多青少年选择自伤和自残等行为与家庭抗衡。电子"海洛因"带来的一系列的难题已经成为急需解决的社会问题，社会舆论、家庭和学校应该给予大学生更多的关怀和帮助。

三、网络成瘾预防

网络作为信息的重要载体，已经渗透到了人们的客观环境和主观意识的各个方面，如何在网络化的社会中正常工作、学习和生活，并保持身心健康、防止网络成瘾，是适应社会、适应时代发展和寻求自我发展的一个非常重要的问题。对于网络成瘾，早预防、早发现、早治疗，这是最重要的策略，也是个体、家庭和社会需要十分重视的问题。

（一）预防网络成瘾从我做起

预防网络成瘾首先要增强社会触网人群整体的心理免疫力，加强思想教育，提高自身素质，培养健康的网络心理和健全的人格，让心理适应网络传播这个大趋势，在个体内心建立一种有效的防范机制，从根本上解决问题。

☞学与做

合理使用网络，杜绝成瘾

1. 培养积极的人生态度

网络世界和现实世界都充满着矛盾，要对这些矛盾有正确的认识和反应，就要树立正确的世界观、人生观和方法论。理解某些矛盾刺激的不可避免性和合理性，从而勇敢地承受，激励自己勤于思考，努力学习，培育一种始终保持乐观的情绪和宽广的胸怀，正确地认识、对待自己和他人，避免主观性和片面性，对人对事都要一分为二地看待。

2. 过有规律、有节奏的生活

网上聊天、网上游戏、网上丰富的信息以及一些不健康的内容，散发着巨大的诱惑力，个体面对这些诱惑，应时时提醒自己，经常反省自己的行为是否失常，在心理上设一道"防火墙"，自觉抵御外在诱惑，坚持有规律、有节奏的生活习惯。

3. 与他人沟通，交流心得体会，自我排解心理难题

对于网络传播中的信息以及上网过程中产生的各种想法，包括沉溺其中的心态，个体需要采取一种包容的态度，培养一种灵活开放的心理来提高个体的主体意识、参与意识，激发个体创造性，营造有利于个体宣泄情感、促进心理健康的氛围。在现实生活和网络世界中积极与他人进行交流，在交流中寻求并保持一种心理平衡，不自惭、自责或自卑，让抑郁的情绪得以宣泄，心理难题得以自我排解。

4. 培养多方面的爱好，坚持并广泛参与亲社会行为

个体在全面接触或融入网络传播之中时，最好先和有网络切身体会的人进行交流，得到一种心理上的理性承受能力，甚至和周围朋友达成一种互帮互助协议，相互帮助，相互监督，不至于让自己沉溺于网络而放弃其他的兴趣爱好。对一切符合社会期望，对他人、群体或社会有益的行为积极参与，在现实与网络两个世界中奉献自己的爱心。

5. 加强网络知识和理论的学习

许多人沉溺于网上聊天、电子游戏，一个很重要的原因是他们对计算机的其他功能知之甚少。因此，触网人群要加强对计算机、网络知识的系统学习，对计算机有一个全面的认识，学会文字处理、程序编写等基本操作。真正掌握了计算机，就会自觉地把它当作学习和工作的辅助工具，而不是一间聊天室或一台游戏机。

6. 全面、正确地认识网络

在纷繁复杂的信息世界里，理智的现代人对网络的利弊要有一个理性的认识，要从多方面、多角度了解网络世界，充分认识信息垃圾、网络犯罪、网络成瘾的严重危害，学会一些基本的应对措施，防患于未然。一方面要注重培养和提高信息处

大学生健康教育（第 2 版）

理能力，善于运用科学的信息处理方法，有效地筛选、分析信息，提高自身抵制信息污染的能力以及信息承载和心理调节能力；另一方面要学会科学用脑，注意劳逸结合，重视人与网络技术、人与自然、人与人以及身体与内心世界的和谐统一，使自己不仅是信息的使用者，更要成为信息的建设者和真正的主人。

网络游戏中的成功和满足感毕竟只是虚幻且短暂的，只有通过努力学习取得成果，丰富自己的学识才是真实而长久的。因此学生要正确对待网络游戏，并协调与学习的关系，仅仅把网络游戏当作学习之余的放松调节，而不沉溺于这种放松的感觉。

（二）家长正确对待和处理孩子的网络使用

值得注意的是，一些家长把青少年正常的上网行为都看成是网络成瘾。网络本身不是洪水猛兽，我们没有必要逃避；更何况，在现代社会中，网络无处不在，逃也是无处可逃。阻止孩子上网既无必要也无可能，可行的方法是正确地引导和科学地监督。

家长要注意发现孩子的优点，不要把所有的注意力放在孩子学习的优劣上。我们知道，在学校的考试中，必然有成功者和失败者，不可能所有的孩子都是前 3 名或前 5 名。如果家庭评定他们成功的标准只有一个，那些学业失败的孩子就很难在现实中找到成就感，那么他们更可能去网络中寻找虚幻的成功。作为家长，要让孩子有成就感，包括学业、特长、交友等各个方面，而不是迫使他们走向网络虚拟世界中进行发泄和倾诉。

【案例 2-16】 李先生一到儿子的假期就坐立不安，因为放假时，上大二的儿子小翔每天总是喜欢玩电脑，上网和网友聊天，倾诉心事。因为担心儿子在网上"遇到坏人"，怕他染上"网瘾"，李先生从孩子坐在电脑前就开始紧张不已，一直在房间内走来走去，妈妈也对孩子啰唆不断。接下来，李先生干脆给电脑上设置了密码，甚至拔掉了网线。儿子非常气愤，常常是忍无可忍。久而久之，和爸妈之间的话越来越少，对家人变得很冷淡，经常偷偷跑到外面的网吧去上网。

【评析】 网络已经成为现代社会不可或缺的交流工具，孩子上网聊天，只要是在正常范围内，不影响学习和生活，都可以视作一种正常需要，没有必要干涉。而且孩子在网络上正常交友，对于搜集信息、宣泄情感也是有帮助的。首先，家长应该对"网瘾"有正确和科学的了解，不要对孩子正常的上网活动横加阻挠。每天上网不超过 2 小时，其实不能算是"网瘾"，家长大可不必过于紧张。其次，家长要把握与孩子沟通的技巧，理解孩子，不要无端地指责，更不要与孩子形成对立。因为粗暴的教育方式不仅不能正确引导孩子，反而会影响孩子的心理健康成长，特别是青少年的自我意识正在增强，无端的指责会造成孩子的逆反情绪。再次，家长要注意给孩子一个健康的家庭环境。对于上网，家长可与孩子约法三章，允许他上网，但必须遵守一些规定，引导孩子如何健康地使用网络交友、利用网络聊天中有利因素来充实生活。比如，限制上网的类型和时间、若无成人陪同不得与网友单独见面等。一般来说，从民主、和睦、丰富多彩以及充满希望的家庭中出来的孩子很少有网络成瘾的，因为这样的环境给了他足够的自由、平等和快乐。家长也可以适当地与孩子共同学习使用网络，这样既可以亲身体验网络，又可以找到与孩子的共同语言，拉近彼此间的距离。

【案例2-17】小晨是一名大一学生，刚上大学时，小晨的学习成绩在班级中处于中等偏上。自从迷上网络以后，他常常在放学后直奔网吧。父母很少询问他在学校的学习和生活情况，也从未主动与小晨的辅导员联系过。由于没有父母的管束，他的行为越来越肆无忌惮，常常夜宿网吧。沉溺于网络的同时，他的学习成绩也一落千丈，一学期好几门功课未及格，而且与周围同学的交流也越来越少，对辅导员和任课老师则是避而远之。

【评析】这是一个很典型的青少年网络成瘾的案例，主要是由于家庭教育问题引起的。由于缺乏父母的管束，加之辅导员和老师对其管教不严，平时与父母和老师的交流和沟通很少，无法得到适当的关怀和引导，因此很容易产生孤独感。另一方面，进入大学后，竞争更激烈，容易导致学习积极性受挫，失去学习的动力，从而把孩子推向"虚拟世界"去寻求安慰，因为在网络中没有"失败"。而且，在小晨迷恋上网络之后，老师和家长也没有适时阻止，而是听之任之。这种不加重视的态度，其实就是一种纵容，使得孩子越陷越深。

（三）从社会角度预防网络成瘾

1. 加强网络素质教育

为了预防和克服网络的负面影响，应该加强对触网人群的教育和引导，尤其是要加强网络素质教育。一方面，向学生普及网络使用的知识，提高上网学生使用网络的知识水平，更好地利用网络获取知识和开阔视野，让他们懂得如何与自己所学的知识相结合，提高处理信息、分辨信息、选择信息、综合利用信息的能力，抵制各种垃圾信息的不良影响；另一方面，各级机构、社团和组织还可以在校园开展一些有意义的、丰富多彩的网络知识宣传活动，如辩论大赛、演讲比赛、辅导报告、座谈会等，营造浓烈的正面教育的氛围，形成强有力的正确舆论态势，从而对上网学生形成一种大趋势的思想引导。

2. 开辟网上德育新阵地

发挥网络双刃剑的特点，利用好网络这一平台来预防网络成瘾。在校园网上设置网上论坛、电子信箱、心理咨询、热线服务等，提供多种形式的知识交流和咨询服务项目，让校园网成为师生之间交友谈心和宣泄情感的重要场所。这样的空间既能隐藏身份，又能平等交流，它给学生创造机会敞开心扉，抒发自己的真情实感。同时部分网络成瘾治愈者也可作为志愿者，相互咨询，相互帮助。

3. 加强学生的法制教育

我国网络立法工作尚处于起步阶段，就当前形势看，网络立法工作还远未达到要求，特别是网络立法工作相对于网络犯罪日益严重的情况，显得较为滞后，不能有效地阻止网络犯罪现象的发生。因此，学校需要加强网络法的普及教育，增强学生的网络法律意识，教育学生加强自我保护意识，免受网络犯罪的侵害。

4. 增强对学生的人文关怀

感人心者，莫过于情。由于各种各样的原因，长期沉溺于网络的学生情绪低落、举止失态，甚至产生心理疾病。辅导员、班干部和寝室长可以经常与沉迷于网络的学生聊些他们感兴趣的话题，分析他们的现状，把网络的利弊讲得入情入理。针对学生的特长与兴趣，长期举办各种特色活动及特色活动培训班，组织兴趣小组，积极鼓励有网瘾的学生参加各种形式的文体活动和社会实践活动，将他们的求知欲引导到正轨上来，减少他们上网的欲望。

5. 学校和家庭建立起有意义的监控系统

学校可以有意识地控制爱上网学生的作息时间，家长主动和辅导员、班干部、同班或同寝室的同学联系，了解自己孩子的学习、生活、精神状况，以便及时协助老师纠正学生的不良学习和生活习惯，营造一个良好的外部环境。

四、网络成瘾治疗

网络成瘾是一种阶段性的行为，大致要经历三个阶段：

第一阶段，网络新手被互联网迷住，或者有经验的网络用户被新的应用软件或信息资源迷住；

第二阶段，用户开始避开导致自己上瘾的网络活动；

第三阶段，用户的网络活动和其他活动达成了平衡。

所有网络使用者最后都会到达第三个阶段，但不同的个体需要花费的时间不同。网络成瘾者是在第一阶段被困住，需要及时的帮助、正确的引导或者有效的心理治疗才能更快地跨越这一难关，这要在心理老师的辅导、家人和社会的关爱下，靠自身的毅力逐步克服。

一旦成为"网络成瘾"患者，很难通过自身努力摆脱其困扰，简单的限制、惩罚、劝说和教育效果甚微，而且网络成瘾者形成的原因各不相同，所以干预措施也不能千篇一律。要针对不同个体，从生物、心理、社会三方面着手，采取不同的、全面的、系统的干预措施，治疗、处理网络成瘾及其并发症。

（一）个体心理调适

与其他类型的成瘾一样，网络成瘾者需要个体心理调适。心理调适是进行心理干预的第一步，而且要贯穿于网络成瘾治疗的整个过程。青少年预先有了一定的防范意识，则陷入"网潭"不能自拔的现象就会少得多了。对网络成瘾的治疗首先就是要认识到问题的根源。评估网络成瘾综合征的潜在诱因，学会用"自我管理"的方法来增强自控能力，增强行为自律能力，在生活、学习实践中不断矫正自己的行为偏差，为其他治疗措施的实施打下良好的心理基础。

1. 自我反省，寻找自己网络成瘾的原因

认真审视自己，找出哪些原因使得自己想逃避日常生活，针对问题提出建议并拟订行动的方案。如果学生在生活中经历重大事件，如失去亲人、父母离异、考试失败等，则会倾向于将网络作为从现实问题中解脱的一种手段。然而，通过上网来逃避问题或忽视问题并不能解决问题，相反，往往会使问题恶化。

2. 客观认识到自身状况，产生纠正和调适的主动需求

想象自己上网成瘾后的种种极端后果，如成绩下降、被大家看不起、被别人羞辱、对不起亲人等，想象自己长时间上网后萎靡不振的颓废样子，再与以前精神状态很好时对比，对自己过度上网的行为产生厌恶，从而激励自己找回自我，增强自我效能感。还可以将上网的好处和坏处分别列在一张对称的纸上，每天做思想斗争10～20次，每次3～5分钟，尤其是在网瘾发作时；也可以将好处和坏处的提示卡分别贴在显眼的地方，如电脑上、卧室里、门上；每天多时段默念或大声对自己说出上网的坏处，战胜自己不合理的上网欲望，增强自己的"戒网"动机。

3. 自我暗示，抑制上网的欲望

了解自己的上网时间及当前使用网络的习惯，如每周的哪几天最经常上网？什么时间段开始上网？通常在什么地方使用电脑？使用哪些特定的网络功能类型？在出现上网的念头时反复进行自我暗示，如"不行，现在应该学习，等周末再说"、"我一定能行"、"我一定能戒除"，自我暗示既可通过自言自语，也可将提示语写在日记本上，或制成提示卡贴在墙壁上、床头上，以便经常看到、想到，鞭策自己专心去做。每当抵制住了诱惑，认真学习，度过了充实的一天后，就进行自我鼓励，如"今天我又赢得了一次胜利，继续坚持，加油"。这样不断强化，形成良性刺激，增强自己的意志，使上网的欲望得到抑制。

4. 不把上网作为逃避现实生活或者发泄消极情绪的手段

上网之前先定目标，限定时间，不要在网上闲逛，到时间就毫不犹豫地下网。改变原来坚定而又顽固的信念，如"游戏真棒"、"再没有比上网更刺激的事了"、"何以解忧，唯有上网"等；端正上网的动机，改变对网络的态度。不从感情上厌恶和排斥它，采取"导"而非"堵"的中肯态度，充分认识到成瘾后的严重影响（网瘾发作时使用提示卡）。

（二）系统治疗

网络传播的虚拟性、符号性、交互性使参与主体更容易处于心理非正常状态，因而为保持大学生群体中网络用户的心理平衡，促进网络传播和社会的正常发展，系统正规的药物治疗、心理咨询和治疗变得尤为重要。药物治疗的作用只是调节神经内分泌系统，要防止网络成瘾严重化及其并发症，需要建立长期的系统治疗，配

合及时、有效的心理治疗。

个体需要坚定摆脱网络成瘾的信心，坚持配合治疗。在医生、老师、同学和家长的关心和帮助下，找出网络成瘾的现实原因，提高自信心，制订行动计划，构建合理高效的认知模式，建立良好的生活规律和生活规范，培养良好的人际沟通能力，拓展积极向上的兴趣爱好，使得生活方式逐渐走上正常健康的轨道，从而摆脱网络成瘾的困扰。

（三）家庭辅助治疗

许多家长往往在看到孩子沉溺于网络后，严厉地打骂孩子，不给零用钱、不许去网吧等。但这样的强制性行为并不能达到预期的效果。很多孩子迫于父母的压力，偷偷地去上网，甚至养成了欺瞒父母、偷钱、逃课等坏习惯。

家庭干预和治疗必须集中在以下这些领域：

第一，教育家庭（成员）认识到网络成瘾严重性的事实；

第二，变堵为疏，减少对成瘾行为的责怪；

第三，对家庭中的不健康问题进行公开交流，以避免通过网络寻找情感需求的心理满足的发生；

第四，通过新的嗜好、度长假、倾听患者的感受等方式帮助成瘾者恢复。

（米浪静，阙　敏）

第三章　营养饮食与健康

饭蔬食饮水，曲肱而枕之，乐亦在其中矣。

——孔子《论语》

由古溯今，惟饮食、音乐二者，越数百年则全不可知。

——博明《西斋偶得》

第一节　中国的饮食文化

古人云：民以食为天。俗话说：开门七件事，柴米油盐酱醋茶。由此可见，饮食是中国人生活中的重要内容。饮食是人们生存的基本需求，是我们日常生活的主要内容。

饮食问题是关系国家稳定和人民安定的重要问题。儒家所提出的"大同"社会，就是使普天之下的人民都能"皆有所养"；孟子的"仁政"理想也是要让人们吃饱穿暖。由此可见，饮食在中国的文化中有着特殊的地位。

一、中国人的膳食特点

提到中国的饮食，总有不少外国朋友伸出大拇指称赞，中国饮食不仅注重口味，还讲究色泽，可谓色、香、味、形俱全。世界上几乎每一个角落都有中餐馆。

中国人的饮食文化历史悠久，从先秦开始，以谷物为主，肉少粮多，辅以蔬菜，是典型的饭菜结构。在西方人眼里不可食的东西，经过中国厨师的劳作，就会使人食欲大增。

聚集而食是中国人的饮食特点之一。由古代的文化遗址可以发现，古代的炊间和聚食的地方是一致的。这是中国重视血缘亲属关系和家族家庭观念在饮食方式上的反映。

我国地域辽阔，各地的饮食习惯有很大的不同。但是，米食和面食是主食的两大主要类型。南方种植稻类，以米食为主，北方种植小麦，则以面食为主。另外，还有玉米、高粱、薯类等杂粮也是不同地区主食的组成部分。

具有中国地域色彩的菜肴历来受到大家的青睐。例如东南沿海的各种海味食品，北方山林的各种山珍野味，广东一带民间的蛇餐蛇宴等等。有趣的是，人们常说南甜、北咸、东辣、西酸，反映了带有区域性的某些口味的差异和区别。

二、古典名著中的饮食文化

提到古典名著中的饮食文化，不能不提《红楼梦》。

《红楼梦》是一部传世的鸿篇巨制，代表了中国古典小说的最高成就。不但人物描写细致生动，故事情节扣人心弦，其中所描绘的饮食文化更让人回味无穷。

在这部巨著中，曹雪芹用他细腻的笔触，描写了明清时代贵族家庭的豪华菜肴，以及许多精美的江南小吃。小说中所提及的宴会，有生日宴、省亲宴、灯谜宴、合欢宴等。描写的食品更是琳琅满目，有主食、点心、菜肴、果品、补品等数百种。如：

①腊八粥：第十九回，宝玉编说香玉故事：那一年腊月初七日，才耗子升座议事，因说"明日乃腊月初八，世上人都熬腊八粥"。农历十二月初八，传为佛教始祖释迦牟尼成道日，故寺院取香谷及果实以供佛，名曰腊八粥，亦名佛粥，其后民间亦相沿成俗。

②莲叶羹：第三十五回写贾母等来看被打后的宝玉，王夫人问："你想什么吃？"宝玉笑道："倒是那一回做的那小荷叶儿、小莲蓬儿的汤还好些。"大概是用面粉和匀后，在模中成型，配以新鲜荷叶、高汤，取其清淡芳香及外观精巧。

③豆腐皮包子：第八回，宝玉问晴雯道："今天我在那边府里吃早饭，有一碟豆腐皮的包子……"豆腐皮的包子是指用豆腐衣裹馅的包子，特点是皮子更薄，吃口更细，可以当素菜或点心。

《楚辞》虽然是一部文学名著，但是它却展现了楚国丰富的饮食文化。《淮南子·齐俗训》中就有"荆吴芬馨，以啖其口"的赞语，反映了楚国已成为春秋列国的美食之乡。《楚辞·招魂》中说："室家遂宗，食多方些。稻粢穱麦，挐黄粱些。大苦咸酸，辛甘行些。肥牛之腱，臑若芳些。和酸若苦，陈吴羹些。胹鳖炮羔，有柘浆些。鹄酸臇凫，煎鸿鸧些。露鸡臛蠵，厉而不爽些。粔籹蜜饵，有餦餭些。瑶浆蜜勺，实羽觞些。挫糟冻饮，酎清凉些。华酌既陈，有琼浆些。"

📖 读一读

营养学中的基本概念

1. 必需脂肪酸

是指人体不能合成或合成速度不能满足机体需要，必须从食物中直接获得的氨基酸。一共有九种，包括：异亮氨酸、亮氨酸、赖氨酸、蛋氨酸、苯丙氨酸、苏氨酸、色氨酸、缬氨酸和组氨酸。

2. 氨基酸模式

是指蛋白质中各种必需氨基酸的构成比例。食物蛋白质氨基酸模式与人体蛋白质氨基酸模式越接近，必需氨基酸被机体利用的程度就越高，食物蛋白质的营养价值也相对越高，故动物性蛋白质中蛋、奶、肉、鱼等，以及大豆蛋白均被称为优质蛋白质。

3. 膳食营养素参考摄入量（dietary reference intakes，DRIs）

是一组每日平均膳食营养素摄入量的参考值。包括 4 项内容：平均需要量（EAR）、推荐摄入量（RNI）、适宜摄入量（AI）和可耐受最高摄入量（UL）。

4. EAR

是根据某些指标判断可以满足某一特定性别、年龄及生理状况群体中 50％个体需要量的摄入水平。这一摄入水平不能满足群体中另外 50％个体对该营养素的需要。EAR 是制定 RDA（推荐的日摄食量）的基础。

5. RNI

是可以满足某一特定性别、年龄及生理状况群体中绝大多数（97％～98％）个体需要量的摄入水平。摄入量长期达到 RNI 水平，可以满足身体对该营养素的需求，保持健康和维持组织中有适当的储备。RNI 的主要用途是作为个体每日摄入该营养素的目标值。

6. AI

是通过观察或实验获得的健康人群某种营养素的摄入量。AI 的主要用途是作为个体营养素摄入量的目标。

7. UL

是平均每日可以摄入某营养素的最高量。这个量对一般人群中的几乎所有个体来说都不至于损害健康。

第二节 各类食物的营养价值

一、谷 类

谷类食物主要包括小麦、稻米、玉米、高粱等，其中以稻米和小麦为主。我国居民膳食中 50％～70％的能量、55％的蛋白质、一些无机盐及 B 族维生素主要来自谷类食物。

（一）蛋白质

谷类食物中蛋白质的含量一般在 7.5％～15％之间。主要由谷蛋白（glutelin）、白蛋白（albumin）、醇溶蛋白（prolamin）、球蛋白（globulin）组成。一般谷类蛋白质营养价值低于动物性食品，其赖氨酸的含量较低，尤其是小米和小麦中的赖氨酸最少。马铃薯中赖氨酸和色氨酸含量很丰富，因此，提倡把多种粮食混合食用，可以起到蛋白质的互补作用，提高谷类蛋白质的营养价值。

（二）碳水化合物

谷类中的碳水化合物主要为淀粉，经烹饪后容易消化吸收，利用率可以达到 90%。我们每天有 50%～70% 的能量是来自谷类中的碳水化合物。我们日常食用的食物因产地不同，碳水化合物的含量有所不同，各类制品也存在差异。如方便面的碳水化合物含量为 60.9%、燕麦片为 61.6%、饼干 70.6%、蛋糕 66.7%、面包 58.1%。碳水化合物具有多种重要的生理功能，能促进消化道的运动，防止便秘，预防肠道肿瘤的发生。谷类是我国传统膳食的主体，但随着近年来我国经济的发展，人们的饮食习惯有向西方国家食物结构转化的趋势，每年摄入的粮食谷类食物数量正逐年减少。

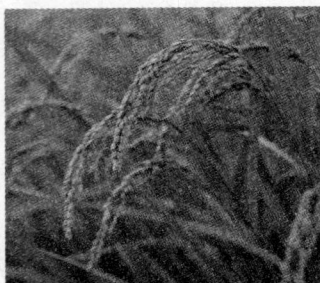

（三）脂肪

谷类中的脂肪含量较肉类要低得多，但是营养价值却很高。谷类脂肪中所含的必需脂肪酸非常丰富，它可以降低血清胆固醇，防止动脉粥样硬化。而肉类食品中的脂肪酸多为饱和脂肪酸，这种脂肪酸摄入过多会导致动脉硬化或肥胖。所以，谷类所含的脂肪既营养又健康。

（四）维生素

谷类是 B 族维生素的主要来源。但是，谷类加工的精度越高，维生素的损失就越多。加工过程使纤维素大量流失，从而使面粉制品的血糖指数升高，不利于维持正常的血糖。同时，有些小的面粉加工厂为了使加工的面粉显得很白，还添加过量的增白剂，增加了食用的不安全因素。

二、豆类及其制品

（一）大豆的营养价值

大豆含有 35%～40% 的蛋白质，是天然食物中含蛋白质最高的食品。其氨基酸组成接近人体需要，且富含谷类蛋白较为缺乏的赖氨酸，是与谷类蛋白互补的天然理想食品。

大豆不但蛋白质含量丰富，而且其油脂质量优良，主要含不饱和脂肪酸，消化率高达 97.5%，而且能有效防止胆固醇在血管中沉积，防止动脉粥样硬化。另外，大豆中含有的磷脂可以降低血液中的胆固醇含量和血液粘度。大豆中的矿物质含量较为丰富，尤其是钙的含量较高，是钙的重要来源之一。

（二）豆制品的营养价值

1. 豆腐

豆腐在加工过程中，大部分纤维素、可溶性碳水化合物被去除，消化率明显提高，可达 92.7%。豆腐入菜可做成多种美味可口的菜肴，富含钙、镁、铁等元素，不但具有美容功效，对胃病、幼儿佝偻病等还有一定的疗效。经常食用豆腐还能有效地预防癌症的发生。专家指出，大豆中至少含有 5 种抗癌物质。因此，多吃豆腐对身体是非常有好处的。

2. 豆浆

豆浆是我国的传统食品，是一种很好的代乳品，与牛奶的营养价值并没有很大的差距。豆浆可降低血液中的胆固醇含量，能防止血管硬化，增强血管弹性。豆浆的血糖指数比牛奶低 50%，是糖尿病和肥胖者的适宜饮品。

3. 豆芽

豆芽的营养成分并不是很高，但是，其所含糖类极少，适合糖尿病患者食用。另外，豆芽有很好的清理肠道的作用，是较好的减肥食品。但是，必须注意的是，豆芽中所含的维生素很少，因此，它并不能取代蔬菜和水果。

三、蔬菜、水果的营养价值

蔬菜和水果的营养价值是不可小视的，人们也越来越重视这两类食物的摄入。蔬菜的种类有许多，各种蔬菜所能提供的营养价值也不一样（详见表 3-1 所列）。

表 3-1　蔬菜的分类

蔬菜种类	代表蔬菜	营养价值
叶菜类	菠菜、白菜、油菜、卷心菜、韭菜等	主要提供维生素 C、胡萝卜素和维生素 B_2，蛋白质含量约 2%，脂肪含量不超过 0.5%，碳水化合物不超过 5%
根茎类	萝卜、马铃薯、藕、甘薯、芋头、葱、蒜和竹笋等	马铃薯、芋头、藕和甘薯中淀粉含量为 15%～30%，胡萝卜含有较高的胡萝卜素，蛋白质和脂肪含量普遍不高，根茎类也含有钙、磷、铁等无机盐，但含量不多
瓜茄类	冬瓜、茄子、辣椒等	含有的营养素均较低，但辣椒中含有丰富的维生素 C 和胡萝卜素
鲜豆类	四季豆、扁豆、毛豆、豌豆等	其中蛋白质、碳水化合物、维生素和无机盐的含量均较其他蔬菜为高，鲜豆中的铁容易消化吸收，蛋白质质量比较好，是一种营养丰富的蔬菜

新鲜水果是人体维生素 C 的主要来源，酸枣、柠檬、蜜柑、广柑、橘子、山楂等水果，都含有丰富的维生素 C 和尼克酸。橘子、海棠、杏、枇杷、芒果等都含有丰富的胡萝卜素，桃、梨、杏等还含有丰富的铁。水果中含有柠檬酸、苹果酸等有机酸，可促进消化液分泌。鲜果经加工而成的干果、葡萄干、杏干、红枣等，维生素含量降低，但由于水分的减少而使蛋白质、碳水化合物和无机盐的含量增加。

四、畜、禽、鱼类的营养价值

畜、禽、鱼类食品中蛋白质含量为 10%～20%，其氨基酸组成和比例与人体蛋白质的模式较接近，故消化率和生物学价值较高，达 80% 以上。畜禽含氮浸出物较多，尤其是成熟（成年）的畜禽较幼年动物的含量更多，故其肉汤鲜味较浓。鱼类含氮浸出物更多。

畜、禽、鱼类食品中的脂肪含量因动物品种、年龄、肥瘦、部位不同而有很大的差异。禽鱼肉含有较多的不饱和脂肪酸，尤其是鱼油中含有较多的不饱和脂肪酸。

畜、禽、鱼类食品中碳水化合物含量极低，仅少量以糖原形式存在于肌肉和肝脏中。矿物质主要有磷、钙、铁等，肉类铁的存在形式有 40% 是血红素铁，不受膳食因素的影响，生物利用度很高。鱼类含有丰富的矿物质，钙的含量也较多，尤其是小鱼、小虾。海产鱼还含有丰富的碘。畜、禽、鱼类食品中含有丰富的 B 族维生素，肝脏中含有丰富的维生素 A，禽肉中还有维生素 E。另外，鱼类是核黄素和烟酸的良好来源。

五、奶及奶制品

奶类所含的营养素比较全面，营养价值很高并且容易吸收，适合于病人、幼儿、老年人。

牛奶的蛋白质含量比人乳高 3 倍，含有人体所必需的氨基酸，生物价值高，消化吸收率高，营养价值高。

鲜奶经过加工可以制成各种奶制品，如浓缩奶、奶粉、调制奶、酸奶等。不同的奶制品其营养价值不同。中国营养学会推荐 11～17 岁的青少年要注意膳食的多样化，建议每日至少饮奶 250 毫升。

六、蛋　类

常见的蛋类有鸡蛋、鸭蛋、鹅蛋和鹌鹑蛋等。其中食用最普遍的是鸡蛋，其全蛋蛋白质几乎能被人体完全吸收利用，是食物中最理想的优质蛋白。鸡蛋的可食部位主要有蛋清和蛋黄。蛋清中的营养素主要是蛋白质，不但含有人体所必需的氨基酸，且其组成与人体模式相接近，并且是核黄素的良好来源。蛋黄比蛋清含有更多的营养成分。钙、磷和铁等无机盐多集中于蛋黄中。另外，蛋黄含磷脂较多，还有较多的胆固醇。

读一读

健康从全麦早餐开始

传统研究认为，全麦食品可以有助于减肥，缓解便秘，预防糖尿病、动脉粥样硬化和癌症等疾病的发生。最近又有一项研究给"全麦早餐"投下了支持票，原因在于它也许可以预防心脏病的发生。

木糖醇口香糖

口香糖作为休闲食品的一种，深受人们的喜爱。吃口香糖不仅可以清新口气，含有木糖醇的口香糖还可以健康牙齿。但目前市场上有许多厂家过分地宣传口香糖中木糖醇的作用，其实其最终的防龋齿作用还必须通过临床实验证明才能得出科学的结论。并且有专家指出，对胃肠功能较弱的人，摄入过多的口香糖会导致轻度腹泻。

如何选择奶饮品更科学

在鲜奶、酸奶和豆奶三种日常奶类饮品中，营养价值最高的当属鲜奶，其次是酸奶，最后是豆奶。在保健功能上则平分秋色。但营养专家认为鲜奶最好在傍晚或临睡前半个小时饮用，有益于入睡。早晨在空腹喝酸奶前应该先喝一杯白开水。而对于习惯喝豆奶的老年人来说，早晚各喝一杯，可以降低体内的胆固醇，延年益寿。

第三节　平衡膳食

人体所需要的主要营养素有碳水化合物、蛋白质、脂肪、维生素、无机盐、水和膳食纤维等，这些营养素对维持人体正常的生理功能具有重要作用。

一、平衡膳食的内容

人体所需要的营养主要来自食物，人类的食物是多种多样的，各种食物所含的营养成分是不完全相同的。除母乳以外，任何一种天然食物都不能提供人体所必需的全部营养素，需要平衡膳食才能合理满足机体的需要。

（一）什么是平衡膳食

平衡膳食的主要内容有：①食物多样，以谷类为主；②多吃蔬菜、水果和薯类；③每天吃奶类、豆类或其相应的制品；④经常吃适量的鱼、禽、蛋、瘦肉，少吃肥肉和荤油；⑤食量与体力活动要平衡，保持适当体重；⑥吃清洁少盐的食物；⑦饮酒应适量；⑧吃清洁卫生、未变质的食物。

（二）怎样做到膳食平衡

要做到膳食平衡，关键要从以下五个方面着手：

1. 热量营养素构成平衡

人体主要由碳水化合物、脂肪、蛋白质三大热量营养素提供能量。当三种热量营养素的摄入量比例为 6.5：1：0.7，分别给机体提供的热量为碳水化合物占60%～70%、脂肪占 20%～25%、蛋白质占 10%～15%，此时，各自的特殊作用能充分发挥并互相起到促进和保护作用，这种情况称为热量营养素构成平衡。当热量营养素供给过多时，将引起肥胖、高血脂和心脏病；过少，会造成营养不良，同样可诱发多种疾病，如贫血、结核、癌症等。

保持三种热量营养素摄入量的平衡也是十分重要的，否则会影响健康。当碳水化合物摄入量过多时，会增加消化系统和肾脏的负担，减少摄入其他营养素的机会。当蛋白质热量提供过多时，则影响蛋白质正常功能发挥，造成蛋白质消耗，影响体内氨平衡。而当碳水化合物和脂肪热量供给不足时，会削弱对蛋白质的保护作用。

2. 氨基酸平衡

食物中蛋白质的营养价值，基本上取决于所含的 8 种必需氨基酸的数量和比例。其比例与人体所需要的比例越接近，生理价值就越高，表示越易于被人体吸收。如生理价值接近 100 时，即 100%被吸收，称为氨基酸平衡食品。除人奶和鸡蛋之外，多数食品都是氨基酸不平衡食品。所以，要提倡食物的合理搭配，纠正氨基酸构成比例的不平衡，提高蛋白质的利用率和营养价值。

3. 各种营养素摄入量间的平衡

不同的生理需要、不同的活动，营养素的需要量不同，而各种营养素之间存在着错综复杂的关系，造成各种营养素摄入量间的平衡不容易把握。大学生每日应该摄入的营养素量详见第四节内容。

4. 酸碱平衡

正常情况下，人血液 pH 值在 7.3～7.4 之间。若食品搭配不当时，会引起生理上的酸碱失调。酸性食品摄入过多时，血液会偏酸、颜色加深、黏度增加，严重时会引起酸中毒，同时增加体内钙、镁、钾等离子的消耗，而引起缺钙。这种酸性体质，将影响身体健康。常见的酸性食品有：蛋黄、大米、鸡肉、鳗鱼、面粉、鲤鱼、猪肉、牛肉、干鱿鱼、啤酒、花生等；碱性食品有：海带、蔬菜、西瓜、萝卜、茶叶、香蕉、草莓、南瓜、四季豆、黄瓜、藕等。

5. 动物性食物和植物性食物平衡（荤素平衡）

常吃素者易患贫血、结核病。素食含纤维素多，抑制锌、铁、铜等重要微量元素的吸收。常吃素，危害儿童发育（特别是脑发育），导致少女月经初潮延迟或闭经，也可祸及老人，引起因胆固醇水平过低而遭受感染与癌症的侵袭。但荤食也不可过量，高脂肪与心脏病、乳腺癌、中风等的因果关系早有定论。荤素平衡就是以脂肪在每日三餐热量中占25％～30％为宜。

二、平衡膳食宝塔

为了给大家提供一个比较理想的膳食模式，中国营养学会根据中国居民的膳食指南和膳食结构特点，设计了平衡膳食宝塔。该宝塔形象而生动地表现了人们每天应该吃的各种食物的合理范围，为人们合理膳食提供了参考。

（一）平衡膳食宝塔的主要内容

平衡膳食宝塔要求谷类食物每人每天应吃 300～500 克；蔬菜和水果每天应吃 400～500 克和 100～200 克；鱼、禽、肉、蛋等动物性食物每天应吃 125～200 克（鱼虾类 50 克，畜、禽、肉 50～100 克，蛋类 25～50 克）；每天应吃奶类及奶制品 100 克和豆类及豆制品 50 克；油脂类每天不超过 25 克。

（二）平衡膳食宝塔的作用意义

1. 能确定个体的食物需要

通过对膳食宝塔的理解，我们可以学会如何合理地消费食物。平衡膳食宝塔建议的三种不同能量膳食的各类食物摄入量是一个平均值和比例，每日膳食中应该包含宝塔中的各类食物，各食物的比例也应该基本与膳食宝塔一致。

2. 种类互换，调配丰富多彩的膳食

宝塔中包含的每一类食物中都有许多品种，在膳食中可以互相替代，这样可以使我们的一日三餐丰富多彩。

3. 合理分配三餐的食物量

三餐食物量的分配及间隔时间应与作息时间和劳动状况相匹配，一般早、晚餐各占 40％为宜。早餐中除主食以外，还应包含奶、豆、蛋、肉中的一种，并搭配适量的蔬菜和水果。

4. 因地制宜，充分利用当地资源

我国幅员辽阔，各地的饮食习惯及物产不尽相同。牧区奶类资源丰富，可适当提高奶类摄入量；渔区可适当提高鱼和水产品的摄入量；农村地区可充分利用花生、瓜子、核桃等资源。

第四节　大学生的营养膳食

大学生处于青春发育期，代谢旺盛，同时学习任务繁重，脑力和体力活动量大，是身体发育和获取知识的关键时期，对营养的需求量很大。因此，合理平衡的膳食对当代大学生来说，是十分重要的。

一、目前大学生的膳食现状

目前，大学生中存在许多不良的饮食习惯，如不吃早餐、挑食、偏食、平时节约到星期天饱食一顿等，这些不良的饮食习惯严重影响了大学生的健康。

不同地区的大学生饮食结构有所不同，有其各自的地域特点。安徽医科大学在对某高校大学生膳食结构的调查中发现，大学生中动物性食品及蔬菜、水果类食品的摄入量偏低，同时优质蛋白及维生素 C 的摄入量也不够。对南方大学生如广东省高校大学生的膳食调查中发现，蛋白质、维生素 C 的摄入量基本满足人体需要；而能量、脂肪、膳食纤维、钙、锌的摄入都不足；并且一日三餐的热量分配十分不平衡，早餐的热量摄入偏低。在对四川省大学生的膳食调查中发现，能量来源比例不合理，脂肪供能过高，蛋白质供能过低；钙摄入量不足，优质蛋白质、动物源性铁等摄入不足。

营养是大学生生长发育最主要的物质基础。合理的营养，才能促进生长发育、增强体质、增强免疫功能、预防疾病、提高学习效率和运动能力等。这就要求我们的膳食中必须包含我们所需要的所有营养物质，并且其比例要符合人体的需要。过多的营养素摄入、营养素缺乏和营养素摄入不均衡都会对生长发育产生不良影响，并且可能引起各种急、慢性营养不良和各种营养素缺乏。那么，大学生怎样才能做到平衡膳食呢？

二、大学生应该如何平衡膳食

（一）大学生需要的营养素

大学生正处于青春发育的后期或青年初期，身体发育速度趋于缓慢，并逐渐成熟。其生理和心理功能日趋完善，具有青年人的特征。大学生代谢旺盛，活动量大，加之繁重的脑力劳动、学习紧张、睡眠不足等，对营养素的需求较高。如果营养不合理，会导致精神萎靡、神经衰弱或记忆力减退等现象。见表 3-2 所列，大学生每日必须摄入充足的营养素，才能满足日常生活和学习的需要。

表 3-2　大学生每日膳食推荐的营养素供给量

营养素	性别		营养素	性别	
	男	女		男	女
能量（千卡）	3000	2700	视黄醇（微克）	800	800
脂肪能量百分比（%）	90	80	维生素 D（微克）	5	5
钙（毫克）	800	800	维生素 E（微克）	10	10
铁（毫克）	12	18	硫胺素（毫克）	1.5	1.4
锌（毫克）	15	15	核黄素（毫克）	1.5	1.4
硒（毫克）	50	50	烟酸（毫克）	15	15
碘（微克）	150	150	抗坏血酸（毫克）	60	60

1. 对糖的需求

大脑细胞能否获得稳定的血糖供应，是智力活动的重要影响因素。一般情况下，大脑几乎完全依赖血糖氧化供给的能量，每天需要 116～145 克。当血糖供应不足时，脑的耗氧量就会下降，轻者感到疲倦，思维和记忆力降低，重者可发生休克等。

2. 对蛋白质的需求

大脑在代谢过程中需要一定量的蛋白质，摄入含量不同的蛋白质食物，会对大脑的活动产生不同的影响。蛋白质摄入量的增加可以增强大脑的功能，脑活动所需的活性化学物质都是由蛋白质分解产生的氨基酸合成的。

3. 对脂肪的需求

大脑细胞的活动还需要脂肪的参与，尤其是亚油酸、亚麻酸和花生四烯酸等不饱和脂肪酸。但这些脂肪酸只能从食物中获取，缺乏这些脂肪酸会阻碍大脑的正常发育和功能。因此，应该多食用豆油、菜油、植物油以及冷水性海洋鱼油等富含脂肪酸的食物。

4. 对维生素的需求

维生素尤其是 B 族维生素是大脑活动所必不可少的。其可促进神经系统的发育、神经传递递质的合成和增强记忆。

（二）大学生的平衡膳食

1. 充足的主食，丰富的副食

除保证充足的粮食以补充热能的需要外，还应该补充足够多样的副食品。一般每人每天平均需要肉类 75～100 克，豆类 50～100 克，鸡蛋 1～2 个，牛奶 250 毫升，蔬菜 500 克及水果 1～2 个。并且膳食中的蛋白应该以优质蛋白为主，优质蛋白应占总蛋白量的 60%，并应平均分布在一日三餐中。

2. 补充多种矿物质和维生素

大学生在紧张的学习和考试中，应该补充充足的维生素 B_1、维生素 B_2 和维生素 C。近年来一些文献报道，人们在精神紧张时水溶性维生素 B_1、维生素 B_2、维生素 C、尼克酸等的消耗会增加。大学生在应对紧张的学习生活和考试时，体内维生素的需要量增加，若摄入不足，会引起缺乏。钙、铁、维生素 A、核黄素等是我国膳食中比较容易缺乏和不足的营养素，特别是在集体食堂就餐的大学生更容易缺乏。对于女大学生来说，还应该补充铁元素，要多食用含铁丰富并且容易吸收的猪肝、瘦肉、木耳、红枣、海带等食物。为保证维生素 A 和核黄素的摄入，大学生还应该多食用鸡蛋、牛奶及黄绿色蔬菜。钙和碘对大学生身体的发育也有重要的作用，每天的膳食中要补充大豆、虾皮、海带、紫菜等。

平衡膳食建议不同能量膳食的各类食物参考摄入量见表 3-3 所列。

表 3-3　平衡膳食建议不同能量膳食的各类食物参考摄入量（克/日）

食物	低能量 （约 1800 千卡）	中等能量 （约 2400 千卡）	高能量 （约 2800 千卡）
谷类	300	400	500
蔬菜	400	450	500
水果	100	150	200
肉禽	50	75	100
蛋类	25	40	50
鱼虾	50	50	50
豆类及豆制品	50	50	50
奶类及奶制品	100	100	100
油脂	25	25	25

（三）食物的同类互换

人们吃多种多样的食物，不仅可以获得均衡的营养，还可以满足口味的享受。虽然每种食物的营养成分不完全相同，但是同一类食物所含的营养成分大体上很近似，所以在膳食中可以互相替换。

物的同类互换就是以粮换粮，以豆换豆，以肉换肉。比如说，大米可以与面粉或杂粮互换，馒头可以与相应量的面条、烙饼、面包等互换。为了给大家提供更好的食品互换策略，特提供以下各类食品互换量表，见表 3-4 至表 3-7 所列。

表 3-4　谷类食物互换表（相当于 100 克米、面的谷类食物）

食物名称	重量（克）	食物名称	重量（克）
大米、糯米、小米	100	烧饼	140
富强粉、标准粉	100	烙饼	150
玉米面、玉米糁	100	馒头、花卷	160
挂面	100	窝头	140
面条（切面）	120	鲜玉米	750~800
面包	120~140	饼干	100

表 3-5　豆类食物互换表（相当于 40 克大豆的豆类食物）

食物名称	重量（克）	食物名称	重量（克）
大豆（黄豆）	40	豆腐干、熏干、豆腐泡	80
腐竹	35	素肝尖、素鸡、素火腿	80
豆粉	40	素什锦	100
青豆、黑豆	40	北豆腐	120～160
膨化豆粕（大豆蛋白）	40	南豆腐	200～240
蚕豆（炸、烤）	50	内酯豆腐（盒装）	280
五香豆豉、千张、豆腐丝（油）	60	豆奶、酸豆奶	600～640
豌豆、绿豆、芸豆	65	豆浆	640～680
红小豆	70		

表 3-6　乳类食物互换表（相当于 100 克鲜牛奶的乳类食物）

食物名称	重量（克）	食物名称	重量（克）
鲜牛奶	100	酸奶	100
速溶全脂奶粉	13～15	奶酪	12
速溶脱脂奶粉	13～15	奶片	25
蒸发淡奶	50	乳饮料	300
炼乳（罐头、甜）	40		

表 3-7　肉类互换表（相当于 100 克生肉的肉类食物）

食物名称	重量（克）	食物名称	重量（克）
瘦猪肉	100	瘦牛肉	100
猪肉松	50	酱牛肉	65
叉烧肉	80	牛肉干	45
香肠	85	瘦羊肉	100
大腊肠	160	酱羊肉	80
蛋青肠	160	鸡肉	100
大肉肠	170	鸡翅	160
小红肠	170	白条鸡	150
小泥肠	180	鸭肉	100
猪排骨	160～170	酱鸭	100
兔肉	100	盐水鸭	110

（刘　峰，齐秀玉）

第四章　体育锻炼与健康

读书健脑，运动强身。

Reading is to the mind while exercise to the body.

健康之精神寓于健康之身体。

A sound mind in a sound body.

——约翰·洛克

——John Locke

　　健康是人类永恒的主题，体育锻炼则是促进健康的积极有效的手段之一。法国思想家伏尔泰有句名言："生命在于运动。"我国古代名医华佗曾指出："人体欲得劳动，但不当使极耳。动摇则谷气得消，血脉流通，病不得生，譬如户枢，终不朽也。"也说明了生命和健康在于运动。广大青少年身心健康、体魄强健、意志坚强、充满活力，是一个民族兴旺的体现，是社会文明进步的标志。体育在大学生的思想品德、智力发育、审美素养的发展中，都有着不可替代的重要作用。所以大学生在增长知识、培养品德的同时，应锻炼和发展身体的各项素质和能力，这样才能成为建设中国特色社会主义事业的合格建设者和接班人。

第一节　体育锻炼与健康

一、体育锻炼与生理健康

　　现代医学证明：人体的各组织、器官和系统都遵循着"用进废退"的原则，坚持经常性的体育锻炼，不仅能促进人体各器官的新陈代谢，还可以使锻炼者骨骼粗实，韧带坚韧，肌肉发达；反之，体质会逐渐衰弱，各种疾病便随之而来。因此，有必要进行经常性的体育锻炼来增强体质，抵御各种疾病的发生。

（一）体育锻炼对神经系统的良好影响

　　经常参加体育锻炼可以改善和提高神经系统的反应能力，使人思维敏捷，运动协调。经常锻炼，尤其是到大自然中去锻炼，可以提高神经系统对体内各器官、组织的调节能力，使各器官、组织的活动更加灵活和协调。其次，经常参加体育锻炼还能有效地消除脑细胞的疲劳，提高学习和工作的效率。例如，看书学习一段时间后，人体就会由于细胞本身的能量消耗和长时间处于兴奋状态而产生疲劳感，出现头昏脑涨、看书效率降低等现象，这就表明相应的细胞需要休息，才能消除疲劳、恢复机能。观察研究证明，适度的体育锻炼可增强神经系统功能，所以青少年经常进行适当的体育锻炼，从而改善神经系统功能，促进大脑发育。

（二）体育锻炼与运动系统

大学年龄段是运动系统发育又一个重要时期，进行科学的体育锻炼，全面增进运动系统的健康显得尤为重要。经常参加体育锻炼可促进骨骼的生长发育。锻炼的项目不同，对人体各部分骨骼的影响也不同，经常从事下肢活动，对下肢骨的影响较大；长期从事上肢活动，对上肢骨的影响就明显。同时，体育锻炼还对人体关节的形态结构产生良好影响，可加大关节的稳固性，提高其运动缓冲能力。体育锻炼不仅使人体肌肉丰满、身材匀称，而且使肌肉反应迅速、灵活协调、准确有力。

（三）体育锻炼与心肺系统

由于运动负荷的刺激，经常锻炼者心肌发达，心肌壁增厚，心内腔室加大，这种运动性心肌肥大使心脏具有更强的工作能力。由此看来，大学生们应养成体育锻炼的习惯，以此增强自己心脏的机能。此外，经常锻炼使呼吸肌力量增大，胸廓扩张能力增强，人体肺活量也随之增大。经常锻炼者安静时每分钟只需呼吸 8～12 次，甚至 4～6 次，就能满足人体的需要，不锻炼者则需 12～18 次才能完成人体需要。通过参加体育锻炼，人体呼吸系统在缺氧状态下的机体适应能力会高于一般人，如高空环境、空气稀薄、气压低等特殊环境条件下。

（四）体育锻炼与免疫系统

免疫功能标志着人体对疾病的抵抗力，是人体健康和体质良好的代表性指标。大量流行病学调查研究、动物实验和人体实验结果已经证实，长期的大强度、大运动量的运动训练会导致明显的免疫抑制现象，使免疫功能降低，对各种感染性疾病的抵抗力明显降低。而长期从事适度的体育锻炼则有益于促进免疫功能，增强抵抗力，各种感染性疾病的患病率明显降低。长期坚持适宜的运动负荷刺激，可使机体的免疫状态始终维持在一个较高的水平。只有经常参加体育锻炼活动，才能对免疫系统产生持久的作用，从而增强机体免疫功能，预防疾病的发生。

二、体育锻炼与心理健康

心理教育和体育是健康教育的两个方面，两者是相辅相成的。体育锻炼是生活的调节器，能帮助人们摆脱困惑，提高生活质量。它不仅有利于身体健康，而且对人的心理健康和社会适应能力具有积极的促进作用。那么，体育锻炼究竟会对心理健康产生怎样的良好影响呢？

（一）有助于智力的发展和提高

经常参加体育锻炼对于保证智力的发育及开发大脑的潜能有积极的作用。经常参加体育锻炼，可以促进大脑的开发，有助于智力的发育和提高，可以使神经系统的兴奋和抑制过程更加集中，对外界刺激的反应更迅速、更准确，提高了人的视觉、听觉、感觉、神经传导速度、神经过程的均衡性和灵活性。总之，科学的体育锻炼，可使锻炼者的注意力、反应力、思维能力、想象力和记忆力得到进一步提高，整体能力进一步加强。

（二）有助于情绪的调节和改善

大学生在学校里由于学习任务偏重，加上相互之间的竞争以及对就业的担忧，会产生且表现出各种不良的精神状态，如焦虑、担忧、烦躁等。从生理学角度讲，体育锻炼可以使神经递质类化学物质分泌量增加，使人产生愉快感，从而降低抑郁、焦虑、紧张等消极情绪。而且人们在参加体育锻炼时往往较注意身体的运动，起到转移注意力的作用，有益于大脑活动的调节。

（三）有助于自我正确观念的确立

自我概念是个体主观上对自己的身体、思想和情感等的整体评价。体育锻炼需要在一定的空间和环境中进行，因此，总是与他人发生着联系。锻炼者在运动场上，通过平等、友好、和谐的练习和比赛，相互之间会产生亲近感。无须用语言，只要一个手势或一个眼神，就可以沟通信息，交流心声。这个过程有利于每位参加者形成一个较为客观的自我认识。在轻松的体育锻炼中，心情变得更加开朗，身体表象更加完美，从而促进正确自我观念的树立和人际关系的改善。

（四）有助于坚强意志品质的培养和形成

意志品质是指一个人的果断性、坚韧性、自制能力以及勇敢顽强和主动独立等品质。意志品质是在克服困难的过程中表现和培养出来的。在体育运动中常常伴有一定的生理和心理负荷，它要求参加者必须具有较强的意志力，来克服内心障碍和外部障碍，克服体育锻炼中面临挫折和失败的考验，培养不断克服困难和阻力的意志品质。在战胜自我的前提下，越是努力克服主客观方面的困难，就越能培养良好的意志品质。

三、体育锻炼对社会适应能力的良好影响

　　人是社会的基本单元，大学生对社会的适应，实质上是对他人的适应，与人沟通是人与社会适应最直观且最客观的体现。许多体育锻炼是在一定的社会环境中进行的，锻炼者通过平等和谐的练习和比赛，可以结交更多的朋友，在运动中克服孤僻，忘却烦恼和痛苦，从而协调人际关系，扩大社会交往，提高社会适应能力。

（一）有助于学习和理解社会行为规范

　　体育锻炼能培养大学生的社会角色意识。社会角色是一种特定的职责，每个人都有特定的权利、义务和行为规范。体育则是一种特殊的社会文体活动，它确立了各种行为规范，如运动守则、比赛规则、竞赛规程等，并通过裁判、舆论、大众传媒等实施和监督。由于体育锻炼的规范可在体育教师指导下反复地进行训练，这样就使得大学生在锻炼中学习了各种规范的准则，懂得了规范的一般特征，有助于大学生对其他社会规范的理解和掌握。

（二）有助于培养合作与竞争的精神

　　合作是建立在团体成员对团体共同目标认识相同的基础上的。在合作的社会活动中，个人所得有利于团体所得。体育锻炼中有许多团体项目，如篮球、排球、足球等，大学生在参加这些运动健身的同时，要学会如何恰当地处理个人与团体的关系，如何融入团体之中，如何与他人沟通及合作。竞争也是体育锻炼的主要特征之一，参加体育锻炼有助于培养大学生的竞争意识和能力。现代社会竞争日趋激烈，通过竞争来培养自己积极进取、顽强拼搏的精神，有助于大学生更好地适应社会。

📖 读一读

有益于社会适应能力培养的体育项目

　　假如你觉得自己不大合群，不习惯与同伴交往，那你就选择足球、篮球、排球以及接力跑、拔河等集体项目进行锻炼。坚持参加这些项目的锻炼，可帮助你逐步改变孤僻的习性，适应与同伴交往。

　　假如你胆子小，做事怕风险，容易脸红，怕难为情，那就应多参加游泳、溜冰、滑雪、拳击、摔跤、单双杠、跳马、跳箱、平衡木等项目活动。这些运动要求人不断克服害羞、怕摔跌等各种胆怯心理，以勇敢无畏的精神去越过障碍，战胜困难。经过一个时期的锻炼，你的胆子定然会变大，处事也会老练起来。

如果你有办事犹豫不决、不够果断的毛病，那就多参加乒乓球、网球、羽毛球、拳击、摩托、跨栏、跳高、跳远、击剑等体育活动。进行这些项目的活动，任何犹豫、徘徊都会延误时机，遭到失败，长期锻炼能帮助你增强果断的个性。

倘若你发现自己遇事容易急躁、冲动，那就应多参加下棋、打太极拳、慢跑、长距离步行及游泳、骑自行车、射击等运动。这些运动能调节神经活动，增强自我控制能力，稳定情绪，使急躁、冲动的弱点得到改进。

如果你做事总是担心完不成任务，那就得选择一些如跳绳、俯卧撑、广播操、跑步等项目进行锻炼。坚持锻炼一个时期后，信心就能逐步得到增强。

若你遇到重要的事情容易紧张、失常，那你应多参加公开激烈的体育比赛，特别是足球、篮球比赛，面对紧张激烈的比赛，只有冷静沉着才能取得优胜。经常在这种场合进行锻炼，遇事就不会过分紧张，更不会惊慌失措。

假如你发觉自己有好逞强、易自负的毛病，可选择难度较大、动作较复杂的技巧型项目进行锻炼，如跳水、体操、马拉松、艺术体操等；也可找一些水平超过自己的对手下棋、打乒乓球或羽毛球，以不断提醒自己"山外有山"，万万不能自负、骄傲。

（三）有助于塑造健全的人格

体育锻炼中机体要承受一定的负荷，这就要求大学生要有不怕困难、顽强拼搏的意志和坚持不懈的优良品质。体育运动多种多样，有的要求耐力，有的要求速度，这就要求大学生要勇敢地尝试，果断地判断，而这些优秀的品质对大学生胜任社会角色，适应社会发展，都有着重大而深远的意义。此外，大多数的体育锻炼的项目都伴随着高强度的对抗，是一个不断侵犯与被侵犯、忍让与被忍让的过程，大学生参与其中，学会了相互尊重，相互体谅。总之，体育锻炼不仅能发展人多方面的素质，还能磨炼人的性格，使人变得坚强、刚毅、乐观，使自己的个性更趋于成熟。

第二节 体育锻炼的原则和方法

科学研究证明，体育锻炼对人体的影响有双面效应：既要肯定科学的体育锻炼对人体能产生良好影响；另一方面，如果体育锻炼违背了客观规律，也会对健康产生负面影响。缺乏科学性的锻炼，不仅对人体的健康促进作用很小，而且还可能使锻炼者产生疲劳或损伤症状，严重影响身体机能。因此，我们必须在科学的原则指导下进行合理的运动。

一、体育锻炼的原则

体育锻炼原则是客观规律在体育锻炼过程中的反映，是人们参加体育锻炼的经验总结和概括。人们参加体育锻炼应该遵循的准则，一般包括自觉积极原则、个性化原则、循序渐进原则、持之以恒原则、全面锻炼原则等。

（一）自觉积极原则

自觉积极原则是指锻炼者首先必须明确锻炼的目的，能积极主动地参与锻炼，增强体质，促进健康。体育锻炼是一个伴随着战胜各种困难和克服自身惰性的不断完善的过程。只有真正做到自觉积极地进行体育锻炼，才能获得愉悦的情感体验。在此基础上，还要选择适宜的锻炼内容和方法，安排适宜的运动负荷，只有这样才能在锻炼后获得一种精神上的满足，感到心情舒畅。众所周知，只有进行感兴趣的活动，才会表现出极大的主动性和自觉性，才会有利于身心健康。

（二）个性化原则

个性化原则是指锻炼者从个人和外界条件的实际出发，注重个体存在的差异性，在确定锻炼目的、选择运动项目、安排运动时间和调整运动负荷时，因人而异。即使年龄性别相同，其体格发育、身体素质、运动水平及心理状况也有差别。因此在体育锻炼内容、方法和运动负荷的选择和安排上，应该从实际出发。研究表明：我国大学生一般都在 17～23 岁这个年龄段，正值青春发育后期，男女生的生理功能和身体素质等表现存在差异。男生在肌力、速度等方面比女生强，而在平衡能力、灵敏性、柔韧性等方面，女生则优于男生。对于体弱多病的锻炼者应该在体格检查的基础上，慎重选择运动项目和运动负荷，可在体育教师或医生的指导下选择医疗体育项目，促进身体早日康复。

（三）循序渐进原则

循序渐进原则是指在安排体育锻炼的运动负荷、运动时间及运动频率等方面要遵循人体生理活动的规范，有计划、有步骤地提高要求。人体在不断调整到不断适应的过程中，体质逐步增强，从而提高健康水平。大学生在锻炼中让身体承受适宜的运动量，加快了机体物质和能量的代谢，经过合理休息后，不仅机体会恢复到原来水平，而且还可能超过原来水平，使人获得更加旺盛的活力，这种现象称为"超量恢复"。实践证明，如果不经常进行体育锻炼，人体总处在低水平的平衡状态，机体功能就得不到增强。反之，在锻炼时循序渐进，根据个体情况，逐步增加运动量，可以使人体功能和素质水平不断得到发展。

（四）持之以恒原则

持之以恒原则是指锻炼者必须坚持锻炼，使之成为日常生活中不可缺少的内容。体育锻炼的效果不可能一劳永逸，如果长时间不锻炼，已经取得的效果也会逐渐消退，中断的锻炼时间越长，消退越明显。大学生们不难理解运动对自己的益处，也不缺乏投入运动的激情，但常常缺少的是比知识和激情更重要的毅力。在气候寒冷或者情绪低落时都可能会中断体育锻炼。中断锻炼不仅不能保持原来锻炼所取得的效果，而且还可能对机体产生不利的影响。只有科学地制订健身计划，连续、系统地实施，才能不断有效地增强体质。

（五）全面锻炼原则

全面锻炼原则是指通过体育锻炼使身体形态机能、运动能力、心理素质及社会适应等都得到全面和谐的发展。每项体育锻炼对身体的影响各有侧重，但都具有一定的局限性，如果锻炼内容和方法单一，就不能获得整体良好的锻炼效果。如短跑是锻炼速度，有利于提高无氧代谢能力；长跑划船是锻炼耐力，有利于提高心肺功能；体操、舞蹈是柔韧性练习，能提高神经系统的调节能力。如果能够选择适宜的锻炼内容和方法，就能使各项身体素质相互促进，共同提高，使得人体各器官系统机能活动协调，工作效率提高。

此外，体育锻炼必须遵循人体生理功能变化的规律，符合运动卫生的要求，才能有效地增强体质，促进健康，预防运动损伤和疾病的发生。

📂 问与答

Question：女性月经期间可以进行体育锻炼吗？

Answer：研究认为，月经是女生正常的生理现象，身体健康的女生在月经期间不必完全停止体育锻炼，适度的体育锻炼还有助于女生经期的平稳过渡，如适度地做徒手操、打乒乓球等。但运动量要适宜，锻炼时间要适中；不做震动性大、腹压过大的动作和力量性练习；不宜参加游泳、长跑、跳跃或持续时间较长、强度较大的快速运动；还应该避免寒冷的刺激，尤其是下腹不要受凉，不用冷水洗脚擦身等。如遇有月经紊乱、痛经现象发生时，应暂时停止体育锻炼。

二、发展身体素质的方法

体质，是人的生命活动和工作能力的物质基础，是在遗传的基础上由于变异而造成的人体在形态、生理、生化和行为上相对稳定的特征。它和"健康"是不完全相同的概念，同样是健康的人，其体质却千差万别。对于一个人的体质，要从形态、功能、身体素质及对环境、气候适应能力等多方面进行综合评价。通常评价体质强弱的综合指标有如下五个方面，如图 4-1 所示。

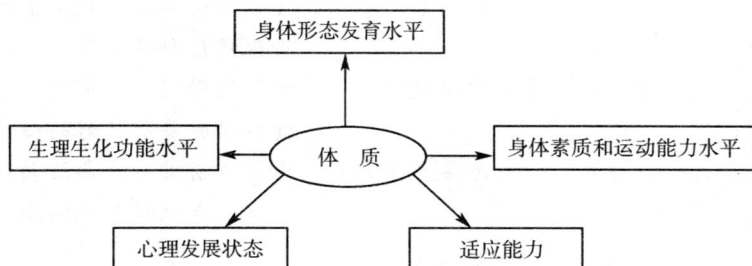

图 4-1　评价体质强弱的综合指标

影响体质的因素是多方面的，体质与遗传、环境、营养、体育锻炼等都有着密切的关系。例如遗传性状对体质的发展提供了可能性或前提条件，而体质强弱的现实性，则有赖于后天的环境、营养、卫生及身体锻炼等因素。因此，有计划、有目的地进行科学合理的锻炼，是增强体质最积极有效的手段。

（一）发展速度素质的方法

速度是指人体进行快速运动的能力。根据速度的表现形式可分为：位移速度、动作速度、反应速度。各种跑步练习如加速跑、变速跑、后退跑、下坡跑、顺风跑、冲坡跑、跑台阶等，都是利用条件反射刺激神经，以改变速率的练习；给予快速的信息等，均是提高反应速度的练习。速度练习量的安排由重复练习的时间或次数来决定。

（二）发展力量素质的方法

力量素质是指肌肉抵抗阻力的能力。通常发展腿部和腰腹部力量的方法有：蛙跳、跳绳、挺身跳、蹲杠铃等。发展肩臂力量的练习有引体向上、俯卧撑、倒立、手撑爬行等。发展力量的练习方法通常采用循环练习、间歇练习、变换练习等，这样不但可发展身体不同部位的肌肉力量，加强内脏器官的功能，而且也可以促进速度力量和耐力等素质的发展。

（三）发展耐力素质的方法

耐力素质是指人体在尽可能长的时间内进行肌肉活动的能力。耐力也可以看成是对抗疲劳的能力，它是评价人体机能水平和体质强弱的重要指标。通常采用慢间歇跑、快间歇跑、重复跑等发展耐力素质；也可通过冲刺跑、各种中长距离的变速跑及专项重复练习法来提高耐力素质。

📖 读一读

体育锻炼中的注意事项

★科学评价，制订科学的锻炼计划　　★锻炼时要注意饮水卫生

★选择最佳锻炼时机　　　　　　　　★锻炼后科学洗浴

★运动着装要适宜，尽量减少佩戴物　★不能带病进行锻炼

★合理进餐　　　　　　　　　　　　★运动时要有良好的心情

★不要在过冷、过热或空气污染严重的　★锻炼前做好准备活动，

　环境中运动　　　　　　　　　　　　锻炼后做好整理活动

三、大学生运动处方的制订

众所周知，经常参加体育锻炼可使人体各器官系统发生明显的适应性改变，但是不适宜的运动可能会对身体产生不良影响，所以运动必须在合理的处方指导下，有计划有步骤地进行，大学生可以通过制订适合个体情况的运动处方（如图4-2所示），来达到体育锻炼的目的。

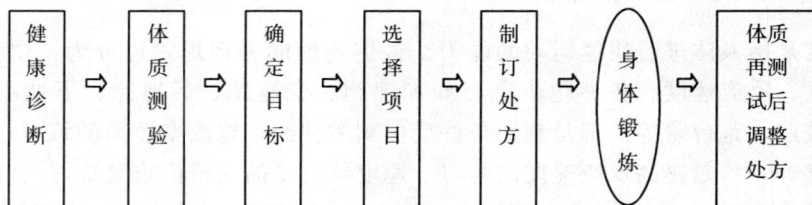

健康诊断 ⇨ 体质测验 ⇨ 确定目标 ⇨ 选择项目 ⇨ 制订处方 ⇨ 身体锻炼 ⇨ 体质再测试后调整处方

图4-2　大学生运动处方制订的步骤

大学生在制订运动处方前应该进行健康体检，看自己是否有运动危险因素或潜在的疾病，从而根据个体化原则制订科学合理的运动处方。运动处方一般包括运动目的、运动项目、运动强度、运动时间、运动频率。

（一）运动目的

运动目的主要根据锻炼者的性别、年龄、职业、爱好和身体健康状况等的不同而定，如增强体质、提高工作效率，掌握运动技能和方法，防治疾病、保持健康，娱乐身心、缓解疲劳等。

（二）运动项目

根据运动目的及锻炼者自身情况来选择运动项目，以提高灵活性为主的项目：足、篮、排等球类项目；以提高力量为主的项目：田径、体操、举重、健美等；以提高耐力及心肺功能为主的项目：长跑；以提高防身自卫能力为主的项目：拳击、武术、散打、跆拳道等；以增加肌肉体积为主的项目：力量练习和速度练习；以治

疗近视为主的项目：乒乓球、羽毛球、网球等。另外，选择运动项目时可与自己的专业和工作取向相结合，如公关和商务专业的可选择网球、台球、高尔夫球、保龄球等；地质、探矿、考古等专业的可选择攀岩、登山等项目。

（三）运动强度

运动强度是指单位时间移动的距离或速度，或肌肉单位时间所做的功。运动强度是运动过程中决定运动量最主要的因素。运动强度可根据心率、最大吸氧量的百分数、代谢当量、自觉疲劳程度等来确定。实验证明，除去环境、疾病、心理刺激等因素，心率在一定的范围内（110～170 次/分）与运动强度之间存在着线性关系，因此心率通常作为控制运动强度的指标。一般来说，达到最大运动强度时的心率称之为最大心率（HR_{max}），而通常认为最大心率的 65％～85％为人的有氧运动心率范围。增加运动强度，心率超过最大心率的 85％以后，人体就会从有氧代谢供能转为无氧代谢供能。通常认为，大学生参加体育锻炼时应控制在最大心率的 65％～75％之间（120～160 次/分）较为合适。

（四）运动时间

运动时间指每次运动持续的时间，是组成运动量的又一个重要因素。运动医学理论认为，运动效应是运动时间与运动强度的乘积。如运动时间较长，运动强度应该适当减小；反之运动时间较短，强度可以稍大一些。根据个体体质状况和运动能力水平，对运动时间和运动强度进行合理的调整，有利于健康。通常情况下，每次运动时间在 15～60 分钟较适宜。

（五）运动频率

运动频率通常指每周参加体育锻炼的次数。如果以健身为目的的体育锻炼，大学生的运动频率应该以每周 3 次左右为适宜，同时还应该结合每次运动强度、持续时间、个人身体恢复情况以及对运动的适应能力等因素综合考虑。研究证明：每周锻炼 3～4 次，即隔一天锻炼一次，运动效果可得到较好蓄积，而且不产生疲劳感，锻炼效果好。

第三节　运动性疾病预防和处理

一、运动性疾病预防的一般性原则

运动性疾病一般是指因机体对应激因子不适应或训练安排不当，而造成机体功能紊乱的一类疾病、综合征或生理功能异常。常见的运动性疾病有运动性低血糖、

大学生健康教育（第 2 版）

运动性贫血、运动性高血压、运动性晕厥、运动性腹痛、肌肉痉挛、中暑等。

（一）合适的安全场地和器材

运动场所的设备不可太简陋，应有最基本的保护设施及护具。

选择正确的器材、球鞋及场地。

（二）避免在疲劳和不适状态下运动

保持充足的休息与睡眠。

不可在体能状态不佳时，勉强从事运动。

（三）正确的训练

培养正确的运动观念，循序渐进地发展活动技能。

培养正确的训练方式，改正易受伤的运动方式或习惯。

（四）有热身运动

在从事任何运动以前，应先做热身运动及伸展运动。

二、常见运动性疾病预防和处理

（一）运动性晕厥

在运动中或运动后，由于脑部缺血或脑血管痉挛而引起的暂时性知觉丧失现象，称为运动性晕厥。

1. 预防

坚持锻炼身体，运动前要做好充分的准备活动。运动时，量和强度要控制好。如赛跑后要继续放松慢跑，并配合做深呼吸。身体虚弱或患病时不要参加较剧烈的运动。

2. 处理

当晕厥症状出现后，应减轻或停止运动，进行慢走、蹲下或平卧休息，症状就可逐渐消失。如果晕厥比较严重，应让病员安静平卧，抬高足部，注意保暖，松解衣领腰带，用热毛巾擦脸，做向心方向按摩。一般休息片刻后就可恢复，如果症状继续加重，应速请医生治疗。

（二）运动性腹痛

运动中或运动后所发生的腹部疼痛，在中长距离跑中，特别容易发生。

1. 预防

合理安排饮食。运动前要避免吃得过饱、吃难消化的食物或饮水过多。饮食后须经 1.5～2 小时后，才可进行较剧烈的运动。运动前要充分做好准备活动，运动中注意呼吸的节奏，中长跑时要合理安排好速度。夏季运动要适当补充盐分。

2. 处理

运动中发生腹痛，一般只要降低运动强度，加深呼吸并调整呼吸节奏，按压疼痛部位弯着腰跑一段，症状就可以减轻或消失。如果疼痛进一步加剧，就应立即停止运动或请医生治疗。

（三）肌肉痉挛

肌肉痉挛，又称抽筋，是肌肉发生不自主的强直收缩。

1. 预防

运动前要做好充分的准备活动，对容易发生痉挛的肌肉，可适当做牵引并辅之以按摩。夏季运动时，应注意补充盐分；冬季锻炼时，要注意保暖。另外，当身体处于疲劳和饥饿时，不宜进行剧烈运动。

2. 处理

发生肌肉痉挛时应牵引痉挛肌肉，并配合局部按摩。如腓肠肌痉挛时，伸直膝关节，并做足的背伸运动。最好由同伴协助，切忌施力过猛。按摩可采用重推、揉捏、叩打、点穴等手法，即可得到缓解。

（冯　俊，杨　玲）

第五章 拒绝物质滥用

能量和毅力可以征服一切！

——富兰克林

Energy and persistence conquer all things!

——Benjamin Franklin

这里所说的物质指的是能影响精神活动的精神活性物质（psychoactive substance），也称成瘾物质。主要包括毒品、烟草、酒精等常见三大类物质。精神活性物质的滥用给个人的健康和社会的经济及安全都带来了极大的危害，全球疾病和伤残负担很大程度都归结于此。近年来物质滥用行为在我国青少年中有上升趋势。天津医学院的调查显示，在校男生中有64.2%的人吸烟，30%～55%的人饮酒。如何转变、控制乃至消除这类行为是健康教育与健康促进面临的重大课题之一。

第一节 大学生物质滥用行为的流行现状及其影响因素

一、什么是物质滥用

物质滥用在国际疾病分类（ICD-10）系统中称为有害使用，是指不正当、反复使用成瘾物质而导致明显不良结局的一种不健康行为，其特点表现为不顾及场合、时间和后果的使用成瘾物质。依赖（dependence）是与物质滥用在程度和范围上不同的另一种不良行为。它与前者的不同之处在于它可以在反复使用某种成瘾物质后，导致机体对该物质产生耐受性和依赖性，而一旦减少用量或停止使用该物质，就会出现一种令人难以忍受的戒断症状，个体由于不能忍受戒断症状带来的痛苦往往会反复地自我用药。

二、物质滥用在大学校园的流行现状

大学生正处在一个从学校迈向社会的过渡时期，特殊的生理和心理时期决定了他们是一个对自身健康极不关心的群体。因此，他们往往会无视一些危害健康的行为。在许多大学生的眼里，吸烟、喝酒已成为踏进校门必修的一项基本"技能"，而这项所谓的"技能"不知潜藏了多少危害。上海市开展的一项针对在校大学生物

质滥用状况的调查显示（2005年），吸烟、酗酒和吸毒等不良行为近年来在青少年中有上升趋势。上海地区大学生尝试吸烟、目前吸烟、经常吸烟、严重吸烟的报告率分别为37.6%、12.4%、3.9%和0.8%，其中男性明显高于女性。上海地区大学生曾经饮酒、目前饮酒、过去1年内发生过醉酒行为的报告率分别为82.3%、45.4%及26.7%，并且吸烟与饮酒是呈正相关，也就意味着吸烟往往伴随着饮酒行为的发生。同时，一组让人震惊的数据显示，在校大学生竟有1.4%曾使用过毒品，5.5%的大学生在没有医生指导下使用过安定等镇静催眠类药物，其中绝大多数为男生，并且大学生吸食毒品的比率有逐年增加的趋势。虽然上海市的调查结果不能代表中国的总体水平，但它揭示了一个无可争议的事实，即物质滥用行为已经进入了大学校园，并且相当严重。

三、物质滥用行为的形成过程

吸烟、酗酒和吸毒行为的形成，大致都经历了以下四个阶段（如图5-1所示）：

（一）诱导阶段

初次或偶尔接触，并被致瘾源强烈地吸引。如吸毒的欣快感；喝酒后的飘飘欲仙感。这些欣快感对成瘾者有强大的吸引力，但中止后不会出现明显戒断症状。

（二）形成阶段

在内、外环境因素的共同作用下，行为不断重复，直到产生依赖。

（三）巩固阶段

成瘾行为已巩固，并成为生命活动不可或缺的一部分。主要表现为成瘾者对各种戒断措施有强烈的抗拒心理，一旦瘾发作，成瘾者就会义无反顾地重复成瘾行为。

（四）衰竭阶段

如酗酒成性者出现酒精性肝硬化症状；吸毒者精神颓废、身体衰竭，甚至死亡。

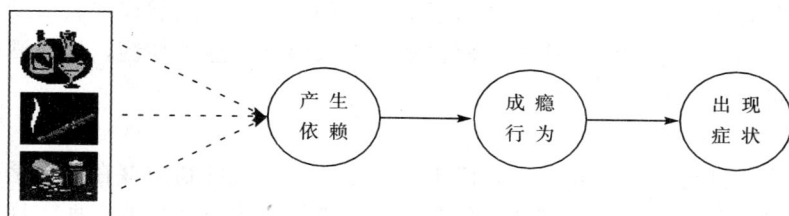

图5-1 成瘾行为的形成过程

四、物质滥用行为的影响因素

（一）个人因素

1. 生理因素

因身体不健康、病痛使用药物来缓解痛苦，而最终导致成瘾行为的形成。

2. 心理因素

青少年正处于心理和生理发育的关键期，许多方面都表现出其不同于成年人的特点。例如，青少年多表现出心理调节困难、从众心强、意志薄弱、认知不足、争强好胜等性格特点，而这些常会导致他们极易成为成瘾物质的牺牲品。

（二）家庭因素

1. 父母的物质滥用行为对其子女影响很深

美国有调查发现，来自父母吸烟家庭的孩子其吸烟率比其他家庭高 1.5 倍，若家中还有年长兄弟姐妹吸烟，其吸烟率还将增加 1 倍。

2. 家庭沟通不良

青少年大都渴望自由、追求独立，因此在一些父母专制的家庭，常常会出现代沟。父母的不理解，以及孩子的一意孤行总会引起争吵、冲突，甚至破坏家庭和谐的关系，对于那些比较叛逆的青少年，接近成瘾物质似乎成了他们解脱和发泄的唯一出路。

（三）社会因素

1. 不良社会环境

在一些充满暴力、种族歧视、失业和拜金主义的国家，一部分个体由于不能以正确的态度面对生活的惶惑，常常会选择逃避，进而借助于药品。另一方面，一些犯罪分子为了追求财富，总会采用一些不正当的手段获取暴利，贩卖毒品往往成了他们常用的伎俩。

2. 生活空虚、压力大

在当今都市化城市里，高楼大厦把人们之间的距离拉得越来越远。人际关系的淡薄很容易让人产生寂寞空虚感。为了消除这种空虚感，人们往往会借助于烟、酒甚至药品。另外，学习、工作压力使很多年轻人感到困惑和烦恼，烟、酒成了他们缓解压力的理想选择。

3. 社会传统

酒在人类文化的历史长河中，已不仅仅是一种客观的物质存在，而是一种文化象征，尤其在我国，酒和烟已是人际交往、礼仪场所不可缺少的东西。许多人明知吸烟、饮酒有害，在一定的社交场合仍不得不参与其中。时间一长，自然而然地把它整合到自己的日常行为模式中。

读一读

酒　狂

古人饮酒至酒酣时孤傲不驯，放浪自任，轻佻礼疏。唐天宝初年春，一日唐玄宗与贵妃在兴庆宫沉香亭畔赏牡丹，忽听楼上李白饮酒狂歌："三杯通大道，一半合自然。但得酒中趣，莫为醒者传。"太监连忙上楼大呼："奉旨宣李学士见驾！"谁知李白全然不理，口中念道："我醉欲眠君且去。"太监无奈，只得扶他进兴庆宫。玄宗见李白烂醉，忙命宫女含水喷其面，并亲自递来醒酒汤，李白睁眼一看，便要玄宗赐酒。玄宗关切地说："你刚清醒，再醉怎么办？"李白答曰："臣斗酒诗百篇，醉后诗如泉。"文人墨客与酒之性情可见一斑。

4. 不正当的广告宣传

无论是在电视、还是在杂志上，各类吸烟、饮酒的广告满天飞，广告的作用早已把吸烟、饮酒融入人们的生活中。再者，一些影视作品中英雄人物的吸烟镜头对有仰慕英雄情节的广大青少年无疑是一种强大的诱导剂。

5. 团体效应

团体内广泛存在的吸烟、酗酒现象，其致成瘾作用对具有强烈认同感的成员来说，影响比外界更大。许多青少年的吸烟行为源自同龄小伙伴集团。同时犯罪团伙从事贩毒，往往先须诱使其成员吸毒，以此作为团伙内互相认同的主要标志。

第二节　物质滥用的危害

物质滥用的危害主要表现在对人体健康和社会问题两个方面，包括近期的和远期的危害，不同致瘾源所导致的危害情况各不相同，以下是吸烟、酗酒、药品滥用所致的主要危害。

一、吸　烟

（一）吸烟对健康的危害

早在 20 世纪 40 年代到 50 年代，英国肿瘤专家道尔（Doll）和希尔（Hill）就开展了吸烟与肺癌关系的队列研究，并证明了吸烟是肺癌的主要危险因素。随后大量的科学论文也令人信服地证实了烟草是当今人类最大的公害之一。就全球范围来说，前 10 位对健康有害的因素中，吸烟居第 4 位；而中国前 10 位对健康影响较大的因素中，吸烟排第 3 位。

大学生健康教育（第2版）

吸烟与肺癌危险度的关系与烟草种类、开始吸烟年龄、吸烟年限和吸烟量有关，Doll 等在英国医生中进行的为期 50 年的肺癌队列研究结果表明：随着每天吸烟量的增加，肺癌的相对危险度呈增大趋势。把吸烟量固定不变，随着吸烟年限的增加，肺癌的超额危险度不断上升。不同国家前瞻性研究均证实，吸烟者缺血性心脏病的发病率和死亡率高于不吸烟者的 70%，值得注意的是吸烟与高血压、高血脂等冠心病的危险因素有协同作用。估计 80%～90% 的慢性阻塞性肺病（chronic obstructive lung disease，COLD）的主要病因为吸烟，并且其严重程度与吸烟量、开始吸烟年龄、吸入深度呈正性关联。除此以外，吸烟还与食管癌、膀胱癌、胃癌、宫颈癌以及其他心血管疾病，如外周血管病、中风等有关。

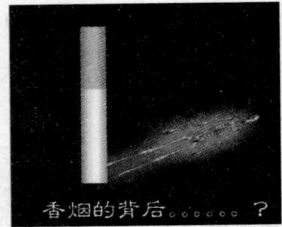

被动吸烟（passive smoking）指不吸烟者处在吸烟的环境中而被动吸入烟草燃烧所产生的烟雾，据调查被动吸烟的危害比主动吸烟还要严重。例如，被动吸烟的孕妇可对胎儿的智力发育产生严重的影响，并使早产和低体重儿出生增加（是不吸烟孕妇的 2 倍）。烟草燃烧所产生的烟雾中含有大量有害物质，例如重金属污染物、多环芳烃、亚硝胺等，使人产生一些鼻、咽部的刺激症状，同时引起血氧含量下降、免疫力降低等。

读一读

令人吃惊的数据！

☆ 2013 年全世界约有 500 万人死于与吸烟有关的疾病。

☆ 2013 年中国因吸烟而死亡的人数达 100 万人。

☆ 如果现在的吸烟状况持续到 2025 年，在每年 6000 万的总死亡人数中，将会有 1000 万人死于与吸烟有关的疾病，其中 300 万在发达国家，700 万在发展中国家，而中国将有 200 万～300 万人。

☆ 中年吸烟者比不吸烟者平均要减少 20～25 年的寿命。

☆ 到 2050 年，发展中国家将有 50% 的疾病与吸烟有关。

（二）吸烟对社会的危害

造烟业已经在全世界范围内迅速发展并成为经济发展的重要组成部分，但与此同时，吸烟带来的健康、环境等一系列问题使我们不得不去重新考虑一下如何去面对吸烟这个全球性的问题。我国是烟草生产和消费大国，生产量占世界总量的三分之一，吸烟者占全球吸烟总人数的三分之一。烟草生产促进烟草消费，由此带来的经济利益促使吸烟流行，引发肺癌等疾病大量增加，给个人、社会带来巨大的负担，最终社会出巨资为此"买单"，因此，烟草行业税收所带来的经济效益已经抵消在医疗、劳动力损失等社会支出之中，其繁荣实际上带来了一个严重的公共卫生问题。同时，吸烟又是导致恶性意外事件的重要原因。如 1987 年我国发生的大兴安岭森林大火造成 400 人死亡，5 万人无家可归，几十亿元直接损失，其罪魁祸首正是乱扔的烟头。

二、酗　酒

伦敦综合电发表的一篇医学研究报告表明，酒精比毒品的危害性更严重。以英国布里斯托大学（Bristol University）精神药理学家纳特教授为首的研究小组在英国医学周刊《柳叶刀》（Lancet）发表的报告建议，根据毒品对社会的实际危害性，把酒精列入头十种危害最大的名单内，并指出到医院急诊部求医的病人中超过50％的病人就诊疾病同酒精有关。

（一）酗酒对健康的危害

长期或大量的酒精滥用对人体的危害主要表现在精神和躯体两个方面。对精神系统的影响主要表现为以下几点：①普通醉酒，偶尔一次大量饮酒所造成的饮酒者兴奋性增高，酒醒后恢复正常，无其他严重影响。②复杂性醉酒，饮酒频率和饮酒量都较普通醉酒大。饮酒者会表现出轻度的意识障碍，兴奋强度和持续时间都较普通醉酒严重，并且控制能力表现为部分受损。③长期的大量酒精滥用，饮酒已成了生活中不可缺少的一部分，一旦停止饮酒会出现令饮酒者难以忍受的戒断症状。④慢性酒精中毒，在酒精依赖后出现的神经精神功能损害，以幻觉妄想最为突出，其内容多为恐怖性、威胁性，严重影响病人的行为、情感及思维活动，常出现攻击性行为。长期或大量的酒精滥用对躯体的危害主要表现为急性和慢性效应。急性者常引起乙醇中毒、损伤、车祸、斗殴和意外死亡等；慢性的有乙醇慢性中毒综合征、心血管病和神经精神疾患等。长期酗酒还可引起急慢性肝炎、肝硬化、急慢性胃炎、胃溃疡、胃出血、神经系统伤害、大脑皮质萎缩、智力衰退。对于孕妇来讲，酒精可以引起胎儿出生缺陷以及生长和发育不良，如胎儿畸形、胎死腹中、生长迟滞及行为问题等。

（二）酗酒对社会的危害

酗酒对社会的影响表现在多个方面，它是造成社会治安恶化、家庭离异、交通事故的重要原因。美国保险业所估测的四项主要经济损耗指标中，车祸的 20％、暴力犯罪的 5％因酗酒引起。

我国居民的酗酒严重程度虽然远低于欧美各国，但其不良后果也是不容忽视的。近年来伴随生活水平的提高，酒的消费量以每年 30％的惊人速度上升，各种酒的年生产总量已达 1200 万吨以上。在饮酒人数和饮酒活动频度增加的背景下引发的酗酒现象有蔓延趋势，应引起健康教育者的高度重视。

📖 读一读

饮酒带来的……

过量饮酒不仅酿成了不胜枚举的悲剧性事件，而且还严重影响到个人甚至国家的形象。

俄罗斯前总统叶利钦就是其中一个。

据说，1994年9月的一天，时任俄罗斯总统的叶利钦从华盛顿飞回莫斯科，按计划他将在途中与爱尔兰总理雷诺兹进行40分钟的会谈。就在离开华盛顿的前一天，美国总统克林顿宴请他，尽管餐桌上没有烈酒，但葡萄酒应有尽有，叶利钦只吃了一小块肉，却频频举杯，杯杯见底。之后，叶利钦的话多了起来，说了不少粗话、"三级笑话"。翻译官为了"净化"他说的脏话，绞尽了脑汁。当飞机抵达会面地点善农机场时，叶利钦醒酒了。夫人把衬衫递给他，但他扣纽扣的手总不听使唤。陪同的官员见事不妙，经过一番讨论后，决定让副总理代表总统与雷诺兹举行短暂的会谈。当副总理下机后，叶利钦掉下了眼泪，对陪同官员羞愧地说："你们这么做，让我在世人面前丢尽了脸。"

三、毒　品

从医学的角度看，毒品也是药品，是一种常用来缓解病痛的麻醉药。是药三分毒，长期使用将会给个人和社会带来严重的危害，因此，从法学的观点看，毒品被列为一种违禁品。当今世界毒品泛滥，世界上没有任何一个国家可以逃离毒品的侵蚀。有人将毒品称为世界的"白色瘟疫"。据联合国国际毒品控制计划署的不完全统计，全世界吸毒人员早已突破2亿，遍布五大洲的200多个国家和地区，占世界人口总数的三十分之一，其中青少年吸毒者占了大多数。我国青少年吸毒人数较多并呈逐年上升趋势，给个人、家庭和社会带来了严重危害。

（一）毒品的分类

1973年，WHO根据国际公约中规定的麻醉药品和精神药品，并考虑到还有3类未列入国际管制的精神药物，即烟草、酒和挥发性溶剂，所以将引起依赖性和滥用的药物具体分为8类（见表5-1所列），此种分类已经得到世界公认。目前国内滥用的毒品主要是阿片类，即阿片、吗啡、海洛因、二氢埃托啡（DHE）。

表5-1　WHO对致依赖性药物的分类

种　　类	举　　例
1. 酒精—巴比妥类	乙醇、巴比妥类及其他镇静催眠药，例如苯二氮卓类
2. 苯丙胺类	苯丙胺、右苯丙胺、甲基苯丙胺和利他灵
3. 大麻类	大麻制剂，例如马里华纳（marijuana）、哈喜（hashish）

（续表）

种　　类	举　　例
4. 阿片类	阿片、吗啡、海洛因、美沙酮等
5. 可卡因类	可卡因和古柯叶
6. 致幻剂	麦角酸二乙基酰胺（LSD）等
7. 挥发性化合物	丙酮、四氯化碳和其他溶剂，例如溴胶
8. 烟碱	烟草、鼻烟

（二）吸毒对健康的危害

　　长期吸毒会破坏人体的正常生理机能和免疫系统，对人体重要的神经系统、呼吸系统、心血管系统、胃肠道以及支气管平滑肌等组织、器官有着显著的破坏作用。表现为生理功能紊乱，免疫力和体质严重下降，因而吸毒者很容易感染各种疾病，例如长期吸毒者大都患有咳嗽、慢性咽炎、支气管炎、肺脏功能减退，甚者可导致突然呼吸抑制而死亡。而吸毒行为本身也容易加速各种疾病的传染，尤其是性病和艾滋病。据报道，我国现有艾滋病病毒（HIV）感染者的90%是因静脉注射吸毒（共用注射器）引起的。毒品可以明显降低食欲，导致严重消瘦和一系列营养不良综合征。由于毒品的抑制作用或兴奋作用使得吸毒者的思维、行为和情绪受到严重影响，长期吸毒者的意志力、注意力、记忆力、耐受力、持久力等均受到明显的破坏，对吸毒的依赖性使吸毒者丧失行为效率、兴趣以及责任感和羞耻感。吸毒不仅损害了自身的健康，同时还危及子孙后代，导致婴儿出生就有可能患有毒瘾，甚至成为畸形儿、低能儿或身患多种疾病的婴儿。

（三）吸毒对社会的危害

　　毒品犯罪分子肆无忌惮的走私贩毒活动近年来变得越发猖獗，给人类安全、国家安全和国际安全所带来的危害是毋庸置疑的。美国前总统布什曾把毒品与环境污染、核化武器并列为人类面临的三大威胁。当今毒品交易正在向范围更广、数量更大、方法更隐秘、给各国经济带来的损失更大的方向发展。更令人担忧的是，贩毒集团与国际恐怖主义交往密切，互相利用其势力，大大助长了国际恐怖活动的蔓延与发展。毒品也是诱导其他各类犯罪活动，导致社会不稳定的潜在因素。据统计，美国每10万人中有230人犯有与毒品有关的罪行，大约有80%的犯人在关进监狱前存在吸毒问题，监狱在押犯中60%是毒品犯。另外，吸毒还会破坏家庭和谐，导致家庭暴力事件的发生。

⌐⌐ **读一读**

名人与毒品之马拉多纳

马拉多纳在绿茵场上被球迷称之为"神"，他的一举一动时刻牵动着成千上万球迷的心，然而自从他染上了毒瘾……

☆ 初涉：1980年一场比赛中突然伤病发作，队医为马拉多纳注射了含有杜冷丁的强效止痛剂。

☆ 吸食可卡因：1982年他转会巴塞罗那之后，在一场比赛中被踢伤，在休息的几个月中，马拉多纳多次吸食了可卡因。

☆ 接二连三：1991年马拉多纳在意甲联赛中，第一次被查出服用毒品；随后在1994年世界杯赛上，老马又被爆出兴奋剂事件；在1997年告别足坛之后，马拉多纳只能用毒品来填补心灵上的空虚。

☆ 过量的可卡因曾两次让马拉多纳吻到了死神的嘴唇：2000年1月4日，他在乌拉圭东方之角度假时因吸食过量毒品诱发心脏病；在2004年4月20日，他在观看博卡青年队比赛时突然倒下，随即被送往医院抢救。

第三节　物质滥用的预防与控制

物质滥用所造成的社会问题和公共卫生问题早已引起了全球的广泛关注。如何开展健康教育活动预防与控制物质滥用的发生是摆在人类面前亟待解决的问题。因此各级政府应对此问题的严重性有足够的认识，加大对药物滥用预防与控制的投入，综合运用法律、教育、医疗等多种手段，采取全方位、多层次的措施进行预防和控制，研究国际上降低危害的理论、政策和实践活动，并根据国情开展降低危害的政策研究和干预活动。

一、控烟措施

（一）履行《烟草控制框架公约》

《烟草控制框架公约》（FCTC）于2003年5月21日第56届世界卫生大会通过，2005年2月28日生效。

世界烟草控制框架公约是一个由各成员国以国际协定方式达成的全面执行的世界烟草控制协议法律文件，其目标是推动和实现世界范围内的全面控烟工作，其最终内容是根据各成员国相互协商后而确定的，整个控烟框架公约分为公约和相关议定书两大部分。

1. 公约内容

包括 6 个部分：①序言、定义、目标和指导原则；②一般性义务；③组织机构；④执行机制；⑤公约的发展；⑥最后条款。第 1、2 部分主要含拟议的实质性内容，第 3 至第 6 部分主要包括程序性内容。

2. 相关议定书

相关议定书阐明各成员国更具体的承诺，内容主要涉及：①减少烟草需求的价格和税收措施；②减少烟草需求的非价格措施；③减少环境烟草烟雾和避免被动吸烟的措施；④保护儿童和青少年；⑤取缔烟草产品的走私；⑥免税烟草产品的销售；⑦广告、促销和赞助；⑧检测和报告烟草产品成分；⑨烟草工业的管制；⑩烟草的监督、研究和信息交流；⑪健康教育和研究；⑫政府的烟草农业政策；⑬烟草产品管制；⑭与供应烟草有关的措施等许多方面。

该公约签署生效后，各成员国都必须把公约内容融入本国法律，对烟草的生产、销售、税收、广告等多方面进行限制。

（二）提高烟草税收

1999 年，世界银行发表的《遏制烟草流行》的报告中揭示了一项有意义的事实：提高烟税可以大幅度地降低烟草消费量。来自加拿大的研究报道也证明了该事实的正确性，此后芬兰在标化了其他影响吸烟的因素之后，烟价提高 10％，使烟草消费量下降 3.5％，尤其在经济条件比较差的一些地区效果更加明显。香港也做了同样的尝试，经过近三十年不断的努力，烟草消费量下降了 70％。同样的现象在南非、英国和其他许多国家都能观察到。因此提高烟税是遏止烟草消费量的有效手段。这一点，也是我们应该借鉴的。

（三）禁止烟草广告，同时大力开展"吸烟危害健康"宣传活动

近几年，越来越多的商业领域开始限制烟草广告的介入，特别在一些西方发达国家，很多烟草公司都被迫开始制订了一系列分阶段减少烟草广告宣传的计划，而发展中国家在面对世界卫生组织所制定的《烟草控制框架公约》压力时，也开始制定并实施禁烟广告措施。英国卫生部对四个全面禁止烟草广告的国家的效果评价中显示，排除其他干扰因素，挪威、芬兰、新西兰、加拿大的烟草消费量分别减少了 9％、6.7％、5.5％、4％。

（四）增加烟盒健康警语

2000 年 6 月加拿大颁布了烟草制品信息规则，其中规定了 16 幅警示图案和 16 条健康警示语，同时要求这些图案和警示语需覆盖烟盒表面积的 50％，并在包装盒一侧标明烟雾中所含的毒性成分。类似的规则巴西也已出台。土耳其某项调查惊奇地发现，卷烟盒上"吸烟致命"四个字竟然能使土耳其的烟草消费量在一年之中下降了 10％。因此可见，烟盒警语对提高烟民认识吸烟的危害、降低吸烟率有很大的作用。

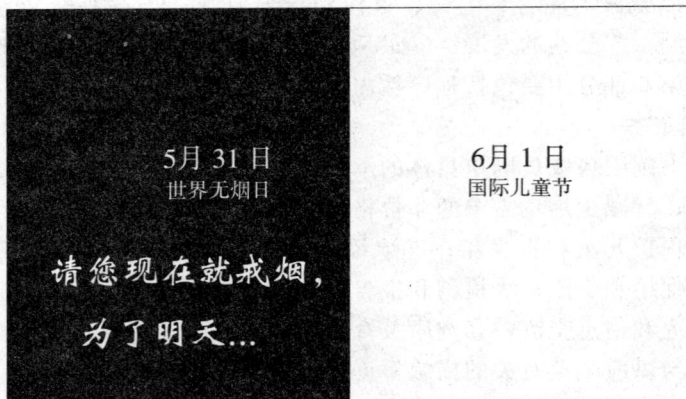

（五）禁止向未成年人销售烟草及其制品

肯尼亚在一项关于控烟的议案上规定：严格禁止向未成年人出售卷烟；违反规定者将被处以 10000 先令（合 1377 美元）的罚款或一年监禁。2003 年法国议会批准了一项禁止向 16 岁以下的儿童销售烟草产品的法案，违反者将会被处于 150 欧元的罚款。最近英国政府控烟中也有很大进展，据英政府报道，从 2007 年夏天开始，18 岁以下的未成年人将被禁止购买卷烟。

（六）建立无烟区

建立无烟区是有效保护不吸烟者免受烟草危害的有效办法。2006 年 2 月 14 日，英国通过了一项决议，规定了酒吧、饭店、电影院、商场、俱乐部、工作场所等公共场所为禁烟区。芬兰议会通过的一项法案规定，从 2007 年 6 月 1 日起在全国所有餐馆、酒吧和咖啡馆全面禁止吸烟，以改善这些场所的工作环境。

（七）针对不同人群开展健康教育

公务员、教师，尤其是中小学教师、医生是社会中的表率人群，他们的言谈举止将严重影响社会中的其他人群，因此加大这类人群"控烟宣传"的力度，将会大大地阻止"敬烟文化"的无限蔓延。青少年正处以一个特殊生理和心理阶段，多种因素决定了他们是物质滥用的最危险人群，而在他们之间开展同伴教育活动对提高他们对物质滥用的认识、杜绝抽烟与饮酒行为有着较深远的意义。

读一读

校园控烟活动——"无吸烟环境暨歌德奖"

1997 年 8 月，北京第十届世界烟草与健康大会上产生了亚洲第一所、世界第六所荣获"无吸烟环境暨歌德奖"荣誉的机构，即原同济医科大学。1997年10月14日，全国第一个由学生自发组织的关于校园控烟工作的学生监督组织——原同济医科大学吸烟与健康协会学生分会（即现同济社联吸烟与健康协会）顺利成立。裘法祖院士、王增珍教授以及杨璞娜教授分别受聘为学生分会名誉会长和学生分会顾问。 学生分会的宗旨是营造良好环境，维护身心健康；倡导无烟生活方式，树立全民控烟典范；任务是宣传烟草危害，开展学校控烟工作，监督制止不良吸烟行为，净化校园空气，扩大控烟抗烟的工作影响。经过全体老师和学生的不懈努力，控烟活动取得了可喜的成绩，并得到社会各界的广泛关注。

（八）帮助吸烟者戒烟的技巧

帮助吸烟者戒烟是控制烟草的一项主要内容，国内外关于戒烟的方法举不胜举。以下简略介绍几种，希望大家能够从中得到一些帮助。

☞ 学与做

戒烟十法

1. 消除紧张情绪；
2. 体重问题——合理膳食，保持体重；
3. 增强戒烟意识；
4. 寻找替代办法；
5. 打赌——公开戒烟，并争取得到朋友和同事们的支持；
6. 少参加聚会——远离吸烟区；
7. 游泳、踢球和洗蒸汽浴；
8. 扔掉吸烟用具；
9. 转移注意力；
10. 经受得住重新吸烟的考验。

二、限酒、禁毒

（一）合理控制饮酒

华夏酒文化已有5000余年的历史，"酒过三巡、菜过五味"，讲的就是酒文化与饮食文化的一致性。过量饮酒危害健康，已是不争的事实。因此许多国家政府在反酗酒行为方面，有以下法律措施：①严格规定允许饮酒的最小年龄；②通过高税高价来控制酒精总消费量；③限制高度酒，鼓励低度酒的生产和销售；④谨慎发放酿酒、贩酒、销售酒公司（包括跨国酿酒公司）的营业执照；⑤加强对汽车驾驶人员的酒精监测，严惩酒后驾车、酗酒闹事等违法行为。但是在中国这个特殊的社会历史背景下，"一醉方休，不醉不归"、"宁伤身体、不伤感情"等错误的饮酒观念已深深印在人们的大脑中，给人民健康和社会和谐带来极大的负面影响，因此，培养"健康、文明、适量"的饮酒文化，是控制饮酒的一条行之有效的途径。北京大学人民医院急诊科主任朱继红提出了健康饮酒六原则，希望能给那些不能避免饮酒的人一些帮助。

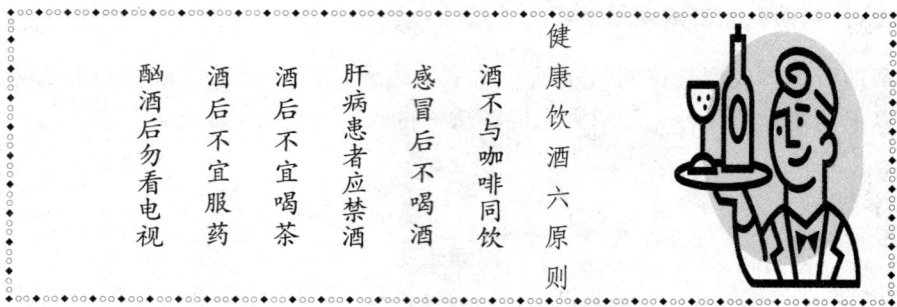

健康饮酒六原则

酒不与咖啡同饮

感冒后不喝酒

肝病患者应禁酒

酒后不宜喝茶

酒后不宜服药

酗酒后勿看电视

（二）禁毒立法与司法

近年来，面对日益严峻的毒品违法犯罪形势，中国政府制定并实施了一系列严厉禁毒的方针、政策和措施。1990 年 12 月，全国人大常委会通过了《全国人民代表大会常务委员会关于禁毒的决定》。1995 年 1 月和 2005 年 8 月，国务院先后制定了《强制戒毒办法》和《麻醉药品和精神药品管理条例》、《易制毒化学品管理条例》。2006 年 8 月 22 日，十届全国人大常委会第二十三次会议开始首次审议禁毒法草案，草案规定：禁止走私、贩卖、运输、制造毒品；禁止非法持有毒品；禁止传授毒品或者易制毒化学品犯罪方法；禁止吸食、注射毒品；禁止容留、引诱、教唆、欺骗、强迫他人吸食、注射毒品；禁止向他人提供毒品。

（三）加强健康教育和健康信息传播

在学校和社会中充分利用媒体的作用，开展各类各样的宣传及业余文化活动，并针对高危人群采取综合性的措施，对其进行行为干预。

（四）戒毒方法

1. 自然戒断法

又称冷火鸡法或干戒法。就是在不给吸毒者任何替代药物的情况下强制性地停掉毒品供应，仅给予一些对症处理和身体、心理支持治疗，进而让戒断症状自然发展、自然消退。该法在实施过程中会使戒毒者感到万分痛苦，因此需要戒毒者拿出超出常人的毅力和勇气。戒断过程一般只要熬过 3 天后，症状便会开始好转并减轻，7～10 天后绝大部分戒断症状都能消退缓解。这是一种传统的脱毒方法，很多国家都采用过这种方法。对那些毒瘾深重、年老体弱、有严重并发症以及严重多药滥用的吸毒者来讲，该法并不适用，因为这些人往往承受不了戒断反应期带来的痛苦而会发生自残、自伤行为。

2. 药物戒断法

即用一种与该物质性能相仿，但无依赖性或依赖性很弱的物质取代已形成依赖的物质，然后逐渐减少剂量，直到替代物质完全停用为止。常用的替代药物有美沙酮、丁丙诺啡等。用美沙酮的优点是作用时间长，口服效果好，治疗期戒毒痛苦小，同时对人的思维和行为不产生毒性影响。

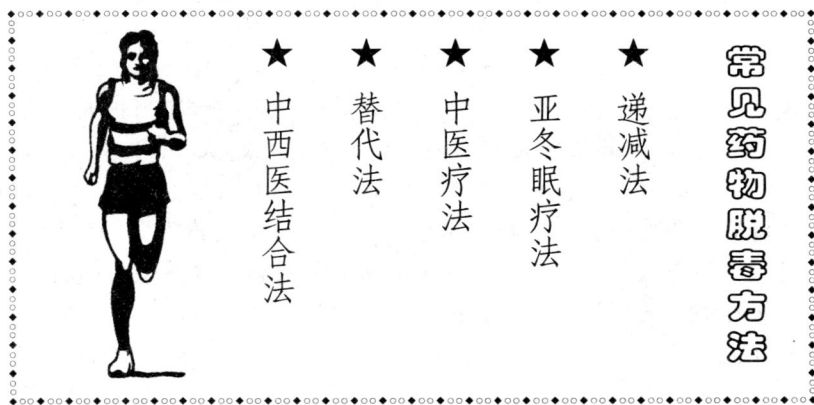

常见药物脱毒方法

★ 递减法
★ 亚冬眠疗法
★ 中医疗法
★ 替代法
★ 中西医结合法

3. 非药物戒断法

指用针灸、理疗仪等减轻吸毒者戒断症状反应的一种戒毒方法。其特点是通过辅助手段和"心理暗示"的方法减轻吸毒者戒断症状痛苦，达到脱毒目的，缺点是时间长，巩固不彻底。

（高志荣，黄朝辉）

第六章　保证充足睡眠

早睡早起，使人健康、富有、明智。

——富兰克林

Early to bed and early to rise, makes a man healthy, wealthy and wise.

——Benjamin Franklin

睡眠是治疗一切醒时烦忧的良药。

——塞万提斯

Sleeping is the best cure for waking troubles.

——Cervantes

有人说"一辈子最应该有的是一张好床，因为一生中有相当长的时间是在床上度过"。在人类生活中，睡眠确实占了很重要的地位。每天 24 小时，睡眠 8 小时，人的一生中约有 1/3 的时间在睡眠中度过。睡眠不仅可以消除疲劳，而且对精神、情感、身体健康、免疫力的提高和人体细胞生长、修复起着重要的作用。"健康来自睡眠"是医学研究人员根据近年来对睡眠研究的最新结果所提出的新观点。当代大学生只有选择健康的生活方式，保证充足的睡眠，才能提高学习效率，实现人生价值和适应社会需要。

第一节　睡眠知多少

科尔·波特音乐剧的歌词中说，有一件事，鸟要做，蜜蜂要做，甚至果蝇也要做，人更是理所当然地要做。这件事不是爱，而是睡眠。莎士比亚的戏剧中说，睡眠能"织补杂乱的忧丝"，是"疲劳者的沐浴"，"伤痛心灵的解药"和"人生盛宴的首要营养"。塞万提斯书中称赞它是"果脯之食，解渴之水，御寒之火，清心之冰……平衡牧人与国王，拙者与智者的砝码"。美国睡眠方面的专家伯尼韦布教授戏称睡眠为"温柔的暴君"，"人与神一样，在睡眠面前都俯首称臣"。

一、睡眠的重要性

在中世纪有一种刑法叫"不准入睡"。有一个法国人被国王路易十五判处死刑，处死的方法就是不准入睡，稍有睡意，就被看守用酷刑折磨。临死时这个人说：情愿早死，也不愿受这种痛苦。所以，睡眠被称为人和动物的救星。为什么睡眠对人有那么重要呢？

睡眠是生命的基本要素，一宿的好觉有利于大脑的工作。脑科学研究显示，睡眠不仅仅是简单的活动停止，更是维持高度生理功能的适应行为和生物防御技术所必需的状态。拥有良好的睡眠，觉醒时才能高度发挥大脑信息处理功能的能力。在学习、记忆、探求精神和意识等大脑高级功能时，无疑睡眠占有重要地位。

英国的一项研究表明：不良的睡眠习惯可导致感冒、抑郁症、糖尿病、中风、心脏病和癌症。临床实践也证实，诸如高血压、肥胖症、植物神经功能紊乱、早衰、抑郁症等长期困扰人类生命健康的疾病，均与睡眠疾患有着密切的联系，只要改善了睡眠或睡眠呼吸状况，许多疾病可以不治而愈或得到较大程度上的缓解。

二、睡眠分期

睡眠的发生与调控是脑的特有功能之一，并涉及全身各个方面的变化。现代科学对睡眠的研究已很深入，脑电图显示：睡眠有两种类型，一种为慢波睡眠（slow wave sleep，SWS），又称非快速动眼睡眠（non-rapid eye movement，NREM）；一种叫快波睡眠（fast wave sleep，FWS），即快速动眼睡眠（rapid eye movement，REM）。严格地说，睡眠共分为 5 期，平均每 90 分钟左右各个睡眠期循环一次，其中 I ～ IV 期为慢波睡眠期，V 期为快波睡眠期，二者以是否有眼球阵发性快速运动和不同的脑电波特征相区别。

（一）慢波睡眠期

此期眼球基本不动，体温、血压、心率和呼吸频率都下降，脑电波表现为长周期的慢波。这种状态下醒来时，人们很少记得真切鲜明的梦境，故又称为"非快速动眼期"（NREM）。慢波睡眠分为 I ～ V 期，I 期睡眠是完全清醒和睡眠之间的过渡阶段，人很容易在此期醒来，占睡眠总时间的 5％～10％。随后人慢慢进入了慢波睡眠的第 II 期——浅睡期，此期占的比例最大，约占整个睡眠期的 50％。慢波睡眠的第 III 期和第 IV 期又称为深睡眠期，人体多在此期进行自我修复，占整个睡眠的 20％，如图 6 - 1 所示。

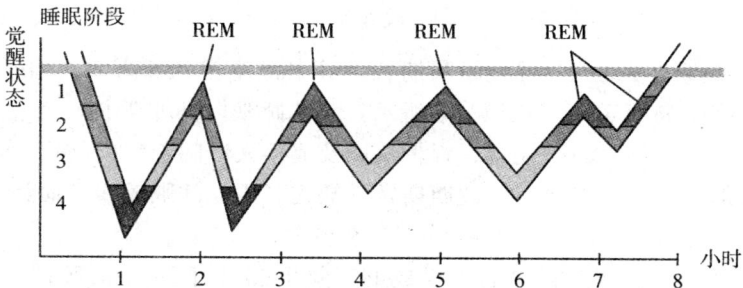

图 6 - 1　一个睡眠的完整周期

（二）快波睡眠期

在此期内，呼吸和心率不像慢波睡眠时那样减慢，而是加快；眼球不是慢转而是快转；快波睡眠时可以记录到的颈部肌电此时消失；血压不是下降，而是上升；脑血流量不是减少而是倍增；脸部及四肢肌肉也有些抽动等。由于此期眼球转动快速为其明显特征，所以又称此期为"快速动眼期"（REM）。此时若把睡者叫醒，大都诉说正在做梦，而且梦境离奇古怪。

上述两种睡眠是互相交替进行的，一个慢波睡眠的完整周期，共 80～120 分钟，一个快波睡眠的完整周期则较短，一般只有 10～30 分钟。这两种睡眠周期在一夜之间，各交替进行 4～5 次。其时间的长短和次数的多少因人而异，即使同一个人，也随其疲劳程度、健康状况或情绪的好坏而变化。

三、人一生的睡眠规律

在人生的不同阶段，睡眠规律也不相同。一种动物需要多长的睡眠时间，主要取决于其形体的大小。体型小的动物代谢率高，细胞损伤严重，需要相对较长的修复时间。总的来说，动物体型越大，需要的睡眠时间越短。对我们人类来说，一般也是这个规律，年龄越小，睡眠的时间和次数也就越多。在成长的过程中，睡眠时间会逐渐减少和变化，如图 6-2 所示。

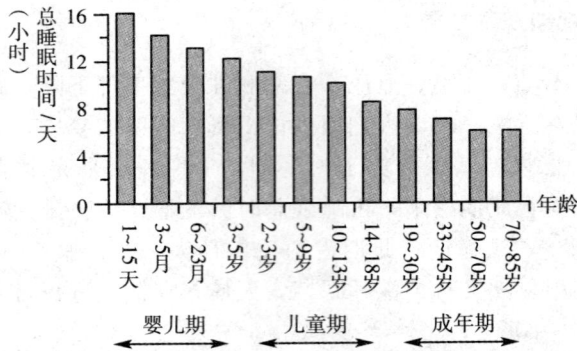

图 6-2 不同年龄人群每日总睡眠时间

儿童（特别是婴幼儿）慢波睡眠期长，其中慢波三、四两期占的时间特别长，睡眠质量就高。如图 6-2 和图 6-3 所示，婴儿睡眠时间非常长，而且 REM 在整个睡眠期所占的比例也高于儿童、青少年以及成年人。随着年龄的增长，三、四期时间会逐渐缩短，及至老年，慢波四期常常缺乏，不仅睡眠较浅，而且中间会多次醒来。

人的睡眠——觉醒节律是后天养成的。新生儿没有 24 小时睡眠一次的规律，而是交替重复周期长约 40 分钟的睡眠和活动。由于生活方式的调节，昼夜变化的影响，就逐渐形成了 24 小时睡眠一次的节律。所以说，人的睡眠—觉醒节律是可以从经验中学习而获得的。这一点对于预防和治疗因工作、生活变动而形成的失眠非常重要。

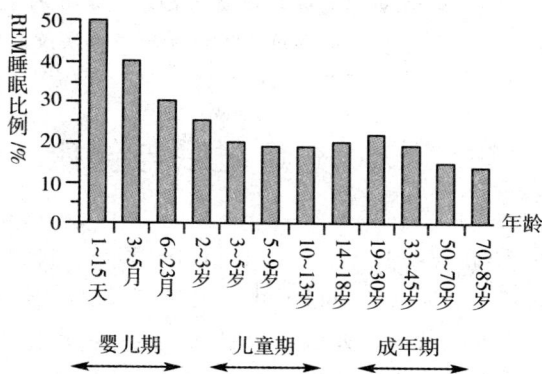

图 6-3　不同年龄人群 REM 睡眠比例

读一读

怎样知道自己的睡眠生理需要量？

美国斯坦福大学人类睡眠中心研究建议人们在度假时记录自己每天的睡眠时间，以此计算自己到底需要睡多长时间。因为度假期间身体会自动调整，一般 5 天以上的假期后，你的身体会调整到自然的睡眠模式，这个时候晚上睡几个小时，应该就是符合你身体需要的理想睡眠时间。没有机会度假的人又该怎么办呢？可以计算工作日睡眠时间与周末睡眠时间的平均值，自己把握一个合适的时间段。

测一测

你的睡眠状况如何？

你的睡眠情况到底怎么样呢？回答几个简单的问题就可以知道了。下面 10 个问题的答案有四种：A. 经常　B. 有时　C. 很少　D. 从未。

1. 睡眠时间很不规律，不能按时上床睡眠。

2. 工作或娱乐至深夜。

3. 躺在床上，脑子里全是白天见过的人和发生的事，难以入睡。

4. 入睡后稍有动静就能知道。

5. 整夜做梦，醒来时觉得很累。

6. 很早就醒来，而且再也睡不着了。

7. 有点不顺心的事就彻夜难眠。

8. 换个地方就难以入睡。

9. 一上夜班就睡眠不好。

10. 使用安眠药才能安然入睡。

记分及评价：

选中A记5分，B记2分，C记1分，D记0分。

如果您的总分在20分以上，为严重睡眠障碍；总分在5～20分，说明您的睡眠比较差；5分以下（没有A项），说明您的睡眠质量良好。如果你的累计得分在5分以上，特别是有A项得分者，您需要高度重视您的睡眠状况，想办法改善睡眠状况。

第二节　充足睡眠与健康

WHO和SFSRS的联合报告Sleep and Health指出：睡眠和空气、食物、水一样，是人类生活的基本必需品。但对于我们很多人来说，睡眠卫生还是我们健康观念上的一个盲点。科学家认为，如果你希望自己健康，就必须重新估价睡眠对健康的作用。在日常生活中，人们往往为了健康只注重饮食和运动，却忽略了睡眠这个重要因素。睡眠与我们健康有什么关系呢？

一、充足睡眠的益处

（一）修复脑损伤，促进大脑功能的发育和发展

睡眠期间，大脑不断整合各种记忆中的信息，运动神经系统频繁被激活，并不断调整脑神经系统之间的联系。因为睡眠对人的神经系统来说，是一种不可缺少的保护性措施。

（二）消除疲劳，储存能量

人类在入睡时，交感神经受抑，脑部及全身机能均处于相对安静的一个阶段，全身新陈代谢大量减少，肌肉的紧张度降低，骨骼肌舒张，内脏器官放松，脉搏减慢，血压降低，呼吸变深变慢，脑部的营养物质含量明显。因此，睡眠既保存脑部能量，又能使躯体功能得到恢复，还可以分解排泄体内蓄积的代谢废物。

（三）提高注意力和记忆力

很难想象，人的记忆是在睡眠过程中形成和巩固的。睡眠状态下大脑的神经变化程度是清醒状态下的2倍，从而使得睡眠状态下大脑内的记忆远比持续工作状态下清晰得多。如果睡眠不足或睡眠被剥夺，可使人的注意力和记忆力下降，对已经记忆的东西也容易遗忘。美国芝加哥大学生物学家丹尼尔·马格里什与其研究团队通过比较试验者于充分睡眠前后的学习效果，发现充足的睡眠可以巩固记忆，并有助于语言的学习。许多同学喜欢考试前临时抱佛脚，相信"临阵磨枪，不快也光"，但根据这个研究结果，显然一些同学熬夜苦读的学习方式，会使学习效果大打折扣。

（四）增强机体的免疫力，抗癌防病

睡眠期间，机体可产生并调节具有免疫能力的细胞和物质，增强人体抗病能力；相反，睡眠不足或睡眠紊乱会引起免疫功能紊乱，导致疾病的发生和发展。美国佛罗里达大学的免疫学家贝里·达比教授研究小组，通过对 28 名试验人员进行自我催眠训练，对睡眠、催眠与人体免疫力的关系做了一系列的研究，结果显示施行催眠术之后的受试人员，其血液中的免疫主力军——T 淋巴细胞和 B 淋巴细胞数量均有明显上升，意味着机体抵抗疾病侵袭的能力增强。同时有研究显示，睡眠每被剥夺 3 小时，体内的淋巴细胞数量会减少 20％，从而使免疫力受到人为的损害。而充足睡眠时，体内细胞会产生一种叫"胞壁酸"的化学物质，使免疫系统在睡眠过程中得到修复和加强，增强机体免疫力。

（五）促进机体生长发育

睡眠状态下，能促进生长激素的释放，有利于活性酶的激活。根据研究，生长激素的分泌有其特定的节律，它在晚间入睡后才能产生，深睡 1 小时后逐渐达到分泌高峰，一般 22 时至次日凌晨 1 时为分泌高峰期，它促进骨骼和体细胞的生长，利于脂肪分解和蛋白质合成，有利于机体内各种活性酶的激活，增强新陈代谢。因此，充足的睡眠有利于青少年的生长发育，又有利于成年人的新陈代谢功能，可以延缓衰老。事实上，许多长期失眠患者经常出现早衰的现象，也是一种验证。

（六）其他益处

有调查显示：睡眠不足可引起全身植物神经功能紊乱，进而出现眼睛睫状肌调节功能紊乱，导致近视眼的形成。睡眠不足会抑制引起身体饱胀感的瘦素（leptin）的分泌，使人老想吃东西，尤其是碳水化合物一类的食物，容易引起肥胖。皮肤的新陈代谢通常是在 22 时到凌晨 3 时之间的睡眠状态下进行的，当人进入睡眠状态时，皮肤细胞更新所需营养物质得到了充分供给。

读一读

睡眠越多越好吗？

我们的健康和睡眠有如此重要的关系，是不是意味着睡得越多越好呢？适当的睡眠是人体所必需的，而过多的睡眠对人体则有害无益。睡眠时间过长会使呼吸减慢，从而使进入人体的氧含量减少，心脏、肺和血液循环的负担加重，增加了心脏病和脑血管栓塞的危险性。据调查，每晚睡眠时间 10 小时以上的成年人，死亡率比那些每晚只睡 7～8 小时的人要高出 80％。美国心脏学会的研究人员认为，过多的睡眠会使中枢神经长期处于抑制状态，起床后便会自觉无力头晕。因此，要保证充分的睡眠，并不需要人们大量地延长睡眠时间。充足的睡眠并不在于其数量，而在于睡眠的质量。

二、睡眠相关疾患

根据 WHO 调查，全世界有 27% 的人有睡眠问题，我国有 45% 的人存在着不同程度的睡眠障碍。医学上将与睡眠相关的各种症状表现称为睡眠障碍，是常见疾病和多种疾病的伴随症状。2005 年国际睡眠障碍性疾患分类（ICSD-2）把睡眠障碍疾患分为 8 大类：①失眠；②与睡眠相关的呼吸障碍；③非呼吸睡眠障碍性白天过度嗜睡；④昼夜节律紊乱所致的睡眠障碍；⑤异态睡眠；⑥睡眠运动障碍；⑦独立症候群，正常变异和尚未定义的项目；⑧其他睡眠障碍。对于大学生群体来讲，睡眠障碍主要以失眠症为主。下面介绍几种常见的睡眠障碍。

（一）失眠

失眠是患病率最高也是最早被认识的睡眠疾患。根据最新定义，其诊断标准是：①有入睡困难、不能维持持续睡眠、醒得太早或睡眠质量差的主诉；②尽管有足够的睡眠时间及合适的睡眠环境，但失眠患者白天仍存在各种功能紊乱的表现，如情绪失控、记忆力减退等。主要表现为入睡困难、睡眠不深或频繁觉醒、早醒等。长期失眠者常会出现头昏脑涨、精神疲惫、情绪急躁、忧虑、记忆力下降、食欲不振等症状。治疗方面主张应用短程促眠药物，以避免影响白天的工作与生活。

【案例 6-1】李某，男，某高校大一学生，20 岁，因失眠症状就诊。该生高考期间学习压力过大，经常打"疲劳战"，自感睡眠不佳。自行服用了安眠药和镇静药，但每晚还是感觉睡得不好。入校以来，李某感到身心持续疲劳，做任何事情都心力不足；上课时注意力很难集中，思考困难、健忘，学习效率降低，还常被一些小事激怒和烦恼。白天则头昏脑涨，易分心，嗜睡又睡不着；一到晚上睡觉的时间李某又开始担心自己睡不着。于是，该生整天被紧张、焦虑、烦躁、睡眠不足等问题严重困扰。最初李某每晚服用安眠药物才能勉强入睡，随着安眠药物剂量的加重，安眠药物也失去了效用。

【评析】该患者的上述情况符合国际疾病分类睡眠障碍诊断标准：①主述人入睡困难，或是难以维持睡眠，或是睡眠质量差。②这种睡眠紊乱每周至少发生一次并持续 1 个月以上。③日夜专注于失眠，过分担心失眠的后果。④对睡眠质量的不满意引起明显的苦恼或影响了其日常生活。根据李某的临床表现，可决定采用综合干预方法。首先，应稳定该生的情绪，减轻其心理压力，坚定其睡眠问题可以改善的信心；其次，主要采用认知行为疗法，教导其应对失眠的策略性知识。同时可在康复前期恰当地施以药物与中医穴位按摩以增强效果。在康复后期应该禁用药物，从而避免患者对药物产生依赖。在此过程中，最重要的是帮助患者树立正确的认识，并引导其自主探究改善睡眠质量的方法和窍门。

（二）发作性睡病

发作性睡病是一种以睡眠过多及白天不可抗拒的睡眠为特征的睡眠障碍性疾病，其主要症状包括：①白天过度嗜睡症（EDS），即有过多的白天睡眠时间，并且会在觉醒时突然进入 REM 睡眠期（睡眠状态）；②睡前幻觉（hypnagogic hallucinations），即入睡前恐惧，反复出现幻想画面；③猝倒（cataplexy），这是由于肌群的紧张性突然下降所致，其后果取决于所累及的肌群；④睡眠瘫痪（sleep paralysis），这是在进入睡眠时随意肌瘫痪。发作性睡病常在青少年期起病并持续终生，但其症状并不如此典型，通常可以分为以睡眠过多为主要症状的特发性发作性睡病和以猝倒为主要表现的症状性发作性睡病。

【案例 6-2】王某，某校大三女生，21 岁，因发作性嗜睡 1 个月余来诊。患者 1 个月前出现发作性嗜睡，每次睡眠 0.5~1 小时，每天发作 4~5 次，有时隔数日发作 1 次，不分时间、地点、场合，站立、说话、吃饭时也能入睡。有一次与他人交谈时倒在他人身上睡着了，睡眠时间 3~30 分钟不等。既往健康，否认"脑外伤、病毒性脑炎"等病史。查体：神经系统检查未见异常。头颅 MRI 未见异常。诊断为发作性睡病。

【评析】发作性睡病病因不清，有研究认为可能与脑外伤、病毒感染、免疫功能紊乱、多发硬化等有关，30% 有家族史。本病例没有明确的脑外伤、病毒感染史，可能与免疫功能紊乱有关。白天过度嗜睡、猝倒、入睡幻觉和睡眠瘫痪是该病的主要症状。入睡前幻觉和睡眠瘫痪并不是每个人都有。该病例没有睡前幻觉，但发作时四肢瘫软。发作性睡病可影响患者的智力，有人认为发病年龄越小，对智力的影响越大。因此，一旦确诊，应早期治疗。

（三）睡眠呼吸暂停综合征（sleep apnea syndrome，SAS）

患者在熟睡时出现几秒甚至 1 分钟的呼吸暂停现象被称为睡眠呼吸暂停综合征。打鼾是其主要临床表现，如果人们在睡眠中出现呼吸运动停止的持续时间超过 10 秒，即可被认为是呼吸暂停；如果呼吸暂停频繁发生，每小时出现 5 次以上或在 7 小时的睡眠中累计超过 30 次的话，可确诊为睡眠呼吸暂停综合征。这种症状若反复出现，就会使患者夜间睡眠时血氧饱和度下降，大脑处于缺氧状态，久而久之便会危及脑血管，并诱发心脏病，因此它对人体的危害很大。法国的《科学与未来》杂志对睡眠呼吸暂停的危害进行了总结，认为睡眠呼吸暂停会导致脑血栓、心肌梗死、肺心病、呼吸衰竭和糖尿病等疾病。马季、高秀敏等艺人的猝然早逝明显与睡眠呼吸暂停相关。

【案例 6-3】患者，男，23 岁，某高校大四学生。处于毕业求职阶段，经常熬夜、饮酒。体型偏胖，主诉睡觉时打鼾比较明显，晚上经常被憋醒，白天容易打瞌睡，整天头昏脑涨。到医院检测，血压偏高，睡眠监测后诊断为睡眠呼吸暂停。进行治疗的同时建议其改变生活方式。病情好转。

【评析】该患者生活紧张无规律，经常熬夜，存在社交、疲劳、饮酒、肥胖等问题，属于高危人群。减肥、戒烟酒、改变不良睡姿或使用药物，可以减轻打鼾或使打鼾消失。青年人总认为自己年轻力壮，患 SAS 的概率较低。实际调查显示，4 个打鼾的人当中就有 1 个患睡眠呼吸暂停综合征。打鼾是睡眠呼吸暂停综合征的初级阶段。如果你或是你的家人打鼾，就要高度重视是否在睡觉时出现呼吸暂停。95％的睡眠窒息患者从未意识到自己有严重的睡眠障碍。然而令人欣慰的是，患者经治疗后可改善睡眠和觉醒，降低意外和心脏疾病的发生率。故打鼾患者应积极向内科医生和睡眠专家咨询。

睡眠障碍还包括梦游症、磨牙症、梦魇和夜惊、不宁腿综合征等疾患；同时，睡眠障碍还左右抑郁症，对于慢性失眠患者，若找不到引起失眠的确切原因，应考虑抑郁症的可能性。

读一读

人一生中有三分之一的时间是在睡眠中度过，五天不睡眠人就会死去，可见睡眠是人的生理需要。睡眠作为生命所必需的过程，是机体复原、整合和巩固记忆的重要环节，是健康不可缺少的组成部分。据 WHO 调查，27％的人有睡眠问题。为了提高人群的睡眠质量，国际精神卫生组织和神经科学基金会于 2001 年发起了一项全球睡眠和健康计划——将每年的 3 月 21 日，即春季的第一天定为"世界睡眠日"（World Sleep Day）。2007 年"世界睡眠日"的主题是"健康睡眠与和谐社会"。

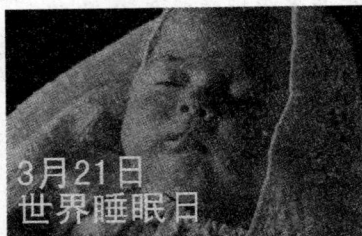

第三节　大学生的睡眠

一、影响大学生睡眠质量的因素

近年来，大学生的睡眠问题日益受到关注。由于调查对象、评定方法的不同，大学生睡眠障碍的百分率有所差异，但其睡眠障碍的主要类型均以失眠症为主，影响其睡眠质量的因素归纳如下：

（一）性别

国外多数研究表明女性失眠症状的现患率显著高于男性。国内的相关研究也表明，女性的睡眠状况有差于男性的趋势，这可能是因为一些女性性格情感上的特质因素，如天生感情细腻，敏感、较易受外界某些因素的干扰等，在一定程度上对睡眠质量产生某些影响。同时也有专家们认为，女性独特的生理特性，如经期，激素水平的变化都可以影响睡眠的质量。如经前紧张综合征，经期的腹痛、水肿都会妨碍睡眠。

（二）自身身体状况

一般来说，身体越健康，感觉越舒适，越能消除疲劳，使身体的各个器官都得到较好的修复，睡眠质量越高。反之大部分生理疾病都可引起睡眠问题，如常见的感冒、疼痛、咳嗽、肥胖等疾病可引起失眠等睡眠问题，心脏病、哮喘、肝炎、肾炎、溃疡、关节炎等严重的疾患引起的躯体症状亦会扰乱睡眠。

（三）睡前体育锻炼

适量的体育运动，能够促进人的大脑分泌出抑制兴奋的物质，促进深度睡眠，迅速缓解疲劳，从而进入一个良性循环。但临睡前的过量运动带来的疲劳，将导致大脑过度兴奋，不利于提高睡眠质量。

（四）作息规律

在校大学生的睡眠质量不佳，主要表现在日间功能障碍和入睡时间延长，集体宿舍的部分同学喜欢夜聊，日常生活没有规律或日间学习生活压力过大，久而久之破坏了人体生物钟，导致身体睡眠节律紊乱。

（五）宿舍环境、同学关系、家庭关系等环境因素

在校大学生是一个特殊的群体，其局限的活动范围及集体生活环境等都有可能影响其睡眠质量，进而影响其心理健康。对于每个在校大学生来讲，除了要加强自身对外界环境的适应能力外，也应该担负自己的责任，与同学一起携手营造一个舒适安静的宿舍环境。学校更有责任加强管理，为保障在校大学生的睡眠质量而付出努力。同时，国内亦有一些报道确证同学关系、家庭环境、家庭关系等主观环境同样影响大学生的睡眠质量。

（六）负性情绪及心理因素

国外学者研究发现心理健康与规律的睡眠有关，健康、感情平衡、生活满意以及情绪紧张等更多的是与睡眠的质量有关。国内学者经过调查研究发现，担心、烦躁、焦虑、抑郁等情绪与心理因素和睡眠质量有密切联系。因此大学生要有好的睡

眠质量，必须调整好自己的情绪，保持良好的心理健康，这样才能为在大学里深造
奠定良好的基础。

（七）考试、就业等应激性事件与生活事件

生活事件作为一种应激源，其对于疾病及人们心理健康的影响，越来越受到人们的关注。

大学生存在不同程度的睡眠质量问题可能与招生规模扩大、学习就业压力升高、生活节律加快等多种因素有关。特别是高年级同学睡眠质量不佳比例升高，可能与实习工作的紧张，毕业前的就业、考研压力以及对毕业后的前途的担忧有关。

读一读

睡觉前请"缴械"

睡眠是科学养生的重要内容，为了身体健康，请不要忽略生活小细节。

☆ 戴手表睡觉

有的人喜欢戴着手表睡觉，这不仅会缩短手表的使用寿命，更不利于身体健康。因为入睡后血流速度缓慢，戴手表会使腕部血流不畅。如果是夜光表有镭辐射，长时间的积累可导致不良后果。

☆ 戴乳罩睡觉

美国夏威夷研究所通过调查5000多位女性发现，每天戴乳罩超过12个小时的女人，罹患乳腺癌的可能性比短时间佩戴或根本不戴的人高出20倍以上。原因在于长时间的佩戴影响了血液循环和淋巴液的回流，久而久之正常乳腺细胞可产生癌变。

☆ 带手机睡觉

有的人为了通话方便，晚上睡觉时将手机放在头边。美国专家指出，一些电子设备，如微波炉、手机等在使用和操作过程中，都有大量不同波长和频率的电磁波释放出来，形成一种电子雾，影响人的神经系统和生理功能。亦有研究表明，手机辐射可诱发细胞癌变。

☆ 带妆睡觉

化妆品在肌肤上一段时间后，会与皮脂、灰尘混杂形成污垢，然后氧化变质。洁面若不彻底，残妆堵塞肌肤，则会妨碍细胞呼吸，诱发粉刺，损伤皮肤。而且当氧化了的粉底再继续接触紫外线，就会形成过氧化脂质，打乱肌肤新陈代谢的节奏。

☆ 穿袜睡觉

有人为了保暖，冬天喜欢穿袜睡觉，其实会起到反作用。许多袜口常束缚脚踝，影响脚部的血液循环。为了身体健康，还是脱了袜子睡吧。

☆ 戴隐形眼镜睡觉

很多人工作学习了一天，为了省事经常不取下隐形眼镜就睡觉。殊不知，这样会影响眼睛的放松休息。如果戴着隐形眼镜睡觉，在快波睡眠期，眼球、眼睑和眼

镜就会不断摩擦，从而造成眼球和眼睑的损伤。夜间佩戴也会导致眼角膜的缺氧，影响其营养供应。

二、如何保证充足睡眠

大学生正处于身心发展的重要时期，良好的睡眠可以使人精力充沛、压力缓解、情绪高涨，可以提高自己的认知功能，改善精神运动及心理运动状态，健康的睡眠对于当代大学生提高生活和学习质量尤为重要。

（一）生活要规律

有规律的作息有助于大脑皮层对生活中建立起来的各种条件反射形成"动力定型"，养成良好的习惯，从而使各种脑力和体力活动能高效率地进行和开展。

（二）正确处理生活和学习中的压力

大学生的压力在很大程度上带有一定的阶段性和社会性，压力最终要靠自己解除，应该以积极的态度对待各种压力和挑战，不断充实和提高自己，积极采取心理咨询、心理疏导等措施主动地调整自己。同时，社会、学校、家长应高度重视，帮助大学生正确处理各方面的压力。社会各界可以为大学生走入社会，实现自我价值、创造社会价值方面提供更多的更有效的方式和渠道；学校和家长也应帮助大学生及时、正确地疏导各方面的压力，加快大学生走出压力阴影的速度，维护他们的身心健康。

（三）要创造良好的睡眠环境

保持寝室卫生，经常通风换气，营造良好的睡眠环境，有助于人入睡和醒后头脑清醒。卧具要舒适，尤其枕头要高矮适当，以 10 厘米左右为宜，这可使呼吸通畅，保持头部良好的血液循环。同时睡姿要正确，一般应右侧卧位、四肢自然弯曲。

（四）睡前要避免各种不良刺激

睡前不应进行激烈的体育活动，不喝咖啡或浓茶，不吃太多的食物等。睡前可以用热水洗脚、喝杯热牛奶等辅助睡眠。

（五）睡眠障碍的治疗

治疗失眠方法常见的有药物治疗加心理治疗和自我调节治疗。小剂量短时间使用安眠药是治疗失眠症的重要手段之一，但安眠药有依赖性或成瘾性，因此要严格遵从医嘱，切忌滥用；心理治疗主要适用于以情绪因素为主的疾病，治疗时要克服的一个重要心理因素就是睡眠焦虑。可以通过心理疏导，使自己保持一个平和的心态。白天可以增加一些体力活动，情绪保持稳定，改正睡前饮酒、饱食、看刺激性节目等不良习惯，让自己的生物钟有规律地运行。

良好的睡眠可以使人精力充沛，缓解压力、情绪高涨，可以提高自己的认知能力，改善精神运动及心理运动状态，健康的睡眠对于当代大学生提高生活和学习质量尤为重要。

☞ 学与做

通过这一章的学习，你对睡眠的知识了解了多少呢？下面有关睡眠的 18 个观点，请判断一下它们的正误吧。

（答案已附在后，还请做完再核对）

1. 睡眠时，大脑在休息。

2. 如果睡眠时数低于需要量 1～2 小时，第二天的行动总会受到一些影响。

3. 平时欠下的"睡债"，可在双休日一并补上。

4. 婴儿不宜趴睡。

5. 午睡有助提高工作效率。

6. 开灯睡觉有碍健康。

7. 躺在床上闭目养神并不能满足身体对睡眠的需要。

8. 临上床前喝杯茶或牛奶。

9. 心脏病患者宜采用右侧睡。

10. 人人都需要 8 小时的睡眠。

11. 每个人每晚都会做梦。

12. 多做梦会影响大脑的休息。

13. 年龄越大，所需的睡眠时数越少。

14. 空腹上床可提高睡眠质量。

15. 睡眠障碍主要由于忧虑和心理原因引起。

16. 数数可催人入睡。

17. 大多数睡眠障碍可不治自愈。

18. 长期睡眠不足可以减肥。

答案与解析：

1. 错。您的身体在休息，但大脑在睡眠过程中依然十分活跃，为第二天的觉醒和最佳状态做准备。

2. 对。睡眠是生理需要。通常儿童比成人所需的睡眠时数多，而具体到每个人则由遗传决定。大多数成年人每日需 8 小时睡眠以保持精力充沛。您可以让自己少睡，却不能减少睡眠需要量。

3. 错。睡眠不可储存和预支。有些人仗着年轻力壮，以为平时每天玩或工作到深更半夜，只要等到双休日美美地睡上一觉，就可以补上一星期的"睡债"，其实不然。睡眠具有本身的节律，一旦生物钟被打乱。短时间会引起紧张、失眠。长此以往，将导致内分泌紊乱，甚至与一些慢性病沾上边。所以，正确的做法是合理安排作息时间，不欠"睡债"。

4. 对。统计显示，婴儿趴睡十分危险，特别是泡沫塑料制成的枕头、垫子等更易使趴睡婴儿窒息。专家指出，若婴儿不采用趴睡睡姿，全世界睡眠中不幸猝死的婴儿可减少 25％左右。

5. 对。过去，西方人普遍对部分东方民族保持每天午睡的习惯不以为然，认定这除了浪费时间外，还影响了下午的工作质量。然而新研究证实，午睡片刻（以不超过 1 小时为宜）可保证整个下午头脑清醒，可明显提高工作或学习效率。

6. 对。有的人养成开灯睡觉的习惯，而其实这并不是科学、健康的生活习惯。研究显示，晚上的非自然光线会促使大脑负责睡眠的部分不再或推迟发出入睡指令，于是大脑可能保持兴奋而难以入睡。

7. 对。睡眠对健康如同饮食一样不可或缺，而休息是无法取代睡眠的。如上所述，睡眠是保持健康和觉醒的积极生理过程。如果您不能睡够所需时数，那么您的身体就在积攒"睡眠债"，并且迟早要为之付出代价。

8. 错。喝茶同喝咖啡一样，都会使大脑处于兴奋状态，而喝牛奶能助人入眠，特别是加了糖的牛奶。原因是牛奶中含有一种助眠物质色氨酸，而糖则能帮助人体整个晚上维持血糖水平，从而有效地避免早早苏醒。

9. 对。心脏病患者采用右侧睡的姿势可使心脏减少压力和紧张，因而可减少睡眠中突发心脏病的可能。

10. 错。不同地区、不同种族的人所需的睡眠时间略有出入：一般来说，生活在寒带的居民每天所需的平均睡眠时间比生活在热带的居民要多 1～2 小时。这是因为寒带地区冬日漫长，白天又较短，当地人世世代代已养成了多睡的习惯。此外，即使生活在同一地区的人，每天所需的睡眠时间也长短不一，如有的仅睡 5 小时，白天照样神采奕奕，而有的即便睡足了 8 小时，白天仍感萎靡不振，其原因部分是遗传因素，部分是习惯使然。

11. 对。虽然很多人醒后不觉得曾做过梦，但其实每晚梦都会如约而至。梦境在快速动眼期表现得最为生动。

12. 错。之所以有的人觉得梦多，有的人觉得梦少，主要取决于在哪个睡眠时期醒来。如果在快波睡眠期醒来能记住梦，就觉得梦多；如果在慢波睡眠期醒来，就很少记得有梦。那些认为整夜都在做梦的人，只是把刚入睡时做梦和醒来前做梦混淆了，误认为一直在做梦。而且，尽管梦一个接一个，而睡眠始终是连续的，未被中断。梦是发生在睡眠时的生理现象，我们不必为梦多而忧虑。

13. 错。睡眠需要量在成年人阶段变化不大。老年人夜间醒来的次数较多从而睡眠时间减少，但他们的生理需要量与年轻时相比并未减少。只不过他们 REM 比例减少，睡眠时容易惊醒，醒的次数增多，白天容易打盹。如果您由于不良的睡眠习惯或健康原因而导致睡眠困难，可以求助于内科医生。

14. 错。恰恰相反，那些因减肥而不吃或少吃晚餐的人，往往睡眠质量大打折扣，他们通常在午夜后醒来，然后由于饥饿而难以入睡。不过，晚餐吃得过饱同样也会影响睡眠，具体表现为：多梦、易醒，因而睡眠不深。

15. 错。应激才是引起失眠（入睡困难或频繁醒来）的第一位原因。

16. 错。不少失眠者往往采用数数的办法帮助入睡，殊不知其结果适得其反。原因很简单：数数只会导致注意力集中，从而使大脑持续处于兴奋状态，结果更难以入睡。

17. 错。不幸的是，很多因睡眠障碍而痛苦的人并未意识到这是种疾病，更不知道它是可以治疗的。

18. 错。相反，睡眠不足会抑制引起身体有饱胀感的瘦素的分泌，使人老想吃东西，尤其是碳水化合物一类的食物，容易引起肥胖。睡眠不可储存和预支，长期欠"睡债"可以引发一系列的身体疾患。

（支　农，肖亚男）

第七章 心理咨询和心理治疗

心灵沟通，完美人生！

心理咨询就是与医生聊天吗？或者是去询问一些自己不明白的问题吗？心理咨询能帮助我们解决什么问题？

有不少人认为，我自己的心理问题自己最了解，为什么要讲给别人听？即使如此，别人又能帮助我一些什么呢？其实这恰恰可能是这些人陷入心理问题中不能自拔的重要原因之一。俗语说得好，"当局者迷，旁观者清"，昧于知己，又昧于知人本身就是心理不健康的特征，而心理咨询的一个重要功能就是让当事人顿悟事理，重新获得自知之明。心理医生还运用智力、人格、情绪等心理测试工具，较客观地衡量与评价来访者的心理素质和心理问题的性质与障碍的严重程度。

广义上，心理咨询包括诊断性咨询和治疗性咨询两种。当然医生在与你进行交谈时，也许能对你原有的观念和情绪进行干预、引导或重新塑造，使你从新的行为实践中逐渐建立起一个新的自我。

第一节 心理咨询

要维持和增进心理健康，人们就必须经常进行心理调节，因为人在现实社会中都可能遇到冲突、挫折，导致心理不平衡，产生消极情绪、攻击性行为，甚至出现心理障碍和心理疾病。只有不断地进行心理调节，才能使心理相对平衡，保持正常、健康的心理状态。心理调节，一方面可以依靠自己的力量，如人们自觉或不自觉地利用自我防卫机制来自我调节，使内心保持安宁；另一方面也可以寻求他人的帮助，如向心理医生或其他人员求助，通过他人的力量帮助自己恢复心理平衡。

一、心理咨询解密

（一）什么是心理咨询

心理咨询是一种人际帮助活动、人际互动过程，具有"心理性"。它不同于一般的安慰，就在于它不仅要使人开心，更要使人成长（指心理学意义上的人格成长，含有心理成熟、增强自主性和自我完善的意思）。心理咨询力图使个人将不愉快的经历当作自我成长的良机，使人们积极地看待个人所经受的挫折与磨难，从危机中看到生机，从困难中看到希望；也在于帮助人学会辩证地看待生活当中的忧愁烦恼。但这一切不是靠指教劝导得来的，而是靠启发领悟获得的。

（二）心理咨询对你有哪些帮助

◆教会你管理自己的情绪，使你拥有积极稳定的情绪，摆脱各种不良的情绪。

◆帮助你学会正确认识自我和周围世界，使你拥有完善的认知体系，避免因为错误而导致的种种失败。

◆帮助你恢复爱的能力，使你学会幸福地工作、生活。

◆使你拥有健全的人格，摆脱自卑、自恋、自闭等不良心态，从而更好地投入到学习、工作和生活中去。

◆帮助你摆脱因失业、失恋、离异造成的痛苦，教会你应付种种挫折的方法。

◆矫治各种人格障碍和神经症。

◆为你提供职业咨询指导，帮助你在人生重大问题上正确独立地抉择。

◆帮助你度过人生各个发展阶段的种种危机，平安地完成人生的发展任务。

（三）来访者享有的权利

1. 知情权与选择权

您有权询问有关该咨询机构的咨询师、服务内容、咨询时间、服务方式等方面的情况，以便根据自己的具体情况选择咨询师、确定咨询方式及时间。

2. 保密权

保密是心理咨询活动的第一原则，所有的心理咨询员都严格地遵循这一原则，即心理治疗师未经当事人同意，不能将当事人的谈话内容告诉其他人、公共媒体。除非来访者有自杀、伤害他人或危害公共安全的企图，为了保护当事人及公众的安全，通常无法继续保密，而必须通知有关机构与人员。

（四）咨询前的准备

1. 积极主动参与

不能像到医院去就诊那样，把病情向医生一说，就被动地等待医生开药方、配药。在整个咨询过程中，来访者必须是一个积极主动的角色，心理咨询员往往只是配角，他的作用在于帮助来访者自己面对现实，采取恰当的方法来解决自己的心理问题。

2. 确立强烈的求治动机

要想取得满意的效果，必须要有改善或改变自己某一方面状况的真诚愿望。在咨询以前，要首先给自己提两个问题："对自己的现状，确实不满意吗？""我确实愿意在某个方面、某种程度上改变自己吗？"如果你的回答是肯定的，你可以去心理咨询；如果你的回答是否定的，那么你就很难从心理咨询中得到真正有价值的帮助。

3. 建立一个现实而合理的心理咨询的期望

心理困惑、心理障碍不可能像感冒那样，吃些药片就会很快恢复，它需要一个过程，要耐心实施心理咨询员的指导计划，切不可半途而废。

4. 打破"凡病须吃药"的老观念

来访者不必非吃药不可（严重心理障碍者除外），"心病还须心药治"，心理咨询员真诚热情的态度，耐心的倾听，坦诚的忠告，悉心的指导，是医治"心病"的良方。

二、大学生心理咨询的常见形式

心理咨询，常因时间、地点和对象的不同而采用不同的形式。按照咨询对象的数量可分为团体咨询和个别咨询；按照咨询的途径可分为门诊咨询、电话咨询、信件咨询、专栏咨询、现场咨询等。每种方式各有利弊，应因人因时而异，灵活运用。

（一）门诊咨询

这是心理咨询中最常见、最主要的形式。门诊咨询的特点是通过咨询者与来访者一对一、面对面的接触，经过来访者的倾谈，咨询者的诊断治疗，帮助来访者克服心理问题。门诊咨询对咨询者有较高的要求，不仅应具备一般的临床知识与经验，而且还要具备比较全面的心理学知识和心理咨询的专门技能。

（二）电话咨询

电话咨询利用通话方式对来访者给予忠告、劝慰或对知情人进行危机处置指导的一种咨询形式。这种咨询形式尤其适用于处在危急状态（如自杀）或不愿暴露自己的当事人中。在国外，已有许多国家设置了电话咨询的专用线路，用于心理危机的紧急干预和自杀的防治，被人称颂为"温暖线"、"希望线"、"生命线"。我国的许多城市也开设了许多热线电话，服务范围从心理危机干预扩展到为有心理困扰者排忧解难。随着我国电话普及率的提高，电话咨询这一形式必将越来越受到欢迎。

（三）书信咨询

这是一种通过书信往来咨询解答问题的咨询形式。一些性格内向、拘谨、不愿当面吐露真情、怕难为情的求助者，常采用这种形式。这种形式的优点是可以打破空间限制，直接向咨询者请求帮助。其缺点是书信提供的信息往往不全面、不准确，难以全面深入地了解情况，就只能根据一般性原则提供参考意见。

（四）专栏咨询

专栏咨询是通过广播、电视、报刊、黑板报等形式解答人们提出的某些心理问题。其优点是宣传面较广，影响较大，选择具有代表性而又适宜公开答复的问题，邀请心理咨询专家公开答复。其缺点是缺乏双向交流。

（五）团体咨询

咨询者根据众多求助者提出的带普遍性的问题，集体给予答复、帮助的一种形式。团体咨询在节省人力和时间、扩大咨询的社会影响、集中解决学生中一些共同的相对比较迫切的心理问题方面有很大的优越性。尤其对于那些具有害羞、孤独等人际交往障碍的学生，团体咨询有特殊的功效。当然，团体咨询也有其局限性，主要是个人深层的问题不便暴露，个体的问题差异也难以照顾。

（六）个别咨询

这是大学生心理咨询中最常用的形式。个别咨询是由求助者单独向心理咨询机构提出咨询要求，一般也由单个咨询者出面解答、劝导和帮助的一种形式。个别咨询具有保密、易于交流、触及问题深刻、便于个案积累和因人制宜等优点，但这种形式也有费时和社会影响较小等不足。

三、心理咨询的目的、目标

心理咨询工作的目的在于帮助精神正常但又存在某种心理重负的人改变认知，减轻压力，排解忧愁，适应环境，矫正行为，发展潜能，最终完善自我。因此，心理咨询的目标就不止在于帮助当事人克服当前面临的困难和度过危机，而且还在于培养当事人独立决策与行动的自助能力。所以从这个意义上讲，助人自助、自我实现是心理咨询的最终目标。

在心理咨询的具体工作中，一般表现为成长、学习和自我实现三项目标。

（一）成长目标

它是针对咨询者在个人生活道路中的成长危机给予的指导和疏导，即通过心理咨询帮助求询者正确面对和处理个人在学习、工作及生活中出现的不同程度的焦虑和困惑，帮助其树立重新战胜困难、积极进取的自信心。

（二）学习目标

心理咨询通过双方的交谈与沟通，使咨询者心灵受到启迪，寻求和学会放下心理包袱、消除心理障碍、缓解心理冲突，提高自助能力，得以促进个人健康成长。作为一个学习过程，心理咨询不是简单的说教与灌输，它所注重的是启发当事人用心思考，并通过与咨询者积极讨论而获得收获，因此心理咨询更具自学性和主动性。

（三）自我实现目标

从自我迷失中走出来重新认识自我、分析和协调自我，是心理咨询的基本过程和最终目标。所以，每一次心理咨询，都应当使咨询者朝着自我实现迈进一步，并不断接近目标，最终实现目标。

【案例7-1】 小 A 与小 B 是某艺术院校大三的学生，住在同一个宿舍。入学不久，两个人成了形影不离的好朋友。小 A 活泼开朗，小 B 性格内向，沉默寡言，小 B 逐渐觉得自己像一只丑小鸭，而小 A 却像一位美丽的公主，她心里很不是滋味，认为小 A 处处都比自己强，把风头占尽，时常以冷眼对小 A。大学三年级，小 A 参加了学院组织的服装设计大赛，并得了一等奖，小 B 得知这一消息先是痛不欲生，而后妒火中烧，趁小 A 不在宿舍之机将小 A 的参赛作品撕成碎片，扔在小 A 的床上。小 A 发现后，不知道该怎样对待小 B，更想不通为什么她要遭受这样的对待。

小 A 与小 B 从形影不离到反目成仇的变化令人十分惋惜。引起这场悲剧的根源是什么？

【评析】 既然嫉妒心理是一种损人损己的病态心理，严重影响自己的身心健康，那么如何克服呢？

1. 认清嫉妒的危害

如前所述，嫉妒的危害一是打击了别人，二是也伤害了自己、贻误自己。遭到别人嫉妒的人自然是痛苦的，嫉妒别人的人一方面影响了自己的身心健康，另一方面由于整日沉溺于对别人的嫉妒之中，没有充沛的精力去思考如何提高自己，恰恰又继续延误了自己的前途，一举多害。认清这些是走出嫉妒误区的第一步。

2. 克服自私心理

嫉妒是个人心理结构中"我"的位置过于膨胀的具体表现。总怕别人比自己强，对自己不利。因此，要根除嫉妒心理，首先根除这种心态的"营养基"——自私。只有驱除私心杂念，拓宽自己的心胸，才能正确地看待别人，悦纳自己。

3. 正确认知

客观公正地评价别人，也要客观公正地评价自己。别人取得了成绩并不等于自己的失败。"人贵有自知之明"。强烈的进取心是人们成功的巨大动力，但冠军只有一个。"尺有所短，寸有所长"，一个人不可能事事都走在人前，争强好胜未必就一定能超越别人。一个人只有客观地认识自己的优势和劣势，现实地衡量自己的才能，为自己找到一个恰当的位置，才可以避免嫉妒心理的产生。

4. 将心比心

将心比心是老百姓常说的一句俗语，在心理学上叫"感情移入"。当嫉妒之火燃烧时，不妨设身处地地为对方着想，扪心自问，"假如我是对方又该如何呢？"运用心理移位法，可以让自己体验对方的情感，有利于理解别人，有利于阻止不良心理状态的蔓延，这是避免嫉妒心理行之有效的办法之一。

5. 提高自己

嫉妒的起因就是看不惯别人比自己强。如果能集中精力，不断地学习、探索，使自己的知识、技能、身心素质不断得到提高，那么，也可以减少嫉妒的诱因。而且，丰富多彩的课余生活将自己的闲暇时间填得满满的，自然也就减少了"无事生非"的机会，这是克服嫉妒心理最根本的方法之一。

6. 完善个性因素

大凡嫉妒心理极强的人，都是心胸狭窄、多疑多虑、自卑、内向、心理失衡、个人心理素质不良的人。努力完善自己的个性因素，提高自己的心理素质，以健康的心态面对生活。

7. 树立正确的竞争意识

公平、合理为基础的竞争是向上的动力，对手之间可以互相取之所长，共同进步；同时，还必须建立正确的竞争意识。嫉妒是人类心灵的一大误区，祝愿所有的大学生朋友自觉克服嫉妒心理，走出心灵误区，成为身心健康的栋梁之材。

四、心理咨询的内容

社会生活的多样性造成了人们社会心理的复杂性，并直接影响到人们的情绪、精神、思想和行为。凡是人们在生活、工作、学习、家庭、健康等方面出现的心理问题，都可以进行心理咨询。具体讲，大学生的心理咨询主要包括以下几方面的内容：

（一）学习咨询

学习咨询的目的就是要提高大学生对所学专业、技能与成绩的认识，帮助学生克服在学习过程中可能出现的感觉——思维迟钝、记忆力下降、想象贫乏或因考试紧张、成绩下降等引起的焦虑、烦躁、忧心忡忡等学习障碍，指导学生跨入大学校门后学会尽快进入大学生的社会角色，及早调整心理落差，及时转变学习方法以适应环境的变化，提高学习效率。学习咨询方法上十分注重尊重学生的个性和能力特点，强调给学生以直接的、明确的帮助与辅导，因此具有很大的教育性与指导性。它主要是通过教师咨询和学习辅导方式而实现的。

（二）职业咨询

为学生选择工作方向提供指导，旨在根据学生的志向、兴趣、爱好、性格特点和能力及特长来寻找与此相符的工作。现实中处于青春期的大学生们正是学有所成、内心充满渴望与憧憬、自我感觉颇佳的时期。因此他们对今后职业的考虑多抱有很高的期望值，想法很多，但往往或是过于理想化或是举棋不定或是几次碰壁后情绪一落千丈。职业咨询对学生求职过程中可能遇到和已经发生的各种心理问题，通过个别咨询、开设就业指导课程、举办职业咨询讲座等方式，向学生提供有利于正确选择职业的心理测试、有关方面的训练和信息，使学生了解自己的优势与不足、自己感兴趣职业的基本要求和情况、个人对未来职业所具备的心理素质等，来加强学生对自我的了解，帮助学生尽早确定职业方向，做好与之相关的各方面准备工作。职业咨询不是简单地替学生做出任何决定，而是重在使学生提高自我认识，尊重学生个人的志愿和个性，做好他们选择职业的参谋，指导他们寻找那些与自己志愿、能力相符合的职业，而不要去做那些好高骛远、超越自己能力的事情。

（三）人格咨询

人格是个人在长期的生活经历过程中形成的独特的个性心理特征。这些特征决定人的外显行为和内隐行为，具有相对的稳定性，并在一切生活中显示出其区别于他人的独特性。在没有重大改变的情况下，一般不易改变。而人格障碍则是一种在发展和结构上都明显偏离正常，以致不能适应社会生活的心理和行为。这种人格上的缺陷通常几乎不引起个人内在的情绪痛苦，受害者往往是当事人周围的其他人；而且严重的人格障碍可能导致一些意想不到的悲剧性、灾害性后果。人格障碍的形成除某种先天素质不健全外，心理——社会因素的影响亦是一个重要原因。人格咨询旨在引导、指导人们培养积极乐观的生活态度，健全和完善人格。人格咨询主要面对的是如何提高自我意识、自我评价和自我调节的水平与能力问题，其主要内容是帮助克服敏感多疑、嫉妒心强、固执己见的偏执情绪，改变事事追求完美、循规蹈矩的强迫型心理定式，摆脱缺乏自控能力、大悲大喜或终日伤感消沉、精神萎靡的心理痛苦等，及时帮助有这种或那种人格缺陷的咨询者回到人格正常的轨道上来，促进人格的健康发展。

（四）交往咨询

人的社会化离不开交往。人际关系的好坏可以作为一种心理社会因素直接影响一个人的心理和生理状态，进而影响其身心健康。因此，建立和谐友好的人际关系对于一个人发展自我和完善自我具有重要意义。真挚的亲情友情、轻松舒畅和愉快的心境无疑有利于人的成功与成才；而害羞、封闭、冷漠、孤独、自卑、自傲等情感、自我评价和人际交往障碍，都严重影响着与他人的正常交往，给当事人带来许多苦恼和心理负担，直接影响其健康成长。交往咨询主要是指导启发大学生正确认识自我、评价自我，找准自己的位置，消除与人交往过程中的各种心理重负。具体可包括指导学生纠正过分看重自我意识；学会理解和宽容；帮助有交往障碍的学生摆脱心理阴影，走出自我封闭的小圈子，尽快融入集体与社会之中；塑造和培养开朗热情、大方外向的性格；养成尊重师长、平等待人的良好习惯等。

（五）健康咨询

包括生理和心理全面的身心健康是现代人追求的健康目标，并已成为人们提高生命质量，寻求完美人生的一个重要方面，正日益受到人们的承认和重视。人们对健康的咨询包括患病前的预防措施和生病后的治疗问题两大内容。大学生的健康咨询一般以如何排解紧张、忧郁、压抑、焦虑不安的情绪困扰，如何做到讲究饮食和睡眠的心理卫生、做到科学用脑，如何对待和防治失眠、神经衰弱等症状和心理疾病，如何克服患病期间的烦躁、焦灼、悲观的心理等问题为内容，对咨询者及时给予心理指导。

第二节　心理治疗

关于心理治疗的种类繁多，目前已知的治疗方法有 400 多种，本书将把建立在不同心理学派理论中的心理疗法和心理疗法的一些基本形式作简要的介绍。

各心理学派对心理治疗的指导思想不同，提出了不同的治疗技术和方法。主要有精神分析学派、行为主义学派和人本主义学派。

一、建立在精神分析学派理论基础上的心理治疗

这类疗法是根据弗洛伊德精神分析观点，以心理动力学理论为基础创立的。该理论认为病人的心理障碍是由于压抑在"潜意识"中某些幼年时期所受的精神创伤所致。通过内省的方式，用自由联想的方法将这些痛苦的体验挖掘出来，让焦虑的情绪得到发泄；并对病人所提供的谈话内容进行分析解释，使病人领悟，从而改变原行为模式，重建自己的人格，达到治疗目的。

建立在这一理论基础上的治疗方法主要有：精神分析疗法、认知领悟疗法、分析性心理治疗等。这里向大家介绍前两种。

（一）精神分析疗法

精神分析学说以潜意识的理论为基点，所要探讨的是"一个人为什么是现在这样"的真正原因，它设法将潜意识的东西引入意识中来（如采用自由联想法），然后通过自我认识，以摆脱心理问题和不良情绪。精神分析的目的和价值在于它能够挖掘出深藏在潜意识中的各种关系（尤其是童年的精神创伤和痛苦经历），使之被召回到意识中来。患者借助于医生的分析、解释，理解这些关系，彻底顿悟和认识自己；医生再加以疏导，使患者宣泄并消除深藏在潜意识中童年的精神创伤、心理矛盾和痛苦体验，最后矫治不良行为，达到治疗目的。精神分析的基础不是出于无意识的心理过程，其中包括了诸如抗拒、压抑、性欲、攻击、恋亲情绪等诸多无意识的心理反应。探讨病人的深层心理，识别潜意识的欲望和动机，解释病理与症状的心理意义，协助病人对本我的剖析，解除自我的过分防御，调节超我的适当管制，善用病人与治疗者的移情关系来改善病人的人际关系，调整心理结构，消除内

心症结，促进人格的成熟，提高适应能力。

该疗法主要适用于各种神经症（如癔症、强迫症和恐惧症）以及心身疾病的某些症状。

（二）认知领悟疗法

所谓认知疗法，是指经由解说和指导的再教育方式纠正来访者既有的对人、对己、对事理的错误思想和观念，从而协助其重组认知结构，使来访者自行感受到"觉今是而昨非"的咨询效果。认知疗法是以认知理论为基础而发展来的，是多种心理咨询法的总称。心理学家艾利斯（A. Ellis）在 20 世纪 50 年代创立的合理情绪疗法，也称理情疗法或理性情绪疗法（rational-emotive therapy RET）颇具代表性。它的核心是 ABC 理论，A 指诱发性事件；B 指个体在遇到 A 之后，对该事件的看法、解释和评价，即信念；C 指该事件后，个体的情绪及行为结果。通常人们认为：A 引发 C，而 ABC 理论则认为：不是 A 引发了 C，是 B 引发了 C，也就是说，不是事件直接引发了不良情绪结果，而是由信念引发的。RET 的咨询目标是以正确的、理性的信念除去和取代来访者非理性的、不合理的谬误信念。来访者的非理性信念常常有三个特征：绝对化的要求、过分概括化和糟糕透顶。具体表现在11 个方面，如：有价值的人应该在各方面都比别人强；任何事物都应按自己的意愿发展，否则会很糟糕；人应该得到生活中所有对自己是重要的人的喜爱和赞许等。

1. RET 主要步骤

第一，帮助来访者明了自己的非理性信念，以及与消极情绪之间的联系；第二，来访者明了目前的消极情绪来自于自己，自己应对自己的消极情绪和行为负责；第三，帮助来访者改变非理性信念，调整认知结构；第四，帮助来访者学习理性信念，并使之内化为自己的信念。常用方法有：辩论法、理性情绪想象法以及家庭作业法等。

2. 适应范围

（1）对轻至中度的抑郁症及非精神病性抑郁最为有效；

（2）对躯体疾病或生理功能障碍伴发的抑郁状态也有较好的疗效；

（3）内因性抑郁或精神病性抑郁，需配合药物治疗；

（4）还适用于广泛性焦虑症、惊恐障碍、恐怖性强迫症、酒瘾、药瘾等；

（5）可用于治疗多种不同的身心疾病，如偏头痛、慢性疼痛等；

（6）对多动性行为障碍、冲动性行为等行为问题有较好的疗效。

3. 方法和技术

（1）建立良好的医患关系。耐心解释治疗的目的及方法，让患者主动参与治疗。

（2）获得全面信息。全面了解患者的当前问题及有关背景材料，列出关键问题。

（3）识别患者负性的思维，确定首先干预的目标。例如 Beck 认为，抑郁症有负性认知的三个特征：①对自身的负性评价；②对以往经历的负性评价；③对前途的负性评价，由此呈现出动机行为的病态表现。

（4）ABCDE 技术的采用。A 即刺激，B 指个体的信念，C 指情绪和行为的结果，D 为干预性指导，E 为干预后的效果。

（5）Beck 认知疗法。可分为以下三个步骤：①启发患者寻找不良认知；②协助患者暴露认知曲解或逻辑错误，并加以讨论、检验、合理推论；③通过反复"分析"，改变患者的负性思维，使其放弃原有的错误认知，建立正确认知。

（6）改变错误认知方式。常用技术有：①检验假设矫正法；②信条（或称价值观念）改变法；③思维方式转换法；④心理角色扮演领悟法等。

（7）布置家庭作业。可列出三个栏目：①自动思维；②认知歪曲的评定；③合理认知。

（8）行为改变技法。针对不同的对象，设计"日常活动计划表"，适于缺乏动机及活力的患者，遵循"循序渐进，先易后难"的原则。

（9）"MP"技巧的使用。M 即调控、把握；P 为愉快、欢乐。根据患者的日常活动评价 M 值和 P 值（0～5 分制），并以书面形式记录下来，依计划行事调整进度，动机强化后成功的自信心及愉快感也随之增强。

（10）价值观念的矫正

①"该与不该"信条：患者的内心价值体系中总有一些"应该"与"不应该"的人生守则，目标过高会不堪重负，范围过广则难以宽以待人，造成人际关系紧张。治疗者要指出这一信条的非现实性及局限条件，使患者的待人、处事、律己会更现实、更富有弹性。

②"幸福与痛苦"信条：这常常是来访者人生目标追求过程中的两种极端情绪化反应，也基于相应认知过程。例如"要幸福必须事事成功"，"达不到目标毋宁死"，也称此为"非此即彼"，又称"全和无"观念。治疗者应该使患者明确"世上事并非十全十美，不如意常有八九"，不能事事都"背水一战"，必须经常调整目标及期望值，提高对挫折及失败的承受力。

③"危险与安全"信条：对环境及事件发生前危险度的估计因人而异，估计过高会产生不必要的紧张焦虑，使行为受限（如恐惧症、强迫症）；估计过低，则易发生意外。临床常见的为前者，治疗时要向患者指出这种过分不安全感的危害性，易造成紧张或人际交往困难；过高估计危险会畏难不前，产生适应不良行为。诸如此类的不现实价值观均须予以矫正，故认知治疗又称认知行为疗法。

4. 认知疗法应用实例

【案例 7 - 2】　　　　　　　帮助重新确立自我

大学生 T，女，幼年丧父，随母改嫁，母亲后来又生了一小弟，小弟深受父母溺爱。她感到小弟出生以后自己受到冷落，时常与小弟发生冲突。某日晚饭后姐弟两人打架，妈妈护着小弟，打了她。她感到委屈，哭得很伤心。继父家有位大哥哥，把她哄到自己的屋里，搂到床上睡着了。夜间，她受到这位异姓哥哥的猥亵。当时年龄小，不懂事，也说不清是什么事。然而随着年龄的增长，她对两性间的事了解越来越多，内心的压力和痛苦也越来越大。特别是上了大学以后，看到别的同学谈情说爱，出双入对，而自己已是一个不纯洁的女孩子，总感到自己与其他女同学不一样，不敢也没有资格谈恋爱，越思越想越悲凉。T的这种心态，既自卑又敏感，时时保持着高度的警戒心理，生怕别人了解自己的底细，看破自己的内心世界，因而多年沉浸在痛苦之中不能自拔。同时，又要给自己戴上一副假面具，用表面上的自强来掩盖内心的自卑，是自己又不是自己，活得太苦、太累，死的念头都产生过。

【评析】指导老师：当时你只有8岁，尚未成年，你是纯洁的、无辜的，不涉及任何道义上的责任。自责是没有道理的，也是不公平的。

从生理上说，作为女孩儿，到了青春期，即十二三岁月经初潮前后生殖系统逐渐发育完好，处女膜逐渐形成，因而你同别的女同学一样，依然是完美无缺、清清白白的女孩子。你有爱的权利，也有被爱的权利。

你和其他女同学一样，完成学业以后都将是中华人民共和国大学毕业生，都有着同样美好的前景。你什么都不缺，什么都不少，一切消极的、悲观的和无所作为的心态都是没有道理的。记住，战胜自卑心理最有效的武器就是充分认识自我的价值。

【案例7-3】　　　　　　　　　**重视认知导向**

大学生W，女，家住偏远的乡村。该生学习刻苦努力，从小学、中学到大学，学习成绩优异，始终在赞扬声中成长；上进心强，自尊心也强；考上大学以后，连续两年被评为三好学生，获得奖学金，多次在相关的比赛中夺冠拿奖。她想如能连续三年被评为三好学生，获奖学金，就有可能得到令多少同学称美的优秀毕业生证书，那是何等的荣耀啊！她内心充满着渴望和强烈的动机，然而课业负担越来越重，竞争也日趋激烈，随着期末考试日渐临近，心理上的压力也越来越大。眼见得力不从心，优势难保，感到无法面对失去荣誉、失去光彩及"坠落深渊"的可怕的残酷现实。巨大的心理压力超越了她心理上的承受能力，精心构建起来的辉煌的理想大厦终于坍塌了。她惶恐、焦虑、失眠、精力无法集中，又感到孤独、无助、无可挽回，于是想到了死……

【评析】三好学生、奖学金和优秀毕业生证书等荣誉称号是学习的结果而并非追求的目标，否则即从根本上偏离了人生发展的大方向。

生存与发展是人生的主旋律，是永恒的主题。而个人的生存与发展总是与国家、民族的发展连在一起。一个人只有在社会的需要与个人潜能的交汇点上才能找到自己的位置，展现人生的价值，创造美好的未来。我们读书、上大学、考研，根本目的不在于追求分数、名次和荣誉，而在于积累知识，储备实力，获得真知识、硬本领，以适应社会，赢得未来。

大学专科开设十几门课程，一个人精力有限，不可能也没必要平均用力，门门优秀，都在众人之上。有所为有所不为，有所不为才能有所为，关键在于精力的适当分配与调整，根据基础理论课、专业主干课、公共课和选修课之间的内在联系，加强计划，突出重点，提高学习的积极性、主动性和实效性。

要珍惜生命，生命不仅仅属于自己。子女的生命是父母生命的延续，学生的生命是教师青春的延续。生命属于自己，也属于父母、老师和社会。作为智慧化了的大学生，对父母、家庭和社会是负有义务的。死是不负责任的表现，也是弱者的表现。

二、建立在行为主义学派理论基础上的心理治疗

建立在行为主义学派理论基础上的治疗方法称为行为疗法（behavior therapy），又称行为治疗、行为矫正或学习疗法，是基于现代行为科学的一种非常通用的新型心理治疗方法。它是根据行为学习及条件反射理论，消除和纠正异常并建立一种新的条件反射和行为的治疗方法。

虽然这一疗法受华生的行为主义理论影响较大，但实际上其理论根据来自三个方面：巴甫洛夫的经典条件反射，桑代克、斯金纳的操作性条件和班都拉的社会学习理论。这些理论都认为病人的异常行为既然也和正常行为一样可以通过学习获得，那么，也应当能够通过另一种学习使之消失，各种疾病（不论是躯体的或是精神的）都可视为机体某一部分的活动（或行为）异常，都可以通过这一活动（或行为）的矫正而得到治疗。

行为疗法与其他心理疗法的区别在于：行为疗法是以心理学中有关学习过程的理论和实验所建立的证据为基础的。与传统的心理治疗相比，它具有更高的科学性和系统性，可以进行客观的科学检验、演示和量化，即使重复试验也可得出同样可靠的结果，有一整套定型化的治疗形式，有坚实的理论根据和大量的实验证明。所以临床效果更为显著和稳定。

建立在这一理论基础上的治疗方法主要有：系统脱敏疗法、满灌（冲击）疗法、厌恶疗法、放松疗法等。

（一）系统脱敏疗法

系统脱敏疗法（systematic desensitization）又称交互抑制法，利用这种方法主要是诱导求治者缓慢地暴露出导致神经症焦虑的情境，并通过心理的放松状态来对抗这种焦虑情绪，从而达到消除神经症焦虑习惯的目的。系统脱敏疗法是由美国学者沃尔普（J. Wolpe）创立和发展的。

有些神经症病人虽然认识到了自己的病因，也有了改变自己病态行为的决心，但是做起来却很困难，不知怎样做才能真正摆脱这些症状，为此还需要学会采取一些行动来制服它们。因而系统脱敏疗法对有明显情景因素引起的某些恐惧症、强迫

症、焦虑症特别有效。

1. 学会放松

根据病种的不同采用不同的放松训练。一般应用肌肉放松训练的方法来对抗恐惧症中的焦虑情绪。训练时要求病人首先学会体验肌肉紧张与肌肉松弛间感觉上的差别，以便能主动掌握松弛过程，然后根据指导语进行全身各部分肌肉先紧张后松弛的训练，直至能主动自如地放松全身的肌肉。

将引起病人焦虑反应的具体情景按焦虑层次顺序排列，这一步骤又分为两步：

(1) 找出所有使求治者感到恐怖或焦虑的事件，并报告出对每一事件他感到恐怖或焦虑的主观程度，这种主观程度可用主观感觉尺度来度量。这种尺度为0～100，一般分为10个等级（如图7-1所示）。

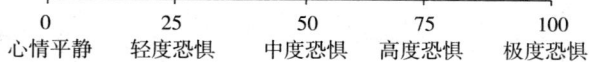

```
0        25        50        75        100
心情平静  轻度恐惧   中度恐惧   高度恐惧   极度恐惧
```
图7-1　恐惧的主观度量尺度

(2) 将求治者报告出的恐怖或焦虑事件按等级程度由小到大的顺序排列。表7-1是一位害怕考试的学生的主观等级的最后排列示例。

表7-1　一位害怕考试的学生害怕的等级层次

序　列	事　件	评　分
1	考前一周想到考试时	20
2	考试前一个晚上想到考试时	25
3	走在去考场的路上时	30
4	在考场外等候时	50
5	进入考场	60
6	第一遍看考试卷子时	70
7	和其他人一起坐在考场中想着不能不进行的考试时	80

以上两步工作也可作为作业由求治者自己独自去做，但再次治疗时，施治者一定要认真检查，注意等级排列的情况。

2. 分级脱敏练习

在完成以上两项工作之后，即进入系统脱敏练习。系统脱敏在求治者完全放松的状态下进行，这一过程分为三个步骤进行：

(1) 放松。

(2) 想象脱敏训练。由施治者做口头描述，并要求对方在能清楚地想象此事时，便伸出一个手指头来表示。然后，让求治者保持这一想象中的场景30秒钟左右。想象训练一般在安静的环境中进行，想象要求生动逼真，像演员一样进入角色，不允许有回避停止行为产生，一般忍耐一小时左右视为有效。实在无法忍耐而出现严重恐惧时，采用放松疗法对抗，直到达到最高级的恐怖事件的情景也不出现惊恐反应或反应轻微而能忍耐为止。一次想象训练不超过 4 个等级，如果在某一级训练中仍出现较强的情绪反应，则应降级重新训练，直至完全适度。

（3）实地适应训练。这是治疗的关键步骤，也是从最低级到最高级，逐级训练，以达到心理适应的过程。一般均重复多次，直到情绪反应完全消除，方进入下一等级。每周治疗 1~2 次，每次 30 分钟左右。比如对一个过分害怕猫的人，在治疗中，便先让她看猫的照片，谈猫的事情；等到看惯了，不害怕了，再让她接触形象逼真的玩具猫，然后让她靠近笼子里的猫，接着慢慢伸手去摸，最后去抱猫，逐渐除去怕猫的情感反应。

（二）满灌疗法

满灌疗法（flooding therapy）又称冲击疗法。它与系统脱敏疗法虽都是将病人置于（暴露）他所惧怕的情境中，但前者是采取缓和的、逐步的消除；满灌疗法是鼓励求治者直接接触引致恐怖焦虑的情景，坚持到紧张感觉消失的一种快速行为治疗法。

著名行为治疗专家马克斯（Marks）在谈到满灌疗法的基本原理时指出："对患者冲击越突然，时间持续得越长，患者的情绪反应越强烈，这样才能称之为满灌。迅速向患者呈现让他害怕的刺激，并坚持到他对此刺激习以为常为止，是不同形式的满灌技术的共同特征。"

满灌疗法可被用于治疗包括抑郁症、恐惧症、强迫症和精神分裂症病人的广泛问题。

（三）厌恶疗法

厌恶疗法又叫对抗性条件反射疗法，它是应用惩罚的厌恶性刺激，即通过直接或间接想象来消除或减少某种适应不良行为的方法。厌恶疗法的特点是：治疗期较短，效果较好。

此疗法是根据巴甫洛夫的经典条件反射原理，用引起躯体痛苦反应的非条件刺激与形成不良行为的条件刺激结合，使病人发生不良行为的同时感到躯体的痛苦反应，从而对不良行为产生厌恶而使其逐渐消退。

厌恶疗法应用于酒瘾、戒烟、贪食、吸毒和性变态者。

（四）放松疗法

放松疗法（relaxation therapy）又称松弛疗法、放松训练，它是按一定的练习程序，学习有意识地控制或调节自身的心理、生理活动，以达到降低机体唤醒水平，调整那些因紧张刺激而紊乱了的功能。

　　实践表明，心理、生理的放松，均有利于身心健康，起到治病的作用。我国的气功，印度的瑜伽，日本的坐禅，德国的自生训练，美国的渐进松弛训练、超然沉思等，都是以放松为主要目的的自我控制训练，其共同特点是松、静、自然。

　　渐进性的放松训练是对抗焦虑的一种常用方法，和系统脱敏疗法相结合，可治疗各种焦虑性神经症、恐惧症，且对各系统的身心疾病都有较好的疗效。

（刘保莉，孙　莹）

第八章　大学生学习适应

形成一种独立的学习方法，要比获得知识更重要。

——卢梭

学生的任务在于学习，大学生也不例外。对于新入学的大学生来说，进入大学最先要做的是适应大学的学习，培养适合自己的学习方法，从而能够受益终身。怎样才能最快、最好地适应呢？

第一节　快速融入新环境

大学是知识的海洋，智慧的殿堂，能够进入大学学习是我们每一个有志青年的梦想。良好、顺利地完成大学的学业可以使我们掌握扎实的理论基础，具备创造性的思维、成熟的性格、良好的沟通能力，进而为实现远大理想打下坚实的基础。我国古代哲学家老子曾经说过："千里之行，始于足下"，用来比喻大的事情要从第一步做起，事情的成功都是由小到大逐渐积累的。同学们若想尽快进入最佳状态，在大学里汲取知识，充实自己的头脑，第一步要做的就是尽快融入大学的新环境，而最重要的是学会适应大学的学习方式和氛围。

刚刚踏入大学校门的新大学生们很快就会发现大学的生活和以前的生活有着很大的不同，现实中大学的生活与自己想象中的情景更是大相径庭。其实这是再正常不过的事情，同学们只是刚刚开始认识到大学生活。

我们先来看看大学的生活和以前有哪些不同。

一、环境的变化

进入大学，对同学们来说最大的变化就是生活环境方面的改变，在生活上没有了父母、长辈的悉心照料，绝大多数的事情需要独自处理，开始真正独立生活。住宿环境上变化也很大，从单处一室的"私人小天地"到多人"群居"的集体宿舍，生活环境和习惯的适应与磨合，对没有过集体生活经历的大一新生来说，真的是一次考验。

二、学习的内涵发生了改变

（一）学习的目的不同

对于中学生而言，跨入理想大学的校门是最明确的学习目标，一旦目标实现，成为大学生但又没有树立新的切合实际的目标，就容易失去学习的内在动力和方向。相对于中学生来说，大学生的学习目标更广泛，更注重实际应用。适应社会需要，满足社会功能，实现自身价值，是现代社会对大学生提出的要求。大学新生在入学后的一段时间里很难认识到这两个阶段的差别。

（二）学习的方式不同

1. 学习内容量增加

中学阶段，我们一般只学习十门左右的课程，而且有一年时间都把精力用到高考科目上，老师主要讲授一般性的基础知识，而且有针对性地进行辅导、反复复习。而大学需要学习的课程在 40～50 门以上，每一个学期学习的课程都不相同，内容多，学习任务远比中学重得多。大学一、二年级主要学习公共课程和基础课程，大学三年级主要学习专业基础课和部分专业课以及选修课，大学四年级重点学习专业课和进行毕业设计、做毕业论文，有的还要实习一年。

2. 自习时间增多

中学里，经常有老师占用自习时间，让同学们非常苦恼，大学里这种情况几乎不存在了。因为大学里课堂讲授内容相对减少，自学时间大量增加，给同学们充分的时间去安排学习消化知识。同时，大学为同学们学习提供了充分的环境，大学有藏书丰富的图书馆，有设备先进的实验室，还有丰富多彩的课外科研活动。

3. 老师直接辅导学习的机会减少

中学时期，只要听从老师的安排就可以了，一切听从老师指挥，老师教学生是"手拉手"领着教，各学科老师各显神通，采取各式各样的方法来吸引同学们对学习的重视，有时甚至采取强迫措施，逼迫学生将绝大多数的精力放在学习课本知识上。大学老师则是"老师在前，学生在后，引着走"，提倡学生自学，课外时间要学生学会自己安排，逐渐地从"要我学"向"我要学"转变，不再采用题海战术的方法，提倡生动活泼地学习，给予学生充分自由发挥的空间，提倡勤于思考。

4. 老师上课速度加快

大学教师讲课介绍思路多，详细讲解少。主要讲授重点、难点内容，而且许多教师都使用投影机、多媒体授课，实现了授课手段多样化。授课进度比较快，一节课可能要讲授一章或几章的内容。抽象理论多，直观内容少。课堂讨论多，课外答疑少。参考书目多，课外习题少。有的老师一节课讲两、三个章节，听课的同学甚至连翻书的时间都没有。

5. 教室不再固定

中学时期，我们有固定的教室，固定的座位、连听课的同学都是固定的，但是在大学里，每个班不一定有属于自己独享的教室，有时第一、二节课可能在这一栋楼的某个教室学习，但第三、四节课又会到另一栋楼去听课，与自己一起上课的可能还会有不同专业的同学，上自习也不再固定在一个教室。

6. 课程内容的表达方式改变

不像中学课本要求生动活泼，吸引同学们的注意力，大学中一些课程形式本身比较枯燥、单调，难以激发起学习兴趣，同学们如果不能很快适应这样的形式，就会影响学习的积极性，在担心考试不及格的状态中被迫地、不情愿地学习。

三、理想与现实的冲突

可以说，高中生是在一种"半现实"的环境中生活，他们只是通过书本或其他传播媒介去了解大学生活。对大学的向往以及对大学生活的认识较浅难免使他们对大学的期望值偏高，对大学的方方面面生活产生各种不切实际的幻想，一旦进入大学后，真实的大学生活残酷地击碎了他们头脑中大学的完美形象，这种理想与现实的差距不可避免地造成他们的失落感，这种感觉会在进入大学后的一段时间里陪伴着他们，对他们的学习产生负面影响。

四、感情交流的障碍

在中学阶段，上大学几乎是所有学生统一的目标，在这个共同的目标下，找到志同道合的朋友很容易。进入大学以后，每个人的发展要求不同，个人的目标和志向也会发生很大的变化，要找到一个在某一方面有共同追求，很"投缘"的朋友，就需要较长时间的努力。处于青春期后期的大学新生，有着强烈的自尊、认同和归属的需要，渴望从朋友中获得感情的共鸣，在大学这个新鲜的环境中更是渴望能有朋友倾诉和宣泄，但身处完全陌生环境的新大学生自我保护意识强烈，当他们与大学里面的新同学、师长接触时，总习惯拿以前的好友、老师为标准来加以衡量。由于有老朋友的影子存在，常常会觉得新面孔不太合意，因此他们有时宁愿采取被动接受的态度，也不愿主动改变自己的"思维定式"去寻找新朋友，从而阻碍了与同学、老师之间的沟通和交流。

五、自我评价的调整

通常说来，能通过几年高中的奋斗，经历"恐怖"的高三生活而顺利考上大学的同学，在高中阶段多是佼佼者。老师的青睐，同辈朋友的羡慕，同学之间的相互欣赏使他们成为同龄人的中心，无形中可能会产生某种过高自我评价，产生过分自我为中心的状态。进入大学后，各地成绩优异的佼佼者汇集一堂，相比之下，很多人会发现自己显得比较平常，成绩比自己更优异的同学比比皆是，以前得以自豪的学习成绩已经没有任何可以骄傲的优势，再加上部分同学在中学阶段将主要精力放在学习上，放弃了对其他业余爱好的关注和培养，大学里其他一些同学在某些才艺、特长方面的优异表现更使得他们自信心不足，有时甚至产生自卑的倾向。这一突然的变化使一些没有思想准备的新生措手不及，短时间内无法接受理想自我和现实自我之间的巨大差距，失落感、自卑感便袭上心头。

总之，升入大学后，由于学习的内容、范围、性质、环境和教学方法上都发生了很大的变化，同学们应该认识到在学习上更多的是要靠自己，不再有人在身边特别地强调学习，也再没有老师进行专门的辅导，更多的是自己想办法，在没有养成良好的自学习惯和方式前，难免在学习上产生情绪问题，导致成绩不如人意。但是成长的过程就是不断挖掘自身潜能的过程，这个过程是痛苦的，也是一个人成熟所必须经历的。

德国哲学家雅斯贝尔斯在谈及大学观念时就说到过，"大学应始终贯穿这一思想观念：大学生应是独立自主、把握自己命运的人"。对于步入大学新环境的新大学生来说，理当树立一个全新的意识：独立自主，依靠自己的力量来规划自己的大学生活，再也不能依赖于"事事有人管"的环境。另外，要说明的是在结束中学学习之后也不可能再有中学那样的学习环境了，要变"要我学习"为"我要学习"。

及时转变学习方法，适应大学的教学方法和学习方法是大学新同学适应新环境必须做出的选择。我国高等学校教育心理工作者通过大量调查分析表明，大学一年级新生存在学习方面的问题，主要表现为两个方面：第一个方面，因就读的专业不是自己真正了解的专业，也可能不是自己愿意选择的专业，于是进入大学后缺乏学习热情和兴趣，学习态度消极。要提醒的是，中学时代朦胧的专业概念在大学中已变得十分清晰。家长们起初的一片爱心，使得同学们坐在专业课的课堂里，有些同学会因为父母的选择而懊恼，甚至影响学业。须知，知识的海洋如此浩瀚，大学

木桶原理

的图书馆足够任何一名同学尽情地舀取畅饮。随着我国大学各专业口径越来越宽，课程设置强调适应经济建设和社会的发展，强调文化素质教育的全面，培养学生的创新思维和开拓能力，要求学生全面发展。从现代社会对人才的需求趋势看，人才的概念并不完全等同于专才，青年人的视野要广阔，知识面也要尽量拓宽一些，人要全面发展，不管你是做哪一行、哪一个专业，只懂你那个领域的知识，其他的什么都不懂，是不行的。就像大家听说过的"木桶原理"，一只木桶装水的多少不是由组成木桶最长的木条决定的，而是由最短的那个木条决定的。所以同学们要注意全面发展，学文科的要懂一点科学技术知识，最起码要了解一些科学常识；学理科的要懂一点文科的知识，这样既能提高涵养，又能使生活变得更加丰富。不管学什么

专业都要有一些文化艺术方面的爱好和修养，这也是现代社会的需要。兴趣、爱好是可以培养的，新入学的同学完全没有必要因为自己的专业不如意就自怨自艾，一蹶不振。另外一个方面，对大学的教法和学习方法感到茫然，甚至无所适从，不能很快地适应大学的学习。要说明的是，同学们完成中学学业，成功地跨入大学深造，这说明无论从年龄还是知识水平上，同学们已经长大，再也不是让父母牵肠挂肚的孩童。从踏入大学校门之日起，意味着同学们已经开始了独立的学习、工作、生活，并将逐渐成长为一个有责任心、对自己的言行负责的成年人。在大学生活开始之初，遇到需适应的新问题，这是自然的事情，要勇于面对新问题，要有信心处理好新问题。

第二节　认清现实，安心学习

既来之，则安之。

——《论语·季氏》

上面这句话原意是说既然把他们招来，就要把他们安顿下来，后指既然来了，就要在这安定下来。同学们既然通过辛勤的努力成功地进入大学，就应该认真利用宝贵的大学时光。

有人说"大学是研究和传授科学的殿堂，是教育新人成长的地方"。在这里，学习的概念不仅仅指课堂里的内容、教科书里的内容，还包括其他的方方面面，如图书馆、实验室、课外活动及各类竞赛，社会实践活动，参与各种集体和社团活动，参加各类讲座，搞社会调查等；更可以和同学、师长广泛交往，互相切磋，相互交流。古人云："三人行，必有吾师"。大学里可以学习的东西很多，而学习的内容这么宽泛，学习方式是如此多样，同学们尽可在大学知识的海洋里畅快遨游。

新生进入大学以后，最先接触的课程是公共基础课和专业基础课，尤其是专业基础课，通常记忆量大，而且难学，常会有同学反映学习难度大，这说明同学们还不能很好地适应大学教学和学习特点，没有将课堂学习和课后自学相结合，没有很好地、合理地安排自习时间。这些问题暴露了大学新生在自我学习能力上缺乏锻炼经验不足。上大学以前，同学们的学习活动是在老师和家长的严格管理和监督之下进行的，每天按部就班地进行学习，如果学习松懈就会由各种考试成绩反映出来，及时被老师和家长纠正，而进入大学以后，不再有人时刻监督他们的学习，原有的约束力不像以前那样紧迫，而自身学习的自觉性和独立性没有形成或者完善，结果他们在学习上不像从前那样有"感觉"，显得无所适从。

学生以学为本，大学生也不例外，但是学习效果的好坏并不是简单地以时间多少来衡量的。事实上，大学的学习就是学习方法的掌握。大学的学习气氛"外松内紧"，"外松"是说大学里很少有人监督你，也很少有人主动指导你，这里没有人给你制订具体的学习目标，考试也只是一种检验学习效果的形式，每个人都相对独立地面对学业；"内紧"是说绝大多数的人都有自己的目标和奋斗方向，若想在强手如林的大学里脱颖而出，必须付出超人的努力。此外我们国家还很贫穷，虽然国家在大学的建设方面已投入很大，但是大学生们所能享受的教育资源还是相对较少的，所以大学里的每个人都要提高自己的学习效率，利用有限的资源和时间来学习更多的东西，以最大的可能在大学阶段完善自己，使自己能够迎接社会的挑选，服务于社会，实现自己的价值。所以对于大学新同学来说，应该设定自己的目标，不能从表面现象去判断大学的生活，每个人都要尽快融入大学，学会学习和自己的昨天比，挖掘自己的潜能。

　　总的来说，由中学到大学的转折，对学生来说意味着环境、人际、生活习惯等的改变，能否尽快地适应这些改变对于大学新生来说是一个挑战，但大多新生在入学后的或长或短的时间里存在生活习惯、人际、学习等诸多的适应不良。在诸多的适应不良中，学习适应不良处于核心地位。因为对于大学生而言，学习仍然是其主要的活动，学业成绩仍是自我评价和他人评价的主要依据。学习成绩好的学生能够获得更多的机会，也会增加自信，找回在高中时期的优越感，促使自己在学习上投入更多的精力，以取得更好的成绩；学习成绩相对差的学生在没有很好地适应大学学习的同时，会因为成绩差距的拉大造成其宁愿在其他方面花工夫以获得那种"往日"的荣誉感和满足感，比如：网络游戏，社交活动等等，也不愿主动去正视问题的存在，从而出现学习效率低、分心、不安心、心里难受等学习焦虑的表现。当这些同学为了避免影响毕业不得不进行学习时，又会出现磨蹭、学习的被迫感、压力感等厌学的表现。此外，学习成绩的好坏也会影响同学们在大学期间其他方面的适应过程。一个自信心强，有成功经验的人的适应能力比缺乏自信、遭受生活负性事件多的人要强一些。因此，解决大学生的适应问题，首先要解决大学生的学习适应问题。

一、进入大学以后学习动力不足

　　从中学步入大学后，有相当一部分新生产生了"船到码头车到站"的想法，加上大学表面上宽松、自由的氛围，一些同学没有及时明确学习目的，对大学生活以及未来也没有明确的定位，缺乏学习动力。一项调查表明，有70%的同学对自己的大学一年级学习生活不满意，其中近半数同学表示没有制定好自己将来发展的目标，沉醉在宽松、自由的大学生活中。这些同学通常表现为在学习上注意力不集中，以及将学习兴趣及大多数的精力转移到如文体活动、网络、交友等事情上。有部分新生对自己所学的学科一知半解，无法找到明确的专业归属感，学习劲头不大；还有些新生则认为自己所学的专业不是当前社会上的热门专业，容易产生自卑感和挫折感，从而导致对所学的专业不感兴趣，学习动力不足。

大学生健康教育（第 2 版）

📖 读一读

表 8－1　大学生的学习动机

层次	序号	学习动机内容
一、奉献	1	努力学习才无愧于时代的要求
	2	以知识为人类造福，才能实现大学生的价值
	3	学习是为了对人类进步有所贡献
	4	作为一个大学生，就应该为振兴中华努力学习
	5	努力学习，为祖国争光
	6	实现共产主义的理想，是我们学习的最终目的
二、作为	7	学习是为在专业上有所成就
三、完善	8	学习就是为了做一个又红又专的四化建设者
	9	学习，首先是为了做个马克思主义者
	10	成为本专业的著名专家，才最有出息
	11	学士——硕士——博士的道路，是真正的成才之路
	12	获得博士学位是学习的主要目的
四、充实	13	学习就是为了增长知识，满足求知欲
	14	学习是为了攀登科学高峰
	15	求知是学习的最终目的
五、丰富	16	学习符合自己的兴趣
	17	厌倦学习是因为所学专业不合自己的兴趣
六、社会提高	18	没有学习就不能在生活的竞争中成为强者
	19	学习成绩受人讥笑，会使人痛下决心，刻苦自强
	20	有了知识，个人可以成名，客观上对国家有利
	21	大学文凭就是社会地位的标志
	22	有了大学文凭，就能受人尊敬
	23	所学专业如果社会名誉不高，就不会有学习的积极性
	24	学习是出人头地的手段
	25	学习是为了当"三好学生"
七、社会相符	26	只有在学习上取得好成绩，才无愧于大学生的称号
	27	学习成绩不好，就对不起国家，对不起党
	28	父母把期望寄托于我，学习不好难报养育之恩
	29	努力学习吧，不要辜负老师的心血
	30	学习好，取得好成绩，是为了取得父母的欢心
八、爱情与生活	31	学习好了，就可以找一个理想的爱人
	32	学习是为成家立业
九、社会安全	33	有个文凭就有了安全感
	34	有了大学学历就有了"铁饭碗"
	35	学习积极性来自教师的督促

（郑日昌主编，《大学生心理诊断》）

二、大学期间的学习适应性的影响

（一）中学与大学不同的学习方式对大学生学习适应性的影响

由于中学和大学两个学习阶段培养目标不同，学生学习方式也就不同。中学教育属于基础教育阶段，根据知识经济时代的要求和党的教育方针，学校在培养学生德、智、体、美全面发展的同时，主要以让他们掌握系统的、理性的间接经验为主，形成知识、能力、个性和特长协同发展的高效能的学习系统。为完成升学任务，学生学习方式较为被动、单一，学习负担过重。大学教育为完成教育目标，在课程类型上，设有公共课、专业课、必修课、选修课，增加了某一专业领域知识的深度和广度，注重对知识的理解，知识的学习出现了选择性和针对性。课堂教学也不再是学生学习的唯一渠道，学生可以利用上课的余暇时间，广泛阅读课外书籍、辅导书籍，参加适当的社会实践活动，获得一些亲身经验，加深对知识的理解、认识，培养自己主动探索新知识和综合运用知识创造性解决问题的能力。因此，对于大学阶段的学习来说，不再注重于对知识的死记硬背，大学生学习方式更强调自主学习、合作学习、研究性学习，同学们必须构建一个以课堂学习为主的、课内与课外学习相结合的多方面知识资源渠道的新的学习系统。中学时代，老师、家长全面的管理，造成了同学们学习和生活上的依赖性，一段时间里不习惯对自学能力要求较高的大学学习。沿袭中学思维模式和学习方法进行学习的学生便产生了学习适应困难。如果不能适应大学里边听、边记、边思考的课堂学习，再加上与教师交流的机会较少，在学习过程中遇到的疑难问题经常得不到及时解答，就会在心理上逐渐产生苦恼，失去信心。有些同学往往是自己觉得上课听得很明白，但实际操作、实验或者考试时又显得一知半解。另外，在中学阶段过早的文理分科，使得新生进入大学后对一些课程的学习感到困难，也使得他们经常感到焦虑、厌烦。

（二）学习环境对大学生学习适应性的影响

目前我国在校大学生绝大多数出生在改革开放后，成长在对外开放不断扩大、社会主义市场经济深入发展、以互联网和手机通信为代表的现代传媒手段蓬勃兴起的时期，且独生子女的比例越来越大。同学们在上大学之前一般都受到家长无微不至的关心、体贴，学生的学习、生活得到很大呵护，这也造成部分学生生活自理能力较差、依赖性较强、与人交往能力差的弱点。步入大学后，面对陌生的环境，缺少了独立生活、人际交往等能力，一时间束手无策，内心常感到苦恼、孤独，因此产生一系列心理问题。一些好胜心强的同学，在新的环境中各方面不再占有优势，难免产生失落感，如果在某些方面又不如其他同学，则又会产生自卑感。来自于社会就业压力的信息，也使一些学生感到迷茫，对学习丧失了信心。还有一些学生因为某些原因，对所学的专业、课程、所选择的学校等不满意，学习没有兴趣，沉溺于与学业无关的事情上，荒废了学业，虚度了年华。以上各种情况，会使同学们产生政治信仰上的迷茫、理想信念的模糊、价值取向扭曲、诚信意识淡薄、社会责任感缺乏、艰苦奋斗精神淡化、团结协作观念较差、心理素质欠佳等问题。还有一部分大学生精神空虚，受到不良社会风气的影响，以至于厌学、逃课、考试作弊等，有的甚至走上违法犯罪的歧途。

（三）内部以及外部的压力对大学生适应性的影响

有心理研究表明，适度的焦虑和高度的能力相结合才能促进学习，否则往往会抑制学习。大学生自身由于缺乏正确的自我意识，大学里繁重的学习任务，激烈的竞争环境使自己时刻感受到失败的威胁。过度的学习压力和学习焦虑，不利于学生的身心健康，有些学生经常感觉到"紧张得透不过气来"。有些学生上了考场就紧张，这样造成了严重的心理负担，影响了学业的发展；也有少数学生因认识上的偏差和意志品质的不完善走向另一方面，放弃了对知识圣殿的向往，放松了对自己的要求，在人生的道路上走了一段弯路；还有极少数学生因长期的学业发展不够顺利，使他们自我否定倾向严重，缺乏自信，对学习内容越来越无兴趣，对所学专业冷淡，最终专业的发展很不顺利。

"既来之，则安之"，这里的"安"就是要同学们学会调整状态，使自己能够学会适应大学方方面面的生活。"适应"在心理学上一般指个体调整自己的机体和心理状态，使之与环境条件的要求相符合，这是个体与各种环境因素连续不断相互作用的过程。这里的"安"也就包含了适应的要求，就"适应"而言，包含了三个基本组成部分：第一是个体，这是"适应"的主体。第二是环境（情境），它与个体相互作用，不仅对个体提出了自然和社会的要求，而且也是个体实现自己需要的来源，其中，人际关系是个体"适应"过程中环境（情境）的重要部分。第三是改变，这是"适应"的中心环节。现代意义上的"改变"不仅包括个体改变自己以适应环境，而且也包括个体改变环境使之满足自己的需要，其目的是为了达到个体和环境的和谐。

第三节 学会享受大学生活，在生活中学会适应

一切要通过生活才成为真正的教育。

——陶行知

大学是知识的殿堂，也是教会我们生活的地方，我们要在大学里学会学习，也要在大学里掌握生活的技巧。进入大学后，以教师为主导的教学模式变成了以学生为主导的自学模式。课堂讲授知识后，同学们不仅要消化理解课堂上学习的内容，而且还要大量阅读相关方面的书籍和文献资料。自学能力的高低成为影响学业成绩的最重要因素。学习方法对学习效果的影响是不言而喻的，而大学的学习方法又与中小学的方法差别很大。同学们只有通过不断的学习，在学习中检验效果，才能纠

正自学的偏差，最终找到适合自己的学习方法，学会学习，做到在学习中生活，在生活中学习。

在同学们学会大学生活的同时也就学会了适应。适应是一种接受，适应也是一种放弃，放弃本来你认为理所当然的事，接受从未预料的变故，学会适应也就是学会长大。

学习适应性是指"个体超越学习情境中的障碍的倾向"或"个体克服困难取得较好学习效果的倾向"，也即学习的适应能力。影响学生学习适应性的主要因素有：学习态度、学习方法、学习环境、身心健康。有研究表明，大学生的特质焦虑倾向越强，越倾向于外控，则他们的学习适应性越差。大学生的特质焦虑和外控倾向可能会对大学生迅速适应大学阶段的学习以及成功胜任大学生的学生角色和学习职责产生不利影响。相反，大学生的一般自我效能感水平越高，学习适应性也越好。表明大学生较强的自我效能感有助于更好地适应乃至胜任大学阶段的学习。自我效能感可以在一定程度上缓解大学阶段的诸多压力事件可能对学习造成的负面影响，进而提高大学生的学习适应性。此外，大学生的学习适应性与其所拥有的社会支持存在显著的关系。也就是说，大学生拥有的社会支持越多，其学习适应性越好。社会支持对大学生的学习适应性可能具有促进作用。

前面我们分析过大学新生适应大学学习的主要问题有学习动力不足、学习适应性困难等，下面我们找一找对策。

一、大学新生学习动力不足的深层原因

大一新生学习动力不足的主要原因是对自己的前景没有认真思索，缺乏远大的理想，没有树立正确的人生观。只有明确了"为什么活着"、"为什么上大学"等根本问题，学习动力的不足才可能得以根除。在高中阶段，学生以考上大学为唯一的学习目标。一旦目标实现，容易产生松懈心理，更是盼望在大学里能够好好享乐一番，没有及时树立起进一步学习的目标，造成了考上大学前后的"动机落差"。此外，高中阶段很多学生兴趣狭窄，爱好很少，一门心思考大学，没有形成特长。进入大学有了充足的时间，就迫切地想发展自己的爱好特长，把主要精力放在学习专业以外的事情上面，而对学习逐渐失去了兴趣。

☞ **学与做**

培养学习动力

1. 做心境的主人。心境，可以使人的一切体验和活动都染上情绪色彩。善于用顽强的意志、乐观的人生态度调节的人，往往能够更好地适应社会环境。因此，"独立性"对广大学生至关重要。如果一个人不能摆脱外界的影响，不能树立独立的自我，当他们处理复杂的现实问题时，就容易出现多种问题。

大学生健康教育（第 2 版）

2. 培养"发展中完美"的观念。生活中力求完美的人，比不刻意追求完美的人精神压力大，事实上并非每个人都能获得巨大成功。其实完美只是一个最终的理想，唯有通过每一件事的完成才能使整个人生趋于完美。所以，真正成熟的人就是能够在不完美的环境中，超越自我，逐渐达到相对完美的境界。

3. 养成"即时行动"的习惯。戴尔曾经说过："如果想要快乐，就为自己立下目标使它支配自己的思想，放出自己的活力。"这就是一种积极向上，认为自己的生活是很有意义和价值的感觉。假如每个学生都培养起这一观念：我开始，我完成；我决定，我贯彻，从小事做起积累成就感，投激情以自己的生活，沮丧和失落将由充实感、成就感替代。

二、大学学习适应困难的主要原因

进入大学后，以教师为主导的课堂教学模式变成了以学生为主导的课后自学模式。教师课堂上讲授知识，学生不仅要消化理解课堂上学习的内容，而且还要大量阅读相关方面的书籍和文献资料，扩充专业领域的知识内容。可以说，自学能力的高低成为影响学业成绩最重要的因素。这种自学能力包括：能独立确定学习目标，能对教师所讲内容提出质疑或者形成自己的看法和认识，有能力查询相关文献，确定自习内容，将自习的成果拿出来表达并能与人探讨，写学术论文等。对于大学生而言，学业成绩仍然是自我评价和他人评价的主要依据。因此，大学新生要调整好自己的学习方法。从旧的学习方法向新的学习方法过渡，这是每个大学新生都必须经历的过程。尽早做好思想准备，就能较好地、顺利地渡过这一阶段，少走弯路，减少心理压力，促进学业成绩的提高。

☞ 学与做

调整学习状态

1. 激发自己的学习动力

良好的学习动机能使学生积极适应新的学习环境，自觉排除内外干扰，勤奋学习，刻苦钻研，容易产生成就感和自我价值感。因此，培养良好的学习动机，是解决大学生学习困难的重要手段。经常参加由知名专家、学者，杰出校友，优秀学生等举行的有关理想、价值观、心理问题等座谈会、讲座活动，可以帮助我们树立清晰的人生目标，明确自己的历史使命，增强社会责任感；加强对本专业的认识，对自己所学的专业有实质性的了解，明确主攻方向，学有选择，学有目标。

2. 培养自己的学习兴趣

兴趣是人对客观事物的选择性态度，培养学习兴趣，有助于提高自己的学习积极性，从而提高学习效率。了解兴趣对学习的作用，了解自己的学习兴趣情况，培养对各学科知识学习的兴趣。通过一定的集体或者社会活动，我们能够认识到，兴趣并非与生俱来，真正的兴趣是可以后天培养的。同学们对于自己喜欢的课程或活动，要经常去从事，对于自己感觉不喜欢的课程或活动，也要努力尝试参与，逐步培养兴趣，使自己的兴趣更加广泛，学习更加努力，取得更大的进步。

3. 培养自信心

自信心就像催化剂，能把人的一切潜能调动起来；自信心缺乏则灰心丧气、一蹶不振，很容易产生厌学情绪。一个充满自信心的学生敢于探索，勇于进取，能够充分发挥自己的主动性、积极性与创造性，从而有效地进行学习。自信心并不是一下子就形成的，形成之后又并非一成不变。因此，同学们对于自信心必须不断地进行培养。

4. 培养良好的学习习惯

好的学习习惯符合学习心理规律，有利于提高学习效果，而不好的学习习惯则偏离学习的心理规律，会妨碍学习效果。对自己严格要求，按照改进自己学习习惯的计划坚持长期训练，就一定会养成良好的学习习惯。

5. 参加心理辅导讲座与进行个别辅导相结合

参加专题讲座，对自己进行学习心理辅导和采取个别辅导相结合，加强自我教育和指导学习，完善自己的个性，培养在学习中的自我激励和自我控制能力，解决学习困难的深层次问题，激发学习动力。必要时可以去寻求心理老师的帮助，通过他们的帮助了解自己的潜能，并让他们指导自己去策划一些成功的活动，使自己获得自信，从而能够尽快进入良好的学习状态。

三、大学学习的调整

学习是大学生活中最重要的一部分，大学教学体制、学习方法都与中学有着明显的不同。能否尽快适应全新的大学学习生活，直接影响学业的顺利完成，并间接影响以后的工作、生活。一般来讲，大学的校园规模都比较大，大学的教学设施比较齐全。新生入学以后，在思想上要有这样一种认识，即要想在学业上获得成功，一定要在发扬勤奋刻苦精神的同时，充分利用现有的条件。不但学好专业课程，而且充分利用各种有利条件来发展自己、提高自己。因为在现在的大学中，单凭坐在教室里死读书是难以适应社会的，还要通过多种渠道，提高自己其他方面的知识和能力。调整自己的学习方法，是适应大学学习生活的重要一步。

☞学与做

以学习为中心的校园生活

1. 学会主动学习

大学学习也要养成良好的学习习惯，首先是要做到主动预习，通过预习，发现课程重点和难点、了解课程的前后关系及内在联系，做到心中有数，掌握听课的主动权，从而事半功倍。其次是要认真听课，努力提高听课质量，紧跟老师的思路，适时做好笔记。然后是要重视作业、实验和实习，大学的作业相对高中而言，量少而精，着眼于加深对原理的理解和思考方法的培养，因此必须认真对待。最后，要做到自觉复习，及时消化课堂的教学内容，使所学知识成为自己知识链条中的一个有机组成部分，最终达到开阔思路、扩展知识领域，为进一步学习创造条件的目的。

2. 制订学习时间表

大学学习方式为学生安排时间提供了较大的自由度，为了避免出现时间空白带，可以制订一个学习生活计划，按照计划安排内容，合理地确定时间计划表中各个时间段的学习和生活内容，努力提高单位时间内的学习效率。

3. 做好以学习为中心

要尽快熟悉校园环境。有的新生入校后安排好行李，马上就到校园的各处熟悉情况，有的直接向高年级的同学请教。一般来说，多数高年级的同学都比较乐意把他们的经验传授给新生，以帮助他们尽快适应校园生活，少走弯路。另外，向自己的同乡请教也是不错的选择。最后，争取在班级中担任一定的职务，这也能帮助你尽快适应校园生活。对环境适应快的大学新生，很快就能成为班级中的核心人物。这样与老师、同学接触得越多，掌握的信息越多，锻炼的机会也越多，能力提高很快，自信心也就逐渐建立起来了。

4. 注意人际关系

在大学新生的人际关系中，问题最多的还是同学之间的关系。班级和宿舍里的同学分别来自不同的地域，难免在思想观念、价值标准、生活方式、生活习惯等方面都存在着明显的差异，在遇到实际问题的时候往往容易发生冲突和摩擦。差异是客观存在的，每个大学新生都必须面对、接受并学会解决。首先要承认每人有各自的生活习惯和价值体系，如果与别人生活在一起，就得连别人的生活方式一起接受。如果别人的生活方式有碍于你的生活，你就可以委婉地提出意见，并适当地进行自我调整。在给同学提意见的时候必须讲究方法和技巧。比如，同宿舍的人爱彻夜卧谈，影响了大家的休息。当直接提意见制止他们难以奏效时，可以相应地调节自己的计划，或推迟上床的时间，或听听英语磁带。要想处理好同学之间的关系，还要做到对人宽，对己严，切忌以自我为中心。在帮助别人的时候，不要过于计较别人能不能、会不会报答你，不要有"怕吃亏"的思想。古话说得好："吃亏是福。"

总的来说，大学是同学们进入社会前的最后一个摇篮，改变是痛苦的，但是可以使人更加成熟，让人更加顺利地融入社会，接受社会的选择，从而能够进一步实现理想和抱负。希望同学们能够挺起胸膛，充满自信，迎接挑战，勇往直前。

（魏立新，高　荣）

第九章　人际交往与适应

别交那些在一起让你舒舒服服的朋友，交那些让你不得不长进的朋友。

——老托马斯·沃森（IBM 创始人）

Don't make friends who are comfortable to be with. Make friends who will force you to lever yourself up.

——Thomas J. Watson

从呱呱坠地到慢慢长大独立进入社会，我们都在不停地与各式各样的人交流往来。在与他人的交往中，我们了解了别人，也让别人认识了我们，这不仅丰富了我们的学习和生活，也愉悦了我们的精神和心灵。大学是社会的缩影，这里有优秀的老师和接受着良好教育的同学，但也有着错综复杂的人际关系。大学生们如果可以成功地适应在大学生活中的各种人际交往，必将为今后走向社会奠定良好的基础。

第一节　人际交往的一般知识

一、人际交往的重要性

人际交往是人们在学习、生活和社会实践中通过相互交往与相互作用所形成的人与人的直接联系。大学生在校学习期间，除了 8 个小时的睡觉时间外都在与同学、老师等共处，其实即使是在睡觉的 8 个小时，也是和室友共同渡过的。

良好的人际交往能力，对大学生维护身心健康和促进成长、成才都有着十分重要的意义（如图 9-1 所示）。

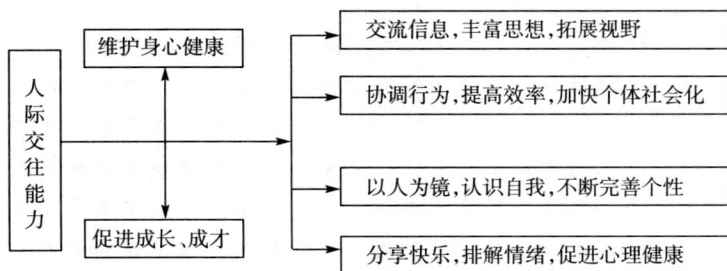

图 9-1　人际交往能力的重要性

二、人际交往的原则与效应

（一）人际交往的原则

1. 平等的原则

这应是人际交往中首先需要遵循的原则。无论是谈公事，还是论私交，都应撇开高低贵贱之类不适宜的思想。现在在校大学生中，有来自城市的，也有来自偏远山村的，有家庭异常富裕的，也有只能买得起馒头咸菜的，有潇洒美丽的，也有长相平平甚至不佳的，消除他们之间差距的最好办法就是坚持平等的原则。

2. 相容的原则

世界的多元化，社会的纷繁复杂造就了每个人不同的世界观、人生观和价值观，每个人都在按照自己的方式待人接物，而每个人所能干预的只是自己的思想和行为。在大学这个大家都来自五湖四海的天地更是如此，这就要求大学生们要充分尊重他人的生活方式，与人相处时表现宽容与忍让，求同存异，互学互补，处理好相互竞争与相互包容的关系，更好地完善自己。

3. 互利的原则

互利是人际交往的原动力之一。人际交往是一种双向行为，所以只有一方单独获得好处的人际关系是不能维系长久的，应双方都要受益。这里的"利"不是单纯的物质利益，大学期间大家的相处往往很少涉及物质利益，主要是精神层面的交流，所以一段好的人际关系，需要双方都付出努力。

4. 诚信的原则

社会文明程度越高，对诚信的要求也越高。人与人的交往也离不开信用。诚信指一个人真挚、诚实，不轻易许诺，一旦许诺会设法实现，"言必信、行必果"，这既是对自己的尊重也是对他人的充分尊重。

（二）人际交往的效应

1. 首因效应

【案例 9-1】 开学第一天，大学新生宿舍里一片繁忙，刚刚送走爸妈的小舟更是手忙脚乱。第一次挂蚊帐，可是蚊帐开口怎么对着墙壁了呢？这时耳边传来一串爽朗的笑声："你把蚊帐的方向系反了，我来帮你！"这可真是帮了小舟大忙了。好不容易折腾好蚊帐后，她才得空打量这位新室友：她梳着整齐的刘海，脸上一直挂着浅浅的笑容，穿着一件粉红的学生套裙，只是衣袖上蹭到了灰。小舟笑着答谢并立即帮她拍掉了身上的灰。后来，她们成了大学时代无话不说的好朋友。

【评析】 陌生双方初次见面所形成的印象对后来的影响称为首因效应。当见面时双方的穿着、言谈举止给了对方良好的印象后，交往才会继续下去。进入大学后大家每天都会遇到新的人或事，良好的个人气质和修养以及得体的衣着会为你带来良好的人缘。

2. 近因效应

【案例 9-2】 小峰非常喜欢数学，对新学期的第一堂高数课充满了期待。结果等到第一节下课铃声响了以后老师才来，而且满身的泥水和凌乱的头发让他对这位刘老师失望极了。后为小峰因为请了病假，几次课都没有去上，于是他去老师办公室咨询一些问课，刘老师非常和蔼地接待了他，并提出如果有什么不懂的可以直接再去找他，这让小峰觉得很温暖。过了很久他才知道第一次课那天下大雨，刘老师送一个摔伤腿的大爷去医院才迟到了。

【评析】 近因效应是指最后的印象对人的认知具有强烈的影响。第一印象通常会影响我们对一个人的判断，但这个印象并不是一定正确的，所谓"路遥知马力，日久见人心"，随着时间的推移，它会不断地得到修正，从而形成对人或事的客观认识。这也提示我们做人做事要前后一致。

3. 晕轮效应

【案例 9-3】 大一军训结束，小欧喜欢上了同班的女同学小梅。小梅长得非常美丽，无论身材还是面貌都很出众，加上又很会穿衣，走在校园里有很高的回头率。终于在小欧的不懈追求下，大一结束后，小梅成了他的女朋友。一个暑假，小欧对小梅想念不已，一开学，两人便频频出入学校的餐馆，周末还一起出去郊游。其实小梅很难"伺候"，说吃不惯食堂的饭菜，经常拉他下馆子；一周要逛好几次街，而且每次都开支不菲；衣服、化妆品非名牌不用；喜欢交朋友、跳舞，小欧因此放弃了每周三次晚自习的习惯，天天陪她……可这一切都没让小欧从对小梅的迷恋中走出来，直到收到满是红字的成绩单……

【评析】 晕轮效应是指在对人知觉时，人们常从或好或坏的局部印象出发，扩散而得出全部好或全部坏的整体印象，就像月晕一样，从一个中心点而逐渐向外扩散成越来越大的圆圈。大学生的世界观、人生观和价值观还处在一个有待于进一步完善的阶段，要形成对人或事物正确的认识需要经过反复思考。"爱屋及乌"，"情人眼里出西施"是不可取的。

4. 社会刻板效应

【案例 9-4】 小张的宿舍里有个来自偏远山村的同学小孙，她家里十分贫困，大一时因为申请到助学贷款才可以顺利入学。小张平时生活非常节俭，穿的衣服和鞋子也都很朴素，宿舍里大家用的新鲜玩意儿，什么爽肤水啊、MP3 啊她都会觉得好奇。一天小张打破了宿舍小李一瓶名贵的护肤面霜，当时宿舍没人，所以她就清理了渣屑当做什么也没发生。晚自习回来后，小张觉得整个宿舍气氛十分凝重，一问才知道原来是小李怀疑小孙偷了她的面霜，而小孙拒不承认。小张想说出真相，但还是忍住了。可这件事愈演愈烈，最后辅导员和全班同学都知道了，大家虽嘴上不说，但心里都支持小李的怀疑。小张觉得再也不能这样了，于是给辅导员老师发了封匿名电子邮件，并请求老师在全班面前读完这封邮件。事情真相大白，同学们都为自己无端怀疑小孙感到羞愧难当。

【评析】社会刻板效应是指社会上的一部分成员形成对某事物或人物的共同的、固有的、笼统的看法和印象。如法国人很浪漫，德国人很严谨，江浙人很善于经营，山东人很豪爽等。这可以帮助我们大致评判一个人，但若完全依靠这种效应来判断，其结果难免有失偏颇。

5. 投射效应

【案例 9 - 5】小晴是个不太受欢迎的班干部，因为她喜欢把同学们所有的问题如迟到啦、上课睡觉啦什么的，都事无巨细地向辅导员老师汇报。一次小晴考试作弊被同学小薇看到了，小薇没想到班长考试也会作弊，就意味深长地看了她一眼。小晴想这下小薇肯定要告诉辅导员的。一连几天她都惴惴不安，总觉得辅导员看她的眼神不像以前，而且说话好像也总有失望和责怪的语气；小薇也总是不愿意和她四目相对，这更让小晴担心不已。其实小薇并没有告诉老师，这一切只是小晴自己想出来的而已。

【评析】投射效应是指在人际交往中，人们在形成对别人的印象时总是假设他人与自己有相同的倾向，即把自己的特征投射到其他人身上。人类在本质上有共同的特征，所以投射效应在一定程度上加深了我们对他人的理解，但将自己不好的心态也一味地强加给他人，"以己之心，度人之腹"是不可取的。

第二节　大学生的人际交往

一、大学生人际交往的范围

进入大学后，大学生的人际交往范围变得大了很多。依据不同的形成原因，人际关系可分为多种类型。

（一）同学

这里的同学不单纯指同宿舍、同班的同学，还广义地泛指同系、同学院、同校甚至同专业的校际同学关系。学习是个人的事，但如果能以集体为单位进行学习，也是一种十分可取的方式，比如英语考级前大家集体进行模拟考试，结成小组共同备战研究生入学考试。集思广益的学习会让大家在竞争与合作中互相取长补短，最终达到共同进步。同时，大学生们也应该充分认识到良好的同学关系，不仅给自己的大学生活增添了色彩，更为自己走向社会做了充分的人际关系储备。

（二）老乡

大学生活中很浓重的一笔就是同乡情。每年新生入校，各式各样的同乡聚会都会如火如荼地举办起来，老生们眉飞色舞地描述着大学生活，新生们满脸好奇地询问着各样问题。同乡会使新生们在异地他乡找到了充满乡土气息的温暖，但如果遇人不淑的话也会给自己带来一些意想不到的麻烦。

（三）亲戚朋友

与父母、兄弟姐妹、叔舅姑姨之间的血缘关系是人们天然的人际关系之一。考入大学后，大学生们离开亲友，在异乡开始自己独立的生活，这是成长中非常重要的一个阶段。但很多大学生反映，在外学习时间长了，和父母之间的交流反而少了。家庭是我们永远的避风港，父母是我们永远的心灵依靠，无论在什么阶段，大学生们都应注意与父母之间的沟通交流。尤其是面对"空巢"和退休双重压力的父母，更需要我们的关注和开导。

📖 读一读

空巢综合征

"空巢家庭"指只有老年人独自生活而无子女在身边共处的家庭。"空巢综合征"是指空巢老人多深居简出，很少与社会上其他人群来往，普遍存在对生活的不适应和孤独感，甚至有严重的抑郁、失眠及多种躯体化症状和自杀观念及行为。近年来，尤其在城市的独生子女家庭，由于子女离家的时间越来越早，"空巢"期的出现比过去提前了五六年。

解决这一心理危机要做到以下几点：

首先，空巢老人要对亲子关系有一个正确认识。子女就像鸟儿一样，在有了自己丰满的羽翼后离开家庭独自发展是成熟的标志，父母应该及时调整自己的生活重心和节奏，而不是一切围着孩子转。老年人应该多培养兴趣爱好，广交朋友来克服"空巢"可能带来的压力；甚至在身体允许的情况下积极投身于社会，重新发挥余热。

其次，子女离家后，夫妻之间应给予更多的关心、安慰和体贴。这个时期，家庭又回归了"二人世界"，夫妻可以好好利用这段美好的夕阳红重温年轻时的恋爱感觉，比如共同参加文娱活动，学习年轻时不曾有空触及的某项爱好，参加团体旅游等。

最后，作为"空巢"老人和其儿女，都应高度重视预防此综合征的发生，子女应该多回家看看，经常与父母通过电话等方式进行感情和思想的交流，这无疑是给父母最大的安慰。一旦发现老人患有较严重的"空巢综合征"，应及时求助于医生，接受规范的心理或药物治疗。

（四）领导老师

大学生活中非常重要的一部分人际关系是与领导老师之间的交往。与学习生活有关的学校部门有：学生处、教务处、宿舍管理中心、团委等。大学生们要了解各个职能部门的主要作用以及与我们日常学习生活之间的关系，了解学校的各项方针政策，主动安排自己与同学们的各项工作；大学里还有很多人格高尚、学识渊博的教授学者，要积极与他们交流自己对问题的理解和看法，提前了解你所学习的专业和今后的发展，与他们的交流会让你时时有"听君一席话，胜读十年书"的感慨。

（五）社团会员

大学的生活丰富多彩，大学生的业余爱好也各式各样。除了专业课学习以外，大家缘于对绘画、音乐、摄影、体育等各种爱好的见解相似、意气相投，组成剧社、球队等各种社团或协会，将自己的爱好与作品和更多人分享，也在欣赏他人、切磋技艺的同时加深了自己的造诣，成就了美好的友谊。

（六）恋爱对象

在大学生的人际交往需求中，对爱情的需要和向往占了很重要的位置，大部分大学生都希望在大学期间拥有浪漫美满的爱情。而有限的时间、精力和财力有时并不能满足这样的需求，有些大学生一旦进入恋爱状态，就全身心地投入，把一切的时间和精力都花在上面，不仅荒废了学业，也在一定程度上限制了原先的人际交往范围。以不影响学习为前提，大学生之间正常而理智的交往是可以为大家所接受的。

（七）社会成员

时下的用人单位都希望招募有工作经验的毕业生，有鉴于此，现在的大学生都会尽可能地利用业余时间参与社会实践活动，在参加这些活动过程中会结识一些与本专业有关或相关的领导或职员。这些经历不仅让大学生提前体验了社会激烈的竞争现状，也为今后的就业打下了良好的基础。

二、大学生人际交往的特点

大学生作为有思想、有文化的青年群体，在人际交往方面也有着显著的特征。

（一）平等性

人们都渴望在平等、互助的气氛中与人相处。大学校园里的人际关系很少涉及利益冲突，大家在互不依赖的环境中学习与生活，学校里制定的各项规章制度，老师给每个人教授的课程、布置的作业、提出的要求甚至包括给予的机会都是相同的，这一切所营造的平等与和谐是大家共同追求的。

（二）开放性

如前所述，大学生拥有非常广泛的人际交往范围，学校和社会也给大学生提供了各种各样的交往机会，如勤工俭学、工厂社区实践等，毕业时"双向选择"的就业模式也促使了大学生不断进行自我完善和自我推荐。

（三）迫切性

大学生都有迫切的人际交往需求，需要通过人际交往来扩大自己的信息量和视野，通过交往找到与他人的差距，以此来了解并完善自我，更希望通过交往认识他人或被他人所认识。但大学生往往缺乏人际交往的经验和技巧，加之部分大学生过于自卑、紧张、羞怯，往往实际交往不尽如人意。

（四）情感性

大学生之间没有很浓重的利益关系和功利心，彼此的互帮互助、共同进步更多出于情感上的交流，这也是即使毕业很多年以后，同窗情历久弥坚的缘故。但也有对这些人际关系表示质疑的地方。比如，某同学借助与辅导员的关系当上了"三好生"或得到了奖学金，某同学"走后门"得到了一份相当满意的工作等等，这些社会上的功利行为都会引起大学生们的强烈不满，也在一定程度上影响了大学生原先一直坚持的、靠个人努力而自立于社会的心理。

（五）高期望值与高挫折感

大学生对于自己的人际交往能力或交往对象的人格魅力都会寄予很大的期望，希望对方可以认可自己并乐于接纳自己，也希望自己的朋友受过良好的学校教育和家庭教育，并因此十分容易付出自己的感情。但事实并非如此，大学生中也会有很多不那么优秀的个体，即使再优秀的人也会在个性或行事为人的方式方法上与自己大相径庭，所以高期望值之后伴随的就是高挫折感。这是大学生群体中容易出现的一种人际交往压力。

读一读

新手上路：人际交往不要过度投资

不要对人好得过分了！把好事都做尽了，也会给你带来意想不到的结果。因为对一个有劳动能力、理智健全的人来说，独立、付出都是内部需要。人际关系中如果不能相互满足某种需要，仅仅靠一方单方面付出的话，这种关系维持起来就比较困难。在卡耐基成功人际交往思想中，很重要的一条就是要遵循心理交往中的"功利原则"——这一原则是建立在人的各种需要（包括精神的、物质的内容）的基础上，即人际交往是满足人们需要的活动。

心理学家霍曼斯早在 1974 年就曾经提出：人与人之间的交往本质上是一种社会交换，这种交换同市场上的商品交换所遵循的原则是一样的，即人们都希望在交往中得到的不少于付出的。其实有的只是得到的不能少于付出的，如果长期得到的大于付出的，也会令人们的心理失去平衡。

人际交往要有所保留，初入社交圈中的人常犯的一个错误就是"好事一次做尽"，以为自己全心全意为对方做事会使关系融洽、密切，事实上并非如此。如果好事一次做尽，使人感到无法回报或没有机会回报的时候，愧疚感就会让受惠的一方选择疏远。留有余地，适当地保持距离，因为彼此心灵都需要一点空间。

如果你想帮助别人，而且想和别人维持长久的关系，那么不妨适当地给别人一个机会，让别人有所回报，不至于因为内心的压力而疏远了双方的关系。而"过度投资"，不给对方喘息的机会，就会让对方的心灵窒息，不能自由畅快地呼吸。

三、大学生人际交往适应的障碍

（一）对自我认识不足

现在的在校大学生们几乎都是在家人与师长的关注下成长起来的，他们习惯于接受他人的帮助，甚至认为这些帮助是理所应当的；他们不善于去发现别人的需求，也不善于去采纳别人的意见；注重自己目的的实现，习惯用自己的得失作为判断是非的标准。

1. 自卑

由于大学生不能正确评价自己，所以在现实人际交往中一旦受挫就容易导致他们的自卑心理；另一些自认为有缺憾的，如身高不理想、容貌不俊美、家庭经济状况很拮据等等，也容易让他们在正常的社交中表现的很胆怯和退缩。

2. 自高自大

不能正确认识自己的另一个表现就是过高估计自己。优越的家庭出身、出众的外貌特征或有某项特别出色的个人表现，这些都容易让个别大学生产生自高自大的心理，他们容易以自我为中心，处处表现自己，只能听得进别人的表扬，不能接受大家的批评，往往一个小小的挫折都容易使他们感觉压力过大。

（二）情绪个性方面的障碍

1. 易激动

大学生处于情感丰富、情绪强烈的青年期，对个人的心思意念无法实现时往往不能心平气和地思考和处理，容易将激动情绪外化为气愤和恼怒，从而做出一些不良行为、说出一些不适宜的话语，影响了正常的人际交往。

2. 羞怯

在人际交往中总觉得勇气不足，因对自己的某个方面不满意，觉得不如别的同学；或是在他人面前说话觉得很不自在，容易紧张不安；或是在类似的场合前有过失败的体验，再遇到同样情形仍不敢正确乐观面对。

3. 嫉妒

在人际交往中，发现别人在才能、容貌、名誉、境遇等方面比自己强时所产生的不愉快、怨恨、恼怒等情绪都是嫉妒的典型表现。这些负性情绪体验对自身的心理健康危害很大，经常干扰对一个人或一件事的正常判断，甚至会采取不合法或不道德的方式去破坏对方比自己有优势的这些强项。

4. 偏执

大学生中往往会有这类人，他们特别热衷于与他人争论，看问题很偏激，固执，爱钻牛角尖，并且非常不易接受他人的看法和观点。他们常常缺乏幽默感，也难以接受他人的玩笑。这些都是性格中有偏执倾向的人的典型表现。这类人的人际关系往往很差，不能与周围人和睦相处。

5. 戒备

大学生都具有强烈与他人交往的愿望，但在真正与别人交流的过程中却往往表现出怀疑他人、对别人的话或信息总是反复质疑，孤僻，猜忌，并且在很多场合不愿表达自己的想法。这些个性心理特征也很难使自己与他人坦然相处。

📖 读一读

有损人格魅力的弱点

要超越自我，我们一定要正视自己身上那些有损人格魅力的弱点。社会心理学归纳出妨碍人际吸引的个性弱点有以下 10 个方面：

1. 为人虚伪。人们在与为人虚伪的人交往时，常担心受骗上当，没有安全感，让人难以相信他。

2. 自私自利。这种人只关心自己，不关心他人，个人利益至高无上，斤斤计较，患得患失，损人利己，为了个人的蝇头小利可以放弃他人、集体的巨大利益。私心太重的人必然缺乏吸引力。

3. 不尊重人。这种人常常挫伤别人的自尊心，破坏了别人社会心理需求的满足，别人自然讨厌他。

4. 报复心强。与报复心强的人交往，使人常担心稍有不慎，就会遭到报复，心理上很紧张，因此自然疏远他。

5. 嫉妒心强。妒忌别人，本质上是企图剥夺别人已经得到的物质和精神的需要，这种心理一旦表现出来，就会引起别人的反感。

6. 猜疑心重。人们往往感到与猜疑心重的人难以真诚坦率地交往。这种人心眼小，敏感多疑，难以让人亲近。

7. 苛求别人。吹毛求疵，苛求于人，使人不快，常令人自尊心受挫。解除不快的办法，就是远离这种人。

8. 骄傲自大。恃才自傲，目中无人，自吹自擂，使人难以接近。

9. 过分自卑。自卑者在人们心目中是无能和卑贱的影子。缺乏自信心的人，往往自暴自弃，畏缩不前，这种人自然没有魅力吸引别人。

10. 孤独固执。人们难以和孤独固执的人和谐共事。

以上个性弱点是我们常见的，也是常人或多或少具有的。这些个性弱点使自己的人际吸引力大大减弱，所以我们应该努力克服这些个性弱点，减少个性弱点对事业的消极影响。

第三节　大学生人际交往的调适

生活中，人际关系的好坏不仅仅是一个人的心理健康水平、社会适应能力的综合体现，而且在很大程度上影响一个人的生活质量和事业的拓展。但人际关系的形成和发展并不是一成不变、不可更改的。因此，对于正在成长中的当代大学生来说，了解人际交往的重要性，并积极调整自己以适应变化的人际交往，不仅是大学生现实生活之必需，更是将来适应社会、展翅奋飞、实现理想的需要。

一、人际吸引的普遍规律

（一）熟悉

熟悉是指交往双方的互相了解，是产生好感的必要条件。人们只有熟悉了以后，才可以选择用大家都能接受的方式交往，从而避免采取有损于双方情感与关系的行为方式，有意识地避免造成不愉快的后果。所以，相互熟悉的人更容易成为朋友。

（二）才能

俗话说："近朱者赤，近墨者黑"。在外貌、性格、爱好等其他条件都相同的情况下，人们更倾向于和一个聪明能干的人交朋友，这样可以从中得到某些帮助，自己也可以在与他的交往中变得优秀。但人们同时也并不希望这个朋友就是十全十美的完人，有点小缺点的人更为大家所接受。比如一个各方面都很优秀的学生和陌生人说话会脸红，一个非常能干的女孩子害怕各种长爪子的小动物，这些无伤大雅的小缺点，反而使他们更加真实，更加可爱。

（三）美感

这里所强调的美感不单纯指外貌美，还包括个体的语言美、行为美和人格美。

人们初次见面所关注的一般仅限于外表。拥有形体和容貌美并且善于得体装扮自己的人，容易给别人非常良好的第一印象；接下来人们容易去关注他的语言和行为，尤其是从中所传递出来的个性和气质。随着时间的推移，人们记住的往往不是一个人的外表美，深入人心的是他的个性特征和人格魅力。所以，我们在注重外表的同时，更要加深内在美的历练。

（四）互补

当交往双方的个性特征呈现互补时，也会促进彼此之间的相互吸引。双方都觉得对方的个性和行为是对自己的有益补充，从而很容易就结成了伙伴。常见的互补型人际关系有支配型与顺从型、自信自强型与优柔寡断型、开朗外向型与忧郁内向型、为人豪爽大大咧咧型与纤细柔弱谨小慎微型，等等。

（五）相似

生活中相似的特征也是导致人们相互吸引的重要原因。比如来自同一个地方的老乡，学同一个专业的同学，拥有同样兴趣爱好的人，有共同的学历、经历和职业，有着相近的社会地位和经济条件，等等，大家很容易在这些话题上有着相同的感受或回忆，这样就在无形中拉近了彼此的距离。

（六）个人品质

具有良好个性品质的人，会让人产生亲切、赞赏等感情，会有一种强大的人际吸引力，使他的身边总是有很多的好朋友，并且在他有困难的时候，大家都愿意及时伸出援助的双手。优良的个性品质像强大的磁铁，有着稳定而持久的吸引力，而偏执、以自我为中心的性格，很难与他人保持长久的人际关系。

测一测

你与人相处的困扰何在？

我们每个人人际交往的能力是不同的，即使这方面的能力基本相同，表现的方面也有可能因人而异。因此，每个人最典型的行为困扰也不一样，下面的题目有助于你更好地了解自己的人际困扰。

请结合自己的实际情况，对下面题目进行回答

　　　　　　　　　　　　　　　　　　　是　　不一定　　否

1. 对于自己的烦恼有口难言。
2. 和陌生人见面感到不自然。
3. 过分地羡慕和嫉妒别人。
4. 与异性交往太少。
5. 对连续不断的会谈感到困扰。

6. 在社交场合感到紧张。

7. 时常伤害别人。

8. 与异性来往感觉不自然。

9. 与一大群朋友在一起，常感到孤寂或失落。

10. 极易受窘。

11. 与别人不能和睦相处。

12. 不知道与异性相处如何适可而止。

13. 当不熟悉的人对自己倾诉他的生平遭遇以求同情时，自己常觉得不自在。

14. 担心别人对自己有什么坏印象。

15. 总是尽力使别人赏识自己。

16. 暗自思慕异性。

17. 时常避免表达自己的感受。

18. 不能确信自己的仪表与容貌。

19. 讨厌某人或被某人讨厌。

20. 瞧不起异性。

21. 不能专注地倾听。

22. 自己的烦恼无人可申诉。

23. 受别人的排斥与冷漠。

24. 被异性瞧不起。

25. 不能广泛地听取各种意见、看法。

26. 自己常因受害而暗自伤心。

27. 常被别人谈论、愚弄。

28. 与异性交往不知如何更好地相处。

评分细则：每题答“是”记 2 分，“不一定”记 1 分，“否”记 0 分。将各得分相加，统计总分。

若你的总分：0～16 分：说明你与人相处是困扰较少；17～28 分：说明你与人相处存在一定程度的困扰；29～38 分：说明你与人相处中困扰比较严重；39～56 分：说明你与人相处存在严重的困扰。

然后看看你的困扰集中表现在哪些方面：

请统计第 1、5、9、13、18、21、25 题的计分，表明你在言语和交谈方面的困扰程度：12 分以上，说明你不太善于言语和交谈；6～11，说明上述能力一般；0～5 分，说明你有较高的交谈能力和技巧。

请统计第 2、6、10、14、17、22、26 题的计分，表明你在交友方面的困扰程度：12 分以上，说明你不太容易交到朋友；6～11，说明你交朋友时比较被动；0～5 分，说明你很容易交到朋友。

请统计第 3、7、11、15、19、23、27 题的计分，表明你待人接物的能力：12 分以上，说明你在待人接物方面能力较差；6～11 分，说明你可能是个多侧面的人；0～5分，说明你待人接物能力较强。

请统计第 4、8、12、16、20、24、28 题的计分，表明你与异性相处时的困扰程度：12分以上，说明你不太会与异性相处；6～11分，说明你与异性相处的能力一般；0～5分，说明你懂得正确处理与异性的关系。

二、提高大学生的语言修养

美国人把"舌头、金钱、电脑"誉为三大竞争法宝，其中"舌头"——即"口才"，居三大法宝之首。许多公司招聘公关人员，只要讲三分钟话，老板就能决定是否聘用。在我国，人们也常说"一句话使人笑，一句话使人跳"，说的也是语言在人际交往中的重要性。作为接受过高等教育的大学生，人们往往在期望中把他们的表达能力定格为"出口成章、语出惊人"。很多大学生，尤其是学理工科的大学生，容易忽视对语言表达能力重要性的认识。所以大学生应学会如何提高自己的语言修养。

（一）掌握尽可能多的词汇

贫乏的词汇一定描绘不出什么动人的情景，反而会使听者觉得单调乏味。某君去了趟新疆，非常兴奋，逢人就说新疆真是个好地方啊，美极了！可当大家问他新疆好在什么地方，美在哪里，他又表达不出来，一个劲地重复着：真是个好地方，下次还要去那里！出现这种情况的主要原因就是词汇的匮乏。大学生要在日常学习生活中注意积累词汇，包括学会运用各类古语、俗语，会有意想不到的表达效果。

（二）语言表达清晰明确，通俗易懂

史书记载过这样一件事，子禽问墨子："老师，一个人说多了话有没有好处？"墨子回答："话说多了有什么好处呢？比如池塘里的青蛙，整天地叫，弄得口干舌燥，却从来没有人注意它；但是鸡棚里的雄鸡，只在天亮时叫两三声，大家听到鸡啼就知道天要亮了，于是都注意它。所以话要说在有用的地方。"我们生活中有这样的人，对一件事会反反复复地讲，听者觉得乏味，就连自己也觉得没了兴趣。在合适的时候，用简洁明确的语言表达出自己的意思，使听者都能明白，这并不是一天两天能够做得到的，所以也要加强训练。

（三）注意修辞，语言幽默

适当地使用比喻、对比、排比等修辞手法可以使语言的表达更加得心应手。孔子说："言之无文，行而不远。"很多抽象的名词、数据和专业现象，如果使用修辞，就可以使原本枯燥、晦涩的内容变得生动、形象起来；而幽默的恰当使用也可以使本来尴尬的场面变得轻松愉快起来，从而为人际交往打开新的局面。

（四）注意书面语言的运用

随着网络技术的发展，人与人之间的交往较多地依靠电子邮件等书面文字的形式进行。这就需要大学生具备相当的书面文字的应用水平，而这恰恰是现在很多大学生比较欠缺的。有家公司在招聘的时候，先请公司业务员详细说明该公司的一项主打产品，然后请前来应聘的大学生写一篇关于该产品的推荐书。这一道考题竟然难倒了一大半应征者，有的觉得无从说起，有的半天找不着重点。现在各项工作的开展都要求有过硬的书面文字表达能力，大学生应重视这一点，并在平时的生活和学习中注意练习。

读一读

幽默在日常生活中的运用

人们常有这样的体会：疲劳的旅途上，焦急的等待中，一句幽默话，一个风趣的故事，能使人笑逐颜开，疲劳顿消。在公共汽车上，因拥挤而争吵之事屡有发生。任凭售票员"不要挤"的喊声扯破嗓子，仍无济于事。忽然，人群中一个小伙子嚷道："别挤了，再挤我就变成相片啦。"听到这句话，车厢里立刻爆发出一阵欢乐的笑声，人们马上便把烦恼抛到了九霄云外。此时，幽默调解了紧张的人际关系。

幽默还有自我解嘲的功用。在对话、演讲等场合，有时会遇到一些尴尬的处境，这时如果用几句幽默的语言来自我解嘲，就能在轻松愉快的笑声中缓解紧张尴尬的气氛，从而使自己走出困境。一位著名的钢琴家，去一个大城市演奏。钢琴家走上舞台才发现全场观众坐了不到五成。见此情景他很失望。但他很快调整了情绪，恢复了自信，走向舞台的脚灯对听众说："这个城市一定很有钱。我看到你们每个人都买了两三个座位票。"音乐厅里响起一片笑声。为数不多的观众立刻对这位钢琴家产生了好感，聚精会神地开始欣赏他美妙的钢琴演奏。正是幽默改变了他的处境。

在人际交往中，还可以寓教育、批评于幽默之中，具有易为人所接受的感化作用。在饭馆里，一位顾客把米饭里的沙子吐出来。一粒一粒地堆在桌上，服务员看到了很难为情，便抱歉地问："净是沙子吧？"顾客摆摆头说："不，也有米饭。""也有米饭"形象地表达了顾客的意见，以及对米饭质量的描述。运用幽默语言进行善意批评，既达到了批评的目的，又避免出现使对方难堪的场面。

幽默虽然能够促进人际关系的和谐，但倘若运用不当，也会适得其反，破坏人际关系的平衡，激化潜在矛盾，造成冲突。在一家饭店，一位顾客生气地对服务员嚷道："这是怎么回事？鸡的这条腿怎么比另一条短一截？"服务员故作幽默地说："那有什么！你到底是要吃它，还是要和它跳舞？"顾客听了十分生气，一场本来可以化为乌有的争吵便发生了。所以，幽默应高雅得体，态度应谨慎和善，不伤害对方。幽默且不失分寸，才能促使人际关系和谐融洽。

三、加强大学生人际交往能力

（一）人际交往能力的含义

社会交往能力是指妥善处理组织内外关系的能力，包括与周围环境建立广泛联系和对外界信息的吸收、转化能力，以及正确处理上下左右关系的能力。

（二）人际交往能力的种类及培养方法（如图9-2）

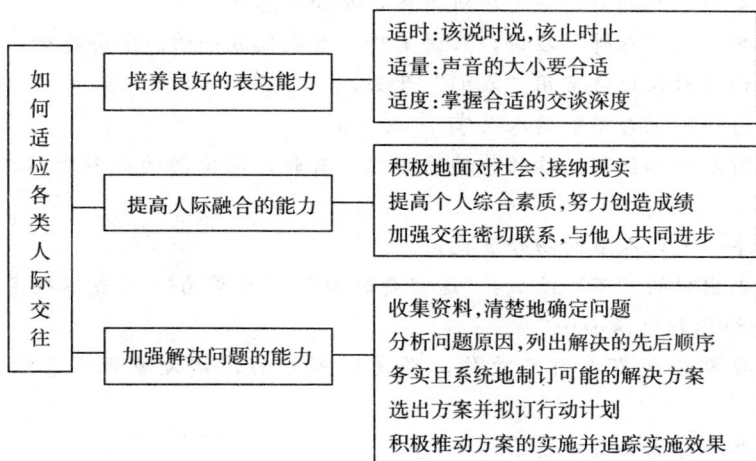

图9-2 人际交往适应的方法

掌握适时、适量、适度的社交口才技巧，努力提升自己的综合素质，并积极主动地与他人交往，再加上充满智慧的独立解决各样问题的能力，你一定会成为众人眼中最值得成为朋友的人，也会因此收获美好的大学生活和将来美丽的人生。

☞ 学与做

怎样才能"人见人爱"？

1. 长相不令人讨厌，如果长得不好，就让自己有才气；如果才气也没有，那就总是微笑。

2. 气质是关键，如果时尚学不好，宁愿纯朴。

3. 与人握手时，可多握一会儿。真诚是宝。

4. 不必什么都用"我"做主语。

5. 不要向朋友借钱。

6. 不要"逼"客人看你的家庭相册。

7. 与人打"的"时，请抢先坐在司机旁。

8. 坚持在背后说别人好话，别担心这好话传不到当事人耳朵里。

9. 有人在你面前说某人坏话时，你只微笑。

10. 朋友生病时，去探望他。很自然地坐在他病床上，回家再认真洗手。

11. 不要把过去的事全让人知道。

12. 尊敬不喜欢你的人。

13. 尊重传达室里的师傅及搞卫生的阿姨。

14. 对事不对人；或对事无情，对人要有情；或做人第一，做事其次。

15. 自我批评总能让人相信，自我表扬则不然。

16. 不吝惜你的喝彩声。

17. 不要把别人的好，视为理所当然，要知道感恩。

18. 榕树上的"八哥"在讲，只讲不听，结果乱成一团。学会聆听。

19. 说话的时候记得常用"我们"开头。

20. 为每一位上台唱歌的人鼓掌。

21. 有时要明知故问：你的手链很贵吧！有时，即使想问也不能问，比如：你多大了？

22. 话多必失，人多的场合少说话。

23. 把未出口的"不"改成："这需要时间"、"我尽力"、"我不确定"、"当我决定后，会给你打电话……"

24. 不要期望所有人都喜欢你，那是不可能的，让大多数人喜欢就是成功的表现。

25. 当然，自己要喜欢自己。

26. 如果你在表演或者是演讲的时候，只要有一个人在听也要用心地继续下去，即使没有人喝彩也要演，因为这是你成功的道路，是你成功的摇篮。

（米浪静，胡　燕）

第十章　大学生常见的传染性与感染性疾病的防治

20 世纪同传染病的斗争是医学中成效最为显著的领域，人类已经彻底歼灭了天花，也让脊髓灰质炎、麻风病等遭到重创。但是，传染病从来没有停止过与人类的战争，新的传染病病种相继出现，如艾滋病、莱姆病和新型流感、疯牛病……以及前不久肆虐的 SARS 等等。不仅如此，"老牌劲旅"肺结核、疟疾、登革热、炭疽等死灰复燃，卷土重来，虎视眈眈地注视着人类，人类与传染病的斗争远未结束。

第一节　传染病的基本知识

一、什么是传染病

传染病是指由病原体（如病菌、病毒、寄生虫等）引起的、能在人与人之间或人与动物之间传播的疾病。

让我们来回顾传染病在历史上所犯下的滔天罪行吧。

📖 读一读

传染病与人类不了的恩怨
——传染病肆虐的现代版

1994 年，印度发生大规模鼠疫，国民经济遭受重创。

1995 年，非洲再现埃博拉出血热（2001 年、2003 年又再次出现流行）。

1996 年，英国疯牛病。

1997 年，香港禽流感（2001 年 5 月，禽流感又在香港卷土重来）。

1998 年，东南亚尼巴病毒引起脑炎。尼巴病毒名称源于马来西亚的村庄名，在 1998 年和 1999 年共使 276 名马来西亚人和新加坡人患病，迫使屠宰场和养殖场将 100 多万头生猪屠宰销毁。

2000 年，非洲发生裂谷热。

2001 年，欧洲发生口蹄疫。

2002 年，美国爆发了西尼罗热，已经有数十人感染此病死亡。西尼罗热是由西尼罗病毒引起的，该病主要通过蚊子传播，潜伏期通常为 1～2 周。

2003 年，SARS（传染性非典型肺炎）病毒肆虐……

二、传染病流行的三个基本环节

传染病要流行，必须同时具有三个基本环节，它们分别是传染源、传染途径和易感人群。它们彼此相连，环环相扣，缺一不可，如图 10-1 所示。

传染源　　　　　传染途径　　　　　易感人群

图 10-1　传染病流行的三个基本环节

（一）传染源

传染源是指能够散播病原体的人或动物。病原体在传染源的呼吸道、消化道、血液或其他组织中生长繁殖，并且能够通过传染源的排泄物、分泌物或生物媒介，直接或间接地传播给健康人。

主要的传染源有：

1. 病人

在大多数疾病流行中，病人是重要传染源，然而在不同病期的病人，传染性的强弱有所不同，尤其在发病期其传染性最强。

2. 病原携带者

包括病后病原携带和无症状病原携带，病后病原携带称为恢复期病原携带者，3 个月内排菌的为暂时病原携带，超过 3 个月的为慢性病原携带。病原携带不易发现，具有重要流行病学意义。

3. 受感染动物

传播疾病的动物为动物传染源，动物作为传染源传播的疾病，称为动物源性传染病，如狂犬病、布鲁氏菌病等；野生动物为传染源的传染病，称为自然疫源性传染病，如鼠疫、钩端螺旋体病、流行性出血热等病。

📖 读一读

一个关于传染病的故事

从《极度恐慌》说起：

非洲某雇佣军兵营中流行着一种可怕的疾病，人员不断死亡。美国军医在抽取了感染血样后，登上直升机离开。在空中，飞机投下了数枚炸弹，整个兵营在一瞬间全被毁灭，只有惊恐的白脸猴在附近的树林中尖叫……

　　时光流转至 30 年后。这种怪病又在事发当地的一个村庄流行起来，美军传染病研究所上校军医山姆受命前往调查。幸而这种病只能通过直接接触患者才会传播，不会通过空气传染，因此还容易加以控制。山姆在采集了血液样本后离去。与此同时，一位美国青年在发病村庄附近的树林中捕捉了一只小白脸猴，准备把它带回国出售。

　　经过检测，山姆发现是一种不知名的病毒导致了这场恐怖的疾病，但在报告上级之后，山姆却接到了停止调查的通知。猴子被青年偷偷带回了旧金山的香柏溪镇，使得这种神秘的疾病很快在香柏溪镇蔓延。军队紧急出动，封锁镇子的出入口，逃离者格杀勿论。一直在暗中调查此事的山姆明白过来，原来这种病毒是美军制造出来的致命生化武器。政府紧急运来了一批针对该病毒的抗病毒血清，但无济于事，因为此时病毒已经发生了变异，而且能通过呼吸道传播，使得传播速度更快。

　　要解决这场灾难，唯一的办法就是找到病毒的原始携带者——那只小白脸猴。但在此时，美国政府为了避免病毒传播到其他地区，已经做出了残忍的决定：投放燃烧弹将整个镇子和病毒一起毁灭。危急时刻，山姆终于找到了那只猴子，制出了新的抗病毒血清，挽救了患者的性命，阻遏了疫情的蔓延，而投弹行动也随之终止。

　　这是美国经典影片《极度恐慌》的故事情节。这部由几位奥斯卡影帝联袂主演的影片，上映之后引起了极大的轰动。虽然剧情是编剧杜撰的，但也给我们勾勒出传染病流行的大致情形。

（二）传播途径

　　传播途径是病原体离开传染源后到达人所经过的途径，主要途径有空气传播、水传播、食物传播、接触传播、生物媒介传播等。

☞ 学与做

　　（1）O—157 型大肠杆菌、伤寒、菌痢、甲型毒性肝炎等病通过_____方式传播。

　　（2）百日咳、流脑、流感、猩红热、麻疹等病，通过_____方式传播。

　　（3）鼠疫、阿米巴性痢疾、蚊传疟疾、丝虫病、乙型脑炎等通过_____方式传播。

　　（4）足癣（香港脚）、皮肤炭疽、狂犬病、血吸虫病等通过_____方式传播。

　　（5）伤寒、痢疾、霍乱等病，通过_____方式传播。

　　好，下面我们来总结一下传染病的不同传播方式：传染病一共有 5 种传播方式，它们分别是：_____传播、_____传播、_____传播、_____传播、_____传播。

参考答案：食物；空气飞沫；生物媒介；接触；水；食物、空气飞沫、生物媒介、接触、水。

（三）易感人群

易感人群是指对某种传染病缺乏免疫力而容易感染该病的人群。新生人口增加、易感者的集中或进入疫区，部队的新兵入伍，易引起传染病流行。病后获得免疫、人群隐性感染、人工免疫，均使人群易感性降低，不易传染病流行或终止其流行。

三、传染病预防

从前面的内容可知传染病的传播有三个基本环节，因此，要控制传染病的流行，可从上述三个方面入手。

（一）管理传染源

1. 对患者和病原体携带者的管理

要求早发现、早诊断、早隔离，积极治疗患者。防治法规定管理的传染病分甲、乙、丙三大类。向疾病预防控制机构报告的传染病称法定传染病。

传染病疫情报告力求迅速。甲类传染病，要求城市须在 6 小时之内上报疾病预防控制机构，农村不得超过 12 小时；乙类传染病要求城市须在 12 小时内上报疾病预防控制机构，农村不得超过 24 小时。疾病预防控制专业人员、医疗保健人员，对疫情不得隐瞒、谎报，或授意他人隐瞒与谎报疫情。

对病原携带者进行管理与必要的治疗，特别是对食品制作供销人员、炊事员、保育员作定期带菌检查，及时发现，及时治疗和调换工作。

对传染病接触者，须进行医学观察、留观、集体检疫，必要时进行免疫法或药物预防。

2. 对感染动物的管理与处理

对动物传染源，有经济价值的野生动物及家畜，应隔离治疗，必要时宰杀，并加以消毒，无经济价值的野生动物发动群众予以捕杀。

（二）切断传播途径

根据传染病不同传播途径，采取不同防疫措施。肠道传染病作好床边隔离，吐泻物消毒，加强饮食卫生及个人卫生，作好水源及粪便管理。呼吸道传染病，应使室内开窗通风，空气流通、空气消毒，个人戴口罩。虫媒传染病，应有防虫设备，并采用药物杀虫、防虫、驱虫。

（三）保护易感人群

提高人群抵抗力，有重点有计划地预防接种，提高人群特异性免疫力。人工自动免疫是有计划地对易感者进行疫苗、菌苗、类毒素的接种，接种后免疫力在 1～4 周内出现，持续数月至数年。人工被动免疫是紧急需要时，注射抗毒血清、丙种球蛋白、胎盘球蛋白、高效免疫球蛋白。注射后免疫力迅速出现，维持 1～2 月即失去作用。

☞ 学与做

预防传染病九项措施

1. 勤洗手

研究结果表明，有些传染病病毒在手上能存活几十个小时。患者在擤鼻涕、挖鼻孔时会将病毒沾在手上，健康人若与患者握手或在公共场所接触了患者触摸过的物品，手上就会带有病毒，所以勤洗手十分必要。

2. 勤换牙刷

人们每天都要使用牙刷，若上面带有病毒，则容易反复感染；另外，牙刷常处于潮湿状态，病原体易滋生繁殖，对身体健康极为不利。

3. 脚部保暖

脚对温度比较敏感，如果脚部受凉，会反射性地引起鼻黏膜血管收缩，使人容易受传染病病毒的侵扰；同时提倡冷水洗脸。

4. 饮食清淡

"三高"饮食会降低人体免疫力，饮食过咸，会使唾液分泌及口腔内的溶菌酶减少，并降低干扰素等抗病因子的分泌，使感冒等病毒易进入呼吸道黏膜而诱发疾病。

5. 精神愉快

医学家通过观察发现，精神紧张、忧郁的人，体内抗病毒物质明显减少；局部免疫力下降，易患病。

6. 合理睡眠

经研究表明，人在睡眠时体内会产生一种有提高免疫力作用的物质。因此在平时保证充足的睡眠十分重要。

7. 加强锻炼

注意日常体质锻炼，提高身体的免疫力和抵抗力，增强对外界环境的适应。

8. 空气流通

保持室内空气清新，常开门窗通风，保持适当温度，室内外温差不宜过大。

9. 及时发现、及时就诊

如觉身体不适应立即就医治疗，以免延误病情，引发并发症。

第二节　常见传染病的防治

一、结核病

秋冬季节是结核病的高发季节。高校是人群相对集中的场所，一旦出现传染源即有可能导致肺结核病的传播。

肺结核是一种主要以空气为传播途径的呼吸道传染病，健康人吸入含有结核杆菌的空气飞沫，便可能感染结核杆菌。

（一）肺结核的主要症状

◆连续咳嗽、咳痰超过两周，并（或）有咳血和胸痛。

◆低热、盗汗、疲乏、食欲减退。

（二）肺结核的预防措施

◆宿舍、教室、计算机房、图书馆等公共场所应注意经常通风，保持室内空气新鲜，提倡湿式扫地，防止病原菌随灰尘吸入人肺。

◆高发季节应尽量避免到拥挤的公共场所活动。

◆注意个人卫生，不随地吐痰，不对着别人咳嗽、打喷嚏，不吃生鸡蛋，不喝未消毒的牛奶。

◆加强自我保健，劳逸结合，注意饮食营养，锻炼身体，增强体质。

◆出现肺结核的有关症状，应及时到校医院就诊，进行 X 线等有关检查，及时诊断和治疗。

◆对密切接触肺结核病人的家属和周围人群，可到校医院进行预防知识的咨询，并进行相关检查。

▟ 读一读

随地吐痰——传播结核！

痰，是人体呼吸道的分泌物，正常人痰很少，只是保持呼吸道湿润而分泌的少量粘液。但当人吸入刺激性气体、尘埃、致病细菌、病毒等有害微生物时，上呼吸道就可能发生炎症，或者肺部发生疾病，呼吸道分泌物就会增加，痰量就会增加，而痰的性质也会发生变化，可以由粘痰变成黄脓痰。比如：在支气管扩张症、肺结核空洞形成、肺化脓性炎症时，黄脓痰的量就会增加，而且里面可能含大量的致病菌。

呼吸道分泌少量的粘液是正常的，它对人可以起一个保护作用。而肺脏通过呼吸道与外界直接相通，空气的污染物是多种多样的，其中也包含了痰液与尘埃结合后干燥的颗粒，通过人的呼吸吸入肺脏，一旦人体抵抗力下降，那么，呼吸系统发生炎症而得病的机会就大大增加。科学家们研究表明，由于呼吸系统结构的特殊性，感染肺部的致病微生物多而复杂。病人又可通过呼吸系统的分泌物，痰液的排出，打喷嚏等再污染空气，再可以使人吸入。这样周而复始的传染、感染，所以，呼吸道的传染病流行传染是很快的。而且，结核杆菌在干燥的尘埃中存活的时间很长，所以危害也就更大。

请勿随地吐痰 DON'T SPIT

呼吸道疾病传播的方式，主要是通过痰液污染了空气，污染了空气中的尘埃。空气中能被人利用的也只有含量20.9％的氧气，可想而知，这其中含有多少人体所不需要的东西，其中包含着有害有毒物质以及干燥的带细菌的尘粒。所以要减少这些不必要的甚至是有害物质的吸入，这就需要净化我们的环境，减少对环境的污染。

随地吐痰是一种恶习。痰是呼吸道传播疾病的元凶，这个道理现在已被现代文明所认识。不准随地吐痰，不等于让你把痰不吐出来而往肚内咽，这是极不卫生的。打个比方：你自己有痰往肚内咽，等于别人的痰往你嘴里吐一样，你想这脏不脏？想到这些，你以后可能再也不敢将痰往肚内咽了。有了痰，我们必须吐在痰盂内，或者先吐在卫生纸内再丢入垃圾箱，这样环卫部门就会做终末灭毒处理，就可以减少因为痰的原因而污染环境、污染空气的情况。

让我们生活的大地空气更洁净些，更清新些。最后，让我们牢记：不要随地吐痰！不准随地吐痰！把随地吐痰的恶习彻底铲除。

二、性传播疾病

性传播疾病（STD）是一组主要由性行为接触或类似性行为接触为主要传播途径的、严重危害人群身心健康的传染性疾病，主要包括梅毒、淋病、软下疳及性病性淋巴肉芽肿等四种，亦称经典性病。广义的性传播疾病还包括：艾滋病、非淋菌性尿道炎、细菌性阴道炎、性病性盆腔炎、尖锐湿疣、生殖器疱疹、阴道念珠菌病、阴虱病、传染性软疣、乙型肝炎等30余种，其病种多，发病率高，危害大，已成为世界性的严重社会问题和公共卫生问题，被认为是当今危害人群健康的主要疾病。

（一）传染源

性病病人及其病原携带者是STD的主要传染源。他们通过直接性接触或其他性行为感染他人。性病病人有典型症状、体征，在生殖器损伤部位形成含有病原体的特有病变：黏膜病变出现浅表性炎症，及黏膜深部病变形成糜烂和溃疡，表面含有大量病原体的分泌物。但是能够得以及时被发现的病人只是少数，大多数病人或因不去就诊或因被漏诊、漏报、误诊而未被及时发现。尤其是那些症状不典型或无明显临床症状的患者及其病原携带者更易被忽略，或因未被发现，或因不肯就医，或因密而不告性伴而未被人所察觉，成为最为危险的传染源。

STD 的高危人群包括下列一些，他们是主要的传染源。

1. 性服务工作者

卖淫是 STD 流行的主要原因。妓女因其频繁从事卖淫活动常被感染，生殖道内含有大量病原体，有的感染后出现明显症状、体征而发病，也有的不出现症状，而成为更危险的传染源。

2. 性乱者

青少年未婚性乱者，离婚者，无业游民，长途汽车司机，采购推销员，特殊服务人员，归国劳务人员等性乱者多，感染机会也多。

3. 吸毒者

尤其是静脉药瘾者是 AIDS 及乙型肝炎主要感染者。

4. 同性恋或双性恋者

同性恋是当今 STD 急剧上升的一个重要因素，同性恋者相互间的性接触可引起AIDS、乙型肝炎、淋病、梅毒、尖锐湿疣、疱疹感染等多种 STD，是重要的传染源。

5. 性病患者的性伴与配偶

也是 STD 的主要高危人群。

6. 供血者

有些 STD 感染者血液内有病原体存在，若以这些人的血做血源，会传染他人。

（二）传播途径

1. 性接触传播

性行为的直接接触是 STD 的主要传染途径。嫖娼者受感染的机会可随着与卖淫者的性交频繁而增加，与卖淫者性交一次平均感染率为 30%，二次为 60%，三次为 90%。这种途径感染可占全部病例的 95% 以上。卖淫者几乎每人都患有一种或一种以上的 STD。

2. 非性行为的直接接触传播

主要是通过直接接触病人的病变组织或其分泌物而感染。

3. 血源感染

经静脉输注感染的血液、血液成分或血液制品，以及静脉注射毒品等途径是传播 AIDS、乙型肝炎或梅毒的主要途径。

静脉药瘾者所使用的注射针头、针管或仪器，是 HIV 通过血液传播的一个主要形式。

4. 母婴传播

许多 STD 如梅毒、淋病、AIDS、乙型肝炎、衣原体感染、尖锐湿疣、生殖器疱疹等可经胎盘、产道等途径由母亲传给胎儿或新生儿。据报道，全球 90％以上婴儿和儿童的 HIV 感染是通过母婴传播的。孕妇感染 STD 后，病原体可随血流通过胎盘进入胎儿体内引起胎儿患病，从而导致死胎、死产、自发性流产或早产，或出现严重的出生缺陷。分娩时新生儿通过感染的产道吸入或直接接触产道中的病原体分泌物而发生感染，还可在出生后不久的围生期内受到感染。

5. 医源性传播

（1）防护不严格

如在为病人检查、手术、换药及护理病人，查体温、导尿时防护不严，不穿工作服，不戴帽子，不戴橡皮手套等。

（2）消毒不严格

如检查病人用过的器械、注射器、针头等不经过清洗和严格消毒或及时销毁。

6. 日常生活接触传播

因接触病人的衣物、被褥、物品、毛巾、用具、便器等，可能传染 STD。因病人衣物等常被生殖器病变或分泌物污染，所以淋病、滴虫病、某些真菌感染等STD 均可通过毛巾、浴盆、衣物等用品传播。在文化、卫生水平较低的地区，这种传播方式时有发生，浴池常常是传播 STD 最常见的场所。

（三）人群易感性

人群对 STD 普遍易感，几乎没有年龄、性别的差异。人群对 STD 既无先天性免疫力，也无稳固的后天获得性免疫力，因此可以反复感染 STD，也可迁延不愈，反复发作。

（四）预防措施

1. 加强健康教育

重视性知识教育，提高预防意识，普及卫生知识。大学生更应该理解 STD 对个人、家庭和社会的危害，并掌握预防方法，提高自我保护意识。

2. 加强现症病人的管理

及时、准确、正规、系统地治疗现症病人，是消灭传染源、防止 STD 慢性化、减少携带状态的有效措施。

3. 流行病学治疗

如果是 STD 感染的危险性很高，即使其性伴被感染的情况尚未证实时，也需要接受必要的治疗。这种主要基于危险性而不是基于诊断的治疗叫作流行病学治疗，它是 STD 管理的一个基础。因此，对高危人群和妓女及与性病患者有接触史的人，无论其有无症状，应一律给予治疗，不必等待最终的诊断结果。流行病学治疗应用于下列一些情况：

（1）诊断试验不完善，可能会漏掉某个感染的阶段，特别是早期；

（2）某些病人不再接受治疗；

（3）某些病人又发生一些并发症，在等待诊断试验的结果；

（4）某些病人感染了其他性伴，在等待诊断试验的结果。

4．减少性暴露频率

减少与已感染的性伴性暴露的频率及应用避孕套或进行预防性治疗，可减少来自感染的性伴传播的危险性。

5．切断性接触以外的其他传播途径

严格保证血液及血液制品安全可靠，不受污染。对进口血制品严格把关，供血者及血源要绝对健康。采血、输血及其血液、血液制品的储存均应进行严格检验，所用的一切器具必须经过严格的消毒。

注意做好浴池、旅馆、游泳池、理发店的消毒工作，防止医院内感染的发生，医务人员应注意自我防护及严守操作规程。

6．预防接种

目前没有疫苗可以应用。

三、乙型肝炎

乙型病毒性肝炎（简称乙型肝炎）是由乙型肝炎病毒所致的一种传染病。主要病变为肝细胞变性坏死、肝脏间质炎性浸润。

（一）流行病学

乙型肝炎遍布全球，无一定的流行周期及明显的季节性，多属散发。近年来发病率逐渐增长。本病在世界各地分布不均衡。更多的人表现为慢性乙型肝炎病毒（HBV）携带者，全国约达 1.6 亿人以上，全世界达 3 亿以上，已成为当今世界严重的卫生问题。

1．传染源

各型急性、慢性乙型肝炎患者和慢性 HBV 携带者为最重要的传染源。

2．传播途径

本病有多种传播途径，主要经血液或注射途径传播，凡含有 HBV 的血液及血液制品、体液（唾液、乳汁、羊水、阴道分泌物、精液）等，直接或间接通过破损的皮肤、黏膜进入人体发生感染。其次为母婴垂直传播等。

3．人群易感性

人群对 HBV 普遍易感。研究证明，我国总人口半数以上曾感染过 HBV。并且随着年龄增长，通过隐性感染获得免疫的人数增加，而 HBV 携带者和显性感染者逐渐减少。HBV 感染后每个机体反应不同，多数人对同一亚型的 HBV 感染产生持久的免疫，但对其他亚型不能产生完全的免疫。

（二）临床表现

乙型肝炎的潜伏期为 1～6 个月，一般为 3 个月左右。

主要临床表现主要有乏力、食欲不振，恶心、呕吐、厌油、腹泻、腹胀、肝区痛、肝肿大，部分患者可有发热及黄疸。严重者迅速进展为重型肝炎，易进展为慢性肝炎、肝硬化，甚至癌变。

（三）预防

本病的预防仍以接种乙肝疫苗为主的综合措施为宜。同时控制传染源，切断传播途径，各种医疗注射（注射药物、皮试、预防接种等）、针灸、采血等应执行一人一针一管一用一消毒的原则。

非必要时不输血和不用血制品。

食具、洗漱、刮面用具专用。

接触病人后肥皂水和流水冲洗、消毒液泡手。

男女双方，一方有 HBsAg、HBeAg 阳性者，性生活时宜带避孕套。

四、流　感

📖 读一读

数据，令人触目惊心

1917～1919 年：欧洲爆发流感疫症，导致 2000 万人死亡（第一次世界大战的死亡人数是 850 万人），是历史上最严重的流感疫症。

1957～1958 年：1957 年 2 月在中国贵州爆发（病毒可能是在 1956 年从苏联传来），其后散播至世界各地。全球受影响的人数占总人口的 10％～30％，但死亡率较 1919 年的疫症为低，约占总人口的 0.25％。

1968～1969 年：流感从香港开始，全球的死亡人数达 70 万人，其中美国就占 3 万多人。

1976 年：新泽西一名青年染上猪流感，引致恐慌会爆发新疫症，于是大规模推行疫苗注射。

1986～1993 年：世界不同地区发生数宗人类染上猪流感的病案。

1997 年：香港发生禽流感，原本只影响禽类的病毒亦令人类患病。香港政府下令屠宰 150 万鸡鸭。受影响的人数为 18 人，其中 6 人死亡。

秋冬季节是流行性感冒（简称流感）的高发季节。流感虽属于丙类传染病，但其爆发流行时对社会造成的危害却十分严重。

长久以来，群众对流感的认识并不是十分清楚，不少人将流感与普通感冒混为

大学生健康教育（第 2 版）

一谈，以至于忽视了对该病的预防。那么，流感究竟是一种什么样的疾病，又该如何预防呢？

近来禽流感疫情大闹全球，搅得全世界人心惶惶。WHO 和欧盟委员会在丹麦紧急召开会议，商讨对付禽流感的策略，严防禽流感再次像 19 世纪的西班牙流感那样光顾人间。在禽流感风声渐紧之时，秋风又拉响了呼吸道传染病高发的警报，加上几年前 SARS 的教训，人人害怕感冒、发烧，担心闹不清是普通感冒、流行性感冒还是禽流感。那么，我们该如何区别这三者呢？

（一）普通感冒和人流感的区别

流行性感冒简称流感，为了区别现在流行的禽流感，我们就称其为人流感吧！人流感和普通感冒都是急性呼吸道传染病，均易发于冬季，都有不同程度的发热和呼吸道症状。因此，许多人常把普通感冒当作人流感。其实，人流感和普通感冒是不一样的，两者主要区别见表 10 - 1 所列。

表 10 - 1　人流感与普通感冒的区别

疾病 区别点	人流感	普通感冒
病因	由人流感病毒引起	由鼻病毒、冠状病毒、副流感病毒、腺病毒等多种病毒引起
发病季节	发病主要见于冬春季	四季均可发生
流行特点	起病急骤、传播快、发病率高，传染率可达 50%，常引起暴发或流行	以散发为主，传染率只有 10%，不会引起大流行
症状	以全身中毒症状为主，寒战高热，伴有全身不适，肌肉酸痛，关节痛，而呼吸道症状轻微或不明显	全身中毒症状轻微，发热较低，但呼吸道症状明显，常以鼻咽部发干、打喷嚏开始，然后出现流涕、鼻塞等症状
病后免疫	人患流感后产生的免疫力强，可维持 8～12 个月	普通感冒后产生的免疫力较弱，且因病原体为多种病毒，因此，一个人在短时间内可反复患普通感冒
预后	人流感病情较重，恢复较慢，易发生并发症，特别是儿童、老年人及体弱者，可因并发症而死亡	没有并发症，1 周内可自愈，很少危及生命安全

（二）人流感和禽流感的区别

1. 人流感

流行性感冒（简称流感）由流感病毒引起。甲型和乙型流感病毒为引起人类流感的主要病毒。流感病人与隐性感染者均为流感传染源。病毒主要通过空气、飞沫传播，寒冷气温有利于病毒的成活。

人群对流感普遍易感，老年人、儿童多发。感染后潜伏期一般为1～3日。患者起病突然，有畏寒、高热，体温可迅速升至39℃～40℃，头痛、周身痛、乏力、食欲减退等全身症状明显；可有鼻塞、流涕、咳嗽等呼吸道症状。

流感对人体的危害，除疾病本身外，主要在于流感并发症的产生。老年人、慢性病患者、体弱者和幼儿是流感并发症的高发人群。常见并发症有原发性病毒性肺炎、继发性细菌性肺炎、混合性肺炎、脑病-肝脂肪变综合征、中毒性休克综合征等。其中，原发性病毒性肺炎为流感最主要的并发症。

流感不仅危及个人，而且对社会的危害更为严重。流感可引起暴发流行甚至世界范围大流行，并引发大量并发症和死亡。一般3～5年可发生一次小流行，10～15年可能发生一次大流行（跨国界）。由于抗流感病毒药物的疗效不确切，因此治疗流感仍以对症治疗及防治并发症为主。

预防流感最有效的措施是接种流感疫苗，建议以下几类人群接种流感疫苗：①流感相关并发症的高危人群，主要有老人、儿童、慢性心血管与呼吸系统疾病患者，过去几年内有糖尿病病史、肾功能障碍、免疫抑制病史者等；②可能将流感病毒传播给高危个体的人群，如医院护士、医生及其他工作人员、慢性病护理机构工作人员、高危个体的所有家庭成员等；③可从免疫接种中获益的人群。

2. 禽流感

禽流感（avian influenza）是由一般只发生在禽类动物中的流感病毒偶然感染人类引起的疾病。由于人流感和禽流感同属一类病毒，因此，引起的临床表现很相似。但由于禽流感是近年刚刚感染人的新病毒，人类普遍对它缺乏抵抗力，接触后容易感染，临床症状也比人流感重。

3. 人流感与禽流感的区别

人流感病毒长期存在于人间，可造成人与人之间的传播。因此，人流感的流行常常在人们不知道时就已造成许多人感染。人流感通常从大城市开始流行，在人员密集的地区易造成大流行，然后，沿公路和交通沿线向其他大城市传播。

禽流感主要通过人与禽类动物及其排泄物接触而被感染，发生在禽类动物暴发禽流感流行之后。因此，它在人间流行前会以禽类动物自己患病而大量死亡向人们发出警报。

禽流感暴发通常从郊区较大的养鸡场开始，可通过野生禽类或水源为媒介，跳跃式地向其他城镇郊区的养鸡场传播；人类的禽流感感染通常是散发的，无明显的人群聚集性，感染者均发生在禽类动物禽流感暴发地区。

五、急性卡他性结膜炎（红眼病）

急性卡他性结膜炎，俗称"红眼病"，有较强的传染性，多由细菌感染引起，好发于夏秋季，散发或流行于集体生活场所。目前校园里有极少"红眼病"病人，请大家引起重视。

"红眼病"主要临床表现为发病急，两眼同时或相隔 1～2 天出现流泪、红肿、异物感、灼热感、脓性分泌物多，晨起时睁眼困难，结膜充血明显，严重时结膜下有出血斑点，角膜浸润或溃疡。

治疗主要是局部应用抗菌药物，如诺氟沙星眼药水、氯霉素眼药水、庆大霉素眼药水、利福平眼药水、红霉素眼膏、金霉素眼膏、四环素眼膏等，并注意眼睛休息，避免强光刺激。

"红眼病"关键在于预防，因主要通过接触传染，故流行期应勤洗手，不用手搓揉眼睛，不用他人毛巾、手帕，不与病人握手，病人用过的洗脸用具如脸盆、毛巾，要用开水消毒杀菌或在太阳下暴晒，防止交叉感染。

六、流行性腮腺炎

流行性腮腺炎简称流腮，是儿童和青少年常见的病毒性传染病。它是由腮腺炎病毒侵犯腮腺而引起的急性呼吸传染病，并可侵犯各种腺组织或神经系统及肝、肾、心脏、关节等器官。病人是传染源，飞沫的吸入是主要传播途径，接触病人后 2～3 周发病。腮腺炎主要表现为一侧或两侧耳垂下肿大，肿大的腮腺常呈半球形，表面发热有角痛，张口或咀嚼时局部感到疼痛。

病人应卧床休息。为减少酸性对口腔的刺激，可用肠溶阿司匹林或对乙酰氨基酚。可用复方硼酸溶液漱口，磺胺药和抗菌药无效。中药是常用的药物，内服可用普济消毒饮加减，单味药用板蓝根。临床用干扰素治疗，局部也可用透热、红外线等理疗。

第三节　不必谈"艾"色变

艾滋病是获得性免疫缺陷综合征（Acquired Immunodeficiency Syndrome，AIDS）的英文音译。它是由人类免疫缺陷病毒（Human Immunodeficiency Virus，HIV，俗称艾滋病病毒）引起的恶性传染病。引起 AIDS 的病原——HIV 进入人体后，主要侵犯人体的免疫系统，攻击和杀伤人体免疫系统中起重要作用的 T 淋巴细胞，从而破坏人体的免疫功能，使大部分感染者因抵抗疾病的能力极度下降而发生各种机会性感染和肿瘤等。

一、艾滋病传播途径

（一）性接触传播

艾滋病感染者的精液或阴道分泌物中有大量的病毒，在性活动（包括阴道性交、肛交和口交）时，可以通过生殖器或直肠黏膜传播。直肠的肠壁较阴道壁更容易破损，所以肛门性交的危险性比阴道性交的危险性更大。生殖器患有性病（如梅毒、淋病、尖锐湿疣）或溃疡时，会增加感染 HIV 的危险。

（二）血液传播

血液制品传播：有些病人（例如血友病患者）需要注射由血液中提取的某些成分制成的生物制品。有些血液制品如含有艾滋病病毒，使用血液制品就有可能感染上 HIV。

共用针具的传播：使用不洁针具可以把艾滋病毒从一个人身上传到另一个人身上。例如，静脉吸毒者共用针具；医院里重复使用针具，吊针等。另外，使用被血液污染而又未经严格消毒的注射器、针灸针、拔牙工具、美容针、刀等，都十分危险。

（三）母婴传播

如果母亲是 HIV 感染者，那么她很有可能会在怀孕、分娩过程或是通过母乳喂养使她的孩子受到感染，故建议 HIV 感染者不要生育，如已生育要禁止母乳喂养。

艾滋病的传播一般具有规律性，一般在男性同性恋者中出现并流行，随后扩散到吸毒者和多性伴人群（如暗娼、嫖客等），最终到一般人群。

几乎所有的人都是 HIV 易感者，即使感染某一亚型的 HIV 后，亦还可以再感染其他亚型。从这个意义上来说，面对艾滋病，谁都不能幸免。

二、艾滋病高危人群

（一）日常生活中会不会感染艾滋病？

大量的事实已证明，HIV 在人体以外环境中的生存能力相当弱，如果暴露在空气中则很快会死亡。一些常用的消毒剂如酒精、漂白粉、次氯酸钠、戊二醛、福尔马林等均可杀灭 HIV。因此，HIV 传播途径是十分有限的，日常生活接触（如握手、拥抱、礼节性接吻），同桌吃饭，共用餐具（碗筷），咳嗽、打喷嚏，使用公共交通工具、劳动工具、办公用品，使用公用厕所，在公共游泳池里游泳等不会传播 HIV。

大学生健康教育（第2版）

☞ 学与做

你认为哪些行为会传播艾滋病？哪些不会？请划√或×。

（　）礼节性拥抱、接吻

（　）蚊虫叮咬

（　）握手、谈话、共餐

（　）使用钞票

（　）共同使用办公用品

（　）使用公用电话

（　）共用马桶

（　）锻炼身体

（　）共同游泳

（　）看电影

（　）咳嗽、打喷嚏

参考答案：都是"×"

感染者的血液、精液、阴道分泌液、乳汁、伤口渗出液中，含有大量艾滋病病毒！

握手不会传染艾滋病！

艾滋病预防街头宣传

（二）哪些人容易感染艾滋病？

同性恋、多性伴侣、卖淫嫖娼、共用针具静脉注射毒品者等，都是感染艾滋病的高危人群。

☞ 学与做

下列哪些行为或哪些人群能增加感染艾滋病的危险？

项　目	是	否	不知道
1. 共用针具静脉注射毒品			
2. 卖淫嫖娼者及经常出入娱乐场所的人员			
3. 多性伴侣			
4. 同性恋			
5. 艾滋病病毒感染者或病人的配偶			
6. 各种性病病人，特别是梅毒、尖锐湿疣、软下疳病人			
7. 曾用过未经严格消毒的公用锐器文身、文眉、文眼线、文唇线、穿耳孔或剃须修面等			

项　目	是	否	不知道
8. 在小诊所、小医院用消毒不严、操作不规范的器械手术、拔牙、创伤换药，特别是口腔伤口换药、妇科检查、刮宫、输卵管通液等			
9. 接受过未查艾滋病病毒抗体的组织、器官、精液等进行组织器官移植或人工授精者			
10. 经常诊治、护理艾滋病病人的医护人员，特别是曾被污染艾滋病病毒的针头、刀剪或其他锐器刺伤皮肤者，或针灸医生自觉不自觉用污染艾滋病病毒的银针自行测试针感染，经常为艾滋病病人做血液及各种分泌物化验检查者，以及医院病区的清洁工			
11. 酒店、宾馆、旅店、美容厅、夜总会、洗脚城、浴池的服务人员，警察，监狱看守人员，殡葬人员，如果体表皮肤或黏膜有破口时，不慎接触了艾滋病病毒携带者或艾滋病病人			
12. 经常输血、输注血液制品			

参考答案：都是。

三、预防艾滋病，你我须知道

直至今日，仍然没有可以彻底治愈艾滋病的药物和有效预防艾滋病病毒的疫苗，但艾滋病可以通过规范自身的行为来预防。

洁身自爱，恪守性道德是预防艾滋病的根本方法。

提倡安全性行为，每次发生性行为时都正确使用质量合格的安全套。

及时、规范地治疗性病可大大降低经性途径传播感染 HIV 的可能。

避免不必要的输血和注射，穿破皮肤的操作（如美容美发、拔牙等）时确保用具经过严格的消毒。

拒绝毒品、戒断毒品，不共用注射器。

女性感染者不要怀孕，如要生育要在专业医师的指导下做好阻断。

不歧视，多关怀艾滋病病毒感染者和患者。

第四节　预防食物中毒

WHO认为："凡是通过摄食而进入人体的病原体，使人体患感染性或中毒性疾病，统称为食源性疾病。"其中的中毒性疾病就是我们常说的食物中毒。我国对食物中毒的概念作了更详细的解释，即把"摄入了含有生物性、化学性有毒有害物质的食品或把有毒有害物质当作食品摄入后出现的非传染性（不属于传染病）的急性、亚急性疾病"称为食物中毒。因暴饮暴食而引起的急性胃肠炎、食源性肠道传染病（如甲肝）、寄生虫病（如旋毛虫病）以及摄入某些有毒、有害物质引起的以慢性毒害为主要特征（如致癌）的疾病则不属于食物中毒的范畴。

一、发生食物中毒后的紧急处理

（一）紧急措施

发生食物中毒，可根据具体情况，分别采取下列紧急措施：①立即停止食用可疑中毒食品；②可使用紧急催吐方法尽快排出毒物（如用筷子或手指刺激咽部帮助催吐）；③尽快将中毒病人送往就近医院诊治。

（二）查明中毒原因

为查明发病原因和正确抢救病人，防止和控制中毒的扩散，尽快查明中毒原因是非常重要的。因此，应注意保留导致中毒的可疑食品以及病人吐泻物，保护好现场，并及时向当地卫生行政部门报告并协助卫生行政部门调查处理。

（三）消毒处理

根据不同的中毒食品，在卫生部门的指导下对中毒场所采取相应的消毒处理。

二、食物中毒的预防

（一）遵守食品处理三原则

1. 清洁
食物应彻底清洗，烹调及贮存场所、器具、容器应保持清洁。
2. 迅速
食物要尽快处理、烹饪供食，做好的食物也应尽快食用。

3. 加热与冷藏

超过 70℃以上细菌易被杀灭，7℃以下可抑制细菌生长，－18℃以下则不能繁殖。所以食物的调理及保存应特别注意温度控制。

（二）良好的卫生习惯和饮食行为

1. 养成个人卫生习惯

接触食物前彻底洗净双手；手部有化脓伤口，应完全包扎好或戴上手套才可接触食物（伤口勿直接接触食品）。

2. 学校食堂把好食品卫生关

熟食品要再加热后方可食用，这是消除致病微生物的最好办法。同时，避免生食品与熟食品接触，以免造成交叉感染。

3. 应树立正确的食品卫生安全意识

在日常饮食中，应做到不暴饮暴食，不吃不洁、腐败、变质食物，不买街头无照（证）商贩出售的盒饭及食品，不食用来历不明的可疑食物，以防病从口入。

（刘　峰，杨娅娟）

第十一章　大学生常见的
慢性非传染性疾病的预防与就医

我们没有资本说"我们必须先应对其他疾病：艾滋病毒/艾滋病、疟疾、结核，然后我们将处理慢性病"。即使我们只等10年，我们也会发现问题变得更大，处理问题所需的费用更高。

——尼日利亚总统奥卢塞贡·奥巴桑乔

We cannot afford to say 'we must tackle other diseases first — HIV/AIDS, malaria, tuberculosis — then we will deal with chronic diseases. If we wait even 10 years, we will find that the problem is even larger and more expensive to address. '

——President Olusegun Obasanjo, Nigeria

随着我国社会经济快速发展，人民生活水平提高，生活方式亦相应发生重大变化，加之社会已呈现老龄化趋势，以心脑血管疾病、恶性肿瘤和糖尿病为代表的慢性疾病已成为危害人们健康的主要疾病。慢性病是全世界致死和致残的首位原因，是威胁劳动力人口健康的重要疾病，同时也造成医疗费用上涨。因此，为了避免更多的人过早死亡，为了减少全世界由此产生的损失，慢性病的预防和治疗刻不容缓。

第一节　概　述

一、慢性非传染性疾病的概念

（一）定义

慢性病，在 WHO 的名称叫非传染性疾病（noncommunicable disease, NCD），我国卫生部称它为慢性非传染性疾病。WHO 定义的三组疾病中，传染病、营养不良性疾病与孕产期疾病属于第一组，各种伤害属于第三组，而慢性非传染性疾病则属于第二组疾病。

慢性非传染性疾病是对一类起病隐匿、潜伏期长、病程长且迁延不愈、缺乏确切的传染性生物病因证据、病因复杂且有些尚未完全被确认的疾病的概括性总称。从广义上讲，是指由于不良的生活习惯、长期紧张疲劳、环境污染、忽视自我保健和心理失衡逐渐积累引起的以肿瘤、心脑血管疾病、糖尿病、慢性阻塞性肺疾患等为代表的一组疾病。其特点是高发病、高致残、高死亡、低知晓、低就诊、低控制。

（二）分类

目前，对健康有重要影响的慢性病主要有以下几种类型：

1. 心脑血管疾病

主要包括脑血管意外、冠心病、高血压、风心病等。

2. 恶性肿瘤

主要为胃癌、肺癌、肝癌、食管癌等。

3. 慢性肺疾患

主要包括慢性支气管炎、哮喘、支气管扩张、肺气肿、肺心病等。

4. 精神疾病

包括精神分裂症、精神发育迟缓、情感性精神病、反应性精神病、老年痴呆症等。

5. 代谢性疾病

包括糖尿病、肥胖等。糖尿病包括胰岛素依赖型糖尿病（1 型）、非胰岛素依赖型糖尿病（2 型）。

6. 口腔疾病

包括龋齿、牙周炎等。

7. 其他

如职业性疾病、遗传性疾病。

二、流行现况及发展趋势

（一）慢性病在世界范围内流行

目前，慢性病是世界上最首要的死亡原因，其影响在稳步扩大。报告预测，每年约有 1700 万人因慢性病的全球流行过早死亡。2005 年有 5800 万人因各种病死亡，其中 NCD 造成的死亡人数将达 3500 万，相当于感染性疾病（包括艾滋病、结核病和疟疾）、孕产和围生期疾患，以及营养缺乏所致死亡总人数的两倍，如图 11 - 1 所示。

在发达国家中，吸烟、高脂饮食等不良生活习惯、职业暴露、环境污染等引起的 NCD 在总发病或死亡中占大部分甚至绝大部分比例。

大学生健康教育（第 2 版）

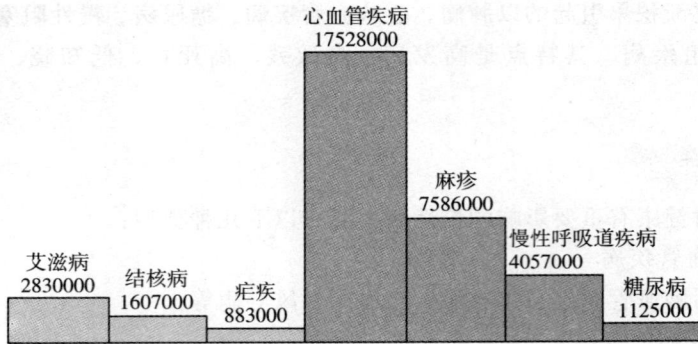

图 11-1 2005 年按病因分类的全球死亡人数预测

在发展中国家，除了上述引起 NCD 的因素外，营养不良和病原体感染也是重要影响因素。在这些国家，传染病、寄生虫病与自然疫源性疾病为疾病负担的主要或重要部分。但在一些先进的发展中国家，如中国，随着经济的快速发展和人们生活水平的提高，传染病的发病、死亡比重正在迅速下降，而 NCD 上升很快，这种趋势日益明显。据人民网报道，2011 年由慢性病导致的死亡占全球死亡率的 58.5%，共有 3308 万例死亡，其中 79% 发生在发展中国家。目前中国慢性病患者已经超过了 2 亿人，占中国人口 20% 多，仅恶性肿瘤、脑血管病、心脏病三项慢性病死亡人数就已占中国目前因病死亡的 63.4%（如图 11-2 所示）。

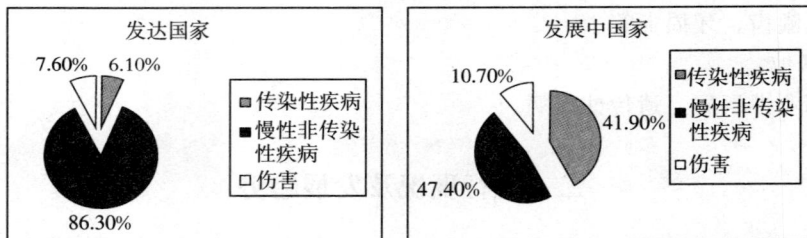

图 11-2 慢性非传染性疾病在发达国家与发展中国家发生比例

（二）增长速度逐渐加快，农村涨幅高于城市

有统计资料表明，无论在城市还是农村，慢性病发病率均呈现上升趋势。据卫生部卫生经济研究所提供信息，我国城市前 10 位死因的病种均为慢性病，其构成比的增长幅度农村高于城市。

（三）人口老龄化导致慢性病严重

中国 60 岁以上人口已经超过 1.3 亿人，超过总人口比例的 1/10，这部分老人中有 80% 患慢性病。而 WHO 估计，到 2020 年，发展中国家约 3/4 的死亡与老年性疾病有关，其中最主要的是循环系统疾病、肿瘤和糖尿病等 NCD。预计 2050 年将达到

4亿，21世纪30～40年代，中国将迎来老年人口高负担期（如图14-3所示）。

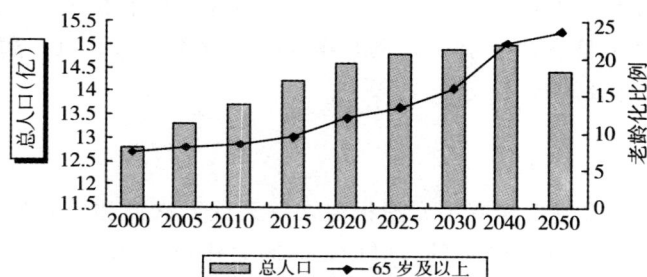

图 11-3 中国人口和老龄化比例的现状及趋势预测

（四）慢性病低龄化不容忽视

虽然现在慢性病的主要患病人群仍是中、老年人，但在我国，年轻慢性病人的比例正逐年上升。美国是慢性病防治做得较好的国家，但也出现了相同的问题。可见，慢性病的低龄化是一个全球性的问题。Jane G. Scaller 谈到，在过去十年中青少年的饮食发生巨大变化：糖、脂、盐的摄入量增加，运动量的减少，导致许多青少年的肥胖。肥胖会使心脑血管、心脏病、高血压、糖尿病等主要慢性病的发病率大大增高。

关于我国青少年慢性病的发病情况，目前尚没有全国数字，但是根据卫生部慢性病社区综合防治示范点资料，绝大部分地区发病年龄提前。患病率增加的趋势是年龄越小，增幅越大，25～49岁年龄组上升幅度显著高于其他年龄组。

三、危险因素

慢性非传染性疾病是多种因素长期影响的结果，即所谓的"现代文明病"或生活方式疾病。NCD 的危险因素可归为三类：不可变的因素（有年龄、性别、遗传基因）、行为危险因素（抽烟、膳食、饮酒、缺乏运动）和社会危险因素（包括互相影响的社会经济、文化和其他环境变量的非常复杂的混合因素）。此外，也应包括病理状态，如肥胖、高血压和糖尿病，它们本身不仅是终点疾病，也是其他慢性病如冠心病和几种癌症的中间状态。其中膳食营养和体力活动与慢性非传染性疾病关系密切。

（一）吸烟

烟草是人类第一杀手，香烟烟雾中含20多种有害物质，主要有一氧化碳、焦油、尼古丁、硫氰酸盐等，可致唇癌、口腔癌、胃癌、膀胱癌，也是高血压、冠心病、心脑血管疾病和糖尿病的危险因素。

我国是世界烟草生产大国，每年烟草消耗量占全世界的25%，15岁以上人群吸烟率为 34.9％。估计每年因吸烟患肿瘤、心脑血管瘤、呼吸系统疾病，总死亡人数在 150 万以上，其中 30％～40％为中年吸烟者（有半数死于肺癌）。WHO 曾指出，65 岁以上人群有 90％肺癌，75％慢性支气管炎，35％冠心病死亡由吸烟引起，1/3 的癌症与吸烟有关。

（二）饮酒

过度饮酒与很多慢性病有关。据报告，每天饮 6 次酒比饮 3 次酒者会有 60％超额发病（癌症）；在大量饮酒的人群中，肝癌的死亡率可增加 50％；在中度严重饮酒者中，高血压的患病率远高于正常人群；酗酒可以增加脑出血的危险性。饮酒与吸烟有协同作用。

（三）膳食因素和肥胖

和发病有关的膳食因素主要有脂肪类、维生素、纤维素、微量元素、食盐等，食物的加工烹调及进食方式与 NCD 也有关。

流行病学调查表明，过多食用脂肪、糖和含盐食品与高血压和高胆固醇有关，高脂肪、高热能膳食与抽烟和过度饮酒相结合成为更具致死性的原因。而与膳食有关的血脂水平、肥胖也是很多慢性病的危险因素。这些因素与地理环境、风俗习惯、社会经济水平有关，所以，它们在发病中的作用在不同国家和地区表现不同。

（四）缺少体力活动

随着现代交通工具的不断更新，生活条件也在逐渐改善，人们体力活动的时间和强度也逐渐减少。运动缺乏在发达国家和发展中国家一样多见。与其他因素一样，缺少体力活动是 NCD 主要的危险因素，增加了发生高血压、冠心病、糖尿病、肥胖症、骨质疏松等疾病的危险性。2013 年世界卫生组织报告：缺乏运动已成为第四健康杀手，目前每年全世界因缺乏锻炼而致死的人数高达 320 万人。

（五）遗传因素

几乎所有 NCD 的发病均与遗传因素有关。有很多研究证实：家族史是癌症、心脑血管病、慢性阻塞性肺疾患、精神疾病的重要危险因素。最近发现，与心脑血管疾病发生有关的脂蛋白、凝血蛋白、血压等均受到多种基因的调控。肿瘤分子流行病学研究结果显示：有两类基因与肿瘤发生有关。一类为癌基因和抑癌基因；另一类为肿瘤易感基因。不少疾病还进行家系研究、双生子研究，均证实了遗传因素在发病中的作用。

（六）病原体感染

病原体感染与 NCD 也有很大关系，研究较多的是病毒感染与肿瘤之间关系。如幽门螺杆菌与胃癌，人乳头瘤状病毒与宫颈癌，乙肝病毒（HBV）与丙肝病毒

（HCV）慢性感染与肝癌的发病均有关。如果能够控制相关的感染，大部分胃癌、肝癌与子宫颈癌都能预防。

四、对慢性病的十大误解

一些误解助长了对慢性病的忽视。那种认为慢性病是远期威胁，没有某些传染病那么严重的看法可以被最有力的证据打消。

（一）误解之一——慢性病主要危害高收入国家

尽管人们通常认为慢性病主要危害高收入国家，但事实是 4/5 的慢性病死亡发生在低收入和中等收入国家。

（二）误解之二——低收入和中等收入国家应先控制传染病，再对付慢性病

许多人认为低收入和中等收入国家在对付慢性病之前应该先控制传染病。事实上，低收入和中等收入国家处于新旧公共卫生挑战的中心。在继续应对传染病问题的同时，他们在许多情况下经历着慢性病危险因素和死亡量的快速增长，特别是在城市地区。这些慢性病危险因素和死亡量的快速增长预示着这些国家未来将承受巨大的负担。

（三）误解之三——慢性病主要危害富人

许多人认为慢性病主要危害富人，事实上，除最不发达国家之外，在世界上所有其他国家，穷人比富人更有可能患慢性病。在全世界所有地区，穷人比富人更容易因慢性病而死亡。此外，慢性病还造成沉重的经济负担，将个人和家庭推向贫困。

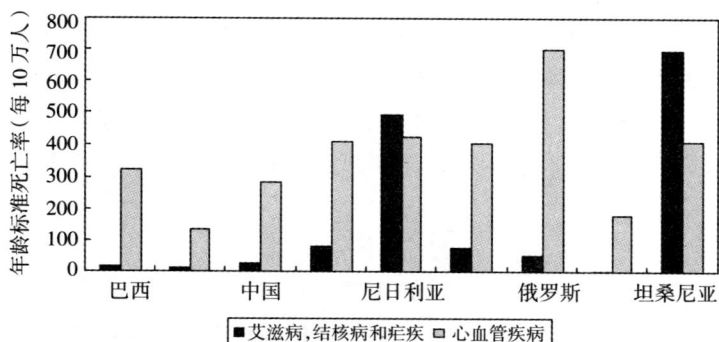

图 11-4　2005 年按死因分类预测死亡率（所有年龄组）

读一读
罹患疾病加重贫困——Roberto 的故事：中风之后

52 岁的 Roberto Severino Campos 生活在巴西圣保罗郊外一个简陋的城镇，身边有 7 个子女和 16 个孙儿孙女。Roberto 从来不担心自己的高血压，也不关心自己的饮酒和吸烟习惯。"他是如此固执"，他 31 岁的女儿 Noemia 回忆说，"我们无法谈论他的健康"。Roberto 第一次中风发生在 6 年前，当时他 46 岁。那次中风导致他双腿瘫痪。四年后，连续两次中风又使他失去了说话的能力。Roberto 过去是一个公共交通办事员，但是现在完全依靠家庭照料。自从 Roberto 第一次中风后，他妻子为了挣钱养家一直在做清洁工的工作，每天工作时间非常长。他们

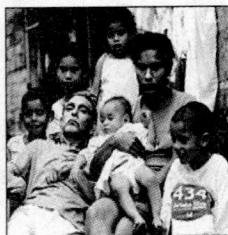
已经很贫穷的人最容易因慢性病而在经济上不堪重负

的长子也帮助支付费用。家庭收入的一多半用于购买 Roberto 所需的一种特殊卫生巾。"幸好他的药和医疗检查都是免费的，不过我们有的时候甚至没有钱买票坐公共汽车去当地的医疗中心"，Noemia 继续说。更重要的是，这个家庭不但失去了养家糊口的人，而且失去了一个每个家庭成员都可依赖的父亲和祖父。Roberto 现在不能动弹，像婴儿一样需要喂食和看护。Noemia 不时地将他背出屋子，使他呼吸一点儿新鲜空气。"我们真希望能给他买一个轮椅"，她说。Noemia 和四个兄弟姐妹也患有高血压。

（四）误解之四——慢性病主要危害老年人

人们一般认为慢性病主要危害老年人。我们现在知道，几乎半数慢性病死亡过早地发生在 70 岁以下人群。慢性病死亡总数的四分之一发生在 60 岁以下人群。在低收入和中等收入国家，中年人特别容易患慢性病。和高收入国家相比，这些国家的人们发病年龄更低，患病时间更长，往往伴随着一些本来可以预防的并发症，但会更快地死亡。

儿童超重和肥胖是日益显著的全球问题。大约 2200 万 5 岁以下儿童超重。在英国，2～10 岁儿童超重率从 1995 年的 23% 上升到 2003 年的 28%。在中国的城市地区，2～6 岁儿童超重和肥胖现象在 1989 年到 1997 年期间有显著增长。儿童和青少年 2 型糖尿病过去闻所未闻，而现在这类病例已经开始在全世界出现。

读一读
Malri Twalib 的故事：我们的下一代

Malri Twalib 是一个 5 岁的男孩，生活在坦桑尼亚乞力马扎罗区一个贫困的乡村。附近一个医疗中心的卫生人员去年在一次常规社区巡回活动中发现了他的体重问题。诊断是明确的：儿童肥胖症。

一年过去了，Malri 的健康状况没有改善，他也没有改变过多摄入麦片和动物脂肪的情况。Malri 的水果和蔬菜摄入量仍然严重不足，"在旱季实在太难找到价

格合理的东西，所以我无法把握他的饮食"，他母亲 Fadhila 埋怨说。最近，社区卫生工作者对 Malri 家进行了一次随访。他们也注意到，Malri 和从前一样抱着那个瘪了的足球，上面所印的"健康"字样还清晰可见。Malri 家所在的街区到处乱放着锐利而生锈的建筑废料，而家里的庭院又太小，所以 Malri 无法玩球——实际上他很少外出玩耍。"实在是太危险了，他会受伤的"，他母亲说。Fadhila 自己也患有肥胖症。她认为儿子的肥胖没有危险，他的体重将来会自然而然下降的。"这个家庭有很多人都很胖，又没有慢性病的家族史，干嘛对此大惊小怪。"她面带微笑地辩解道。事实上，Malri 和 Fadhila 面临因为肥胖而患慢性病的危险。

（五）误解之五——慢性病主要危害男人

某些慢性病，特别是心脏病，往往被视为主要危害男性。事实上包括心脏病在内的慢性病几乎同等程度地危害女性。

📖 读一读

Menaka seny：重回正轨

60 岁的 Menaka Seny 因为心脏病发作而做了心脏搭桥手术。当时正值她丈夫由于心脏病发作去世一周年。她还是 2004 年 12 月南亚大海啸的幸存者。那次海啸荡平了她的家园邻里。虽然有这些痛苦经历，但是她说她已经能够"重回正轨"并且改善自己的生活。在丈夫死后不久，Menaka 便开始每天步行到寺庙，但在她心脏病发作以前仍然没有摄取健康饮食。"我可能是那些能够寻求最佳医疗的幸运者之一，但从现在开始真正重要的是我如何表现"，她解释说。Menaka 在手术后食用了更多的鱼类、水果和蔬菜。Menaka 超重，而且患有高血压，这两者同心脏病和糖尿病都息息相关。"服用治疗心脏和糖尿病的药物有帮助，但这还不够。你还需要改变自己的行为，以降低你的健康风险"，她解释说。Menaka 最近刚过 60岁，她成功地把握着自己的每日饮食和身体锻炼。在她住院康复期间，护理她的医务人员发挥了关键作用。他们让她认识到了合理膳食和经常锻炼的好处。

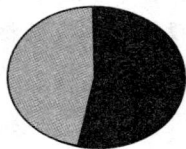

2005年冠心病死亡性别比例
（所有年龄组）

大约 360 万名妇女在 2005 年死于冠心病。死亡的每 10 个人中至少有 8 人发生在低收入和中等收入国家

（六）误解之六——慢性病无法预防

有些人很悲观，认为对于慢性病，做什么都不管用。事实上慢性病的主要病因是已知的，如果消除了这些危险因素，至少 80％的心脏病、中风和 2 型糖尿病，40％以上的癌症都是可以避免的。

（七）误解之七——慢性病是个人不健康的生活方式所致

许多人认为，如果一个人由于不健康的"生活方式"得了慢性病，除了责怪自己以外不应责怪任何人。事实上只有当一个人有公平的机会获取健康的生活，并在做出健康选择方面获得扶持的情况下，个人才能对自己的行为承担完全责任。政府在增进居民健康和福利，以及在向弱势群体提供特殊保护方面起着关键作用，对儿童来说尤为如此。儿童无法选择其生活环境和饮食，也无法选择要不要被动吸烟，他们更无法充分了解其行为的长期后果。同样，贫困人口在其膳食、生活条件以及教育和卫生保健方面只有非常有限的选择。支持健康的选择，特别是扶持那些没有能力承受另样选择导致的后果的人们，才能减少危险和社会不公。

📖 读一读

Faiz Mohammad："人们不明白我为什么生病"

过去 20 年，Faiz Mohammad 由于自己的病情一直遭到旁人的误解和白眼。在被诊断出患有糖尿病两年以后，他结婚了。他记得自己很费了一番周折才让未来的岳父母祝福这桩婚姻。他解释说："他们非常不愿意让他们的女儿与一个糖尿病患者结婚。他们不信任我，认为我没有能力养家糊口。"Faiz 是一个勤劳的禽畜饲养者，有 3 个儿子。他认为 48 岁的自己过着正常的生活。然而，尽管已经过了 20 年，他仍然碰到各式各样的难以克服的障碍。"人们不理解我为什么突然患病。他们认为我肯定做错了什么事，正在受到惩罚。"Faiz 自己

在和糖尿病相关的死亡总数中，四分之三以上发生在低收入和中等收入国家

也不了解他的病症。他错误地认为糖尿病具有传染性，而且认为自己有可能将该病通过房事传染给妻子。他说："我怕传染给她，因为人们总是这样告诫我。"Faiz 每两个月就在当地一个诊所进行检查，购买胰岛素。他说他没有得到有关糖尿病的明确信息，并且真的很希望知道到底哪里能够解答他的所有疑问。

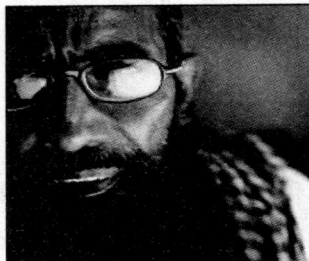

（八）误解之八——慢性病的预防与控制投入太多

有些人认为，慢性病预防与控制的解决办法过于昂贵，不适合低收入和中等收入国家。事实上一系列防治慢性病的措施对世界所有地区都是非常经济有效的，包括

撒哈拉以南非洲地区。许多这样的解决办法实施起来也不昂贵。例如，预防心脏病并发症的药物，其理想成分已经不再受专利的限制，只需每月略多于 1 美元就能生产。

（九）误解之九——内涵的扭曲

另一些误解源自真实的内涵。在这些情况下真实内涵被扭曲后广泛流传成为谬误。由于它们以真实内涵为基础，这些似是而非的看法在所有关于慢性病的误解中最为普遍存在，而且也最为经久不息。

"我的祖父吸烟，超重——他活到 96 岁。"

在任何人群中都有一些人呈现不出其他绝大多数人所呈现出的典型模式。就慢性病而言，主要有两种类型：一是有一些人虽然有许多慢性病危险因素，但仍能健康长寿；二是有一些人虽然没有或只有很少的慢性病危险因素，但还是患了慢性病，甚至在年轻时就死于并发症。

这种人确实存在，但是非常少见。绝大多数慢性病可以追溯到相同的危险因素，并可通过消除这些因素达到预防的目的。

（十）误解之十——人总得死于某种疾病

每个人确实都会死于某种疾病，但死亡并不需要缓慢、痛苦和过早地发生。绝大多数慢性病不会导致突然死亡。然而，它们常常使患者病情不断加重，身体日渐衰弱，特别在疾病没有得到正确控制的时候。死亡不可避免，但长期不健康的生活状态是可以避免的。预防和控制慢性病可以帮助人们生活得更长久、更健康。

📖 读一读

Jonas Justo Kassa：缓慢、痛苦和过早地死亡

作为一名数学教师，在退休之前，Jonas Justo Kassa 工作之余会在他的田地里工作。他记得自己那时就感到非常疲倦并有尿频现象。"我只是认为我工作得太累，我真希望当时能够了解得更多。"13 年后他很后悔地这样说。尽管在当时就出现了这些症状，Jonas 在几年以后才寻求帮助。他回忆说："我首先去看传统医生，但是吃了几个月的草药，我的身体未见好转。因此，一个朋友开车 90 分钟把我送到一所医院。1997 年我被诊断患有糖尿病。"在随后的两年，血糖控制治疗使 Jonas 的病情减轻了许多。在医生的

预防和控制慢性病可以帮助人们生活更长久、更健康

建议下他还改变了他的膳食，停止了饮酒。但是，Jonas 没有长期遵循他的健康生活方式，导致了健康状况出现反弹。"2001 年，我的双腿开始感到疼痛。我无法测量我的血糖。在遥远的乞力马扎罗山区，很难找到一个医生看病"，他解释说。疼痛愈加严重，终于不幸出现了原本可以避免的并发症。Jonas 于 2003 年和 2004 年

分别切除了他的右腿和左腿。他于 2005 年 5 月 21 日死于家中。死前，他无奈地说："我感到绝望和孤独。我的朋友都离开了我。对他们和我的家庭来说，我是个没用的人。"Jonas 去世时 65 岁。

第二节　慢性病的预防

虽然慢性病是最常见和费用最高的卫生问题之一，但也是最容易预防的疾病之一。健康促进和疾病预防方面的公共卫生工作对全世界人民获得更好的健康结果是至关重要的。

——加拿大卫生部长乌贾尔·多桑杰

Although chronic diseases are among the most common and costly health problems，they are also among the most preventable. Public health efforts on health promotion and disease prevention are critical to achieving better health outcomes for people worldwide.

——Ujjal Dosanjh，Minister of Health，Canada

一、一级预防

一级预防（primary promotion）又称病因预防，是在疾病尚未发生时针对致病因素或危险因素采取措施，也是预防和消灭疾病的根本措施。一级预防是预防慢性病的关键，对于 NCD 主要有以下预防措施：

（一）避免吸烟

吸烟有害健康，应尽量避免吸烟。

（二）少量或不饮酒

每周饮酒量（纯酒精）小于 300 克，相当于每天不超过一两。

（三）合理饮食

1. 不食霉变和烧焦的食物；2. 少吃烟熏、火烤、油炸、腌腊食品；3. 少吃盐，每人每天少于 6 克，三口之家每月不超过 1 斤为宜；4. 蛋白质适量，每人每天 70～75 克，脂肪适量，每人每天 20 克，约 2 匙食油，动物脂肪占三分之一；5. 多吃新鲜蔬菜与水果，每人每天 500 克，多吃豆类和豆制品，每人每周 250 克，牛奶每人每天一瓶；6. 食谱要广，三餐按时，进食不宜过快、过烫。

（四）适当运动

一般每天 30 分钟，每周不少于 5 天。

（五）保持良好情绪

情绪乐观，不生闷气。

二、二级预防

二级预防（secondary prevention）又称"三早"预防，即早期发现、早期诊断、早期治疗，是在疾病发生后为了防止或减缓疾病的发展而采取的措施。

✎ 测一测

查一查您身上是否有这些表现

在日常生活中，很多患者被查出癌症时往往都到了中晚期。提醒大家平时细心对待自己的身体，发现异常赶紧到医院检查。特别是下面的症状要警惕：

◆　可触及硬结或硬变，例如乳房、皮肤及舌部发现的硬结。

◆　疣或黑痣有明显变化。

◆　持续性消化不正常。

◆　持续性声音嘶哑、干咳及吞咽困难。

◆　月经期不正常，大出血、月经期外出血。

◆　鼻、耳、膀胱或肠道不明原因的出血。

◆　不愈的伤口、不消的肿胀。

◆　原因不明的体重减轻。

三、三级预防

三级预防（tertiary prevention）又称临床预防，是在疾病的发病后期为了减少疾病的危害所采取的措施。三级预防的目标是防止病残和促进功能恢复，提高生存质量，延长寿命，降低病死率。主要是对症治疗和康复治疗。

▢ 读一读

慢性病的预防处方

一个目标：将慢性病及并发症造成的危害降低到最低程度。

两股力量：政府的力量＋民间的力量。

三级防治：加强慢性病一级预防为主的三级防治策略。

四个要点：预防慢性病的四个点儿："多动点儿，少吃点儿，勤动点儿，放松点儿。"

五项措施：健康教育及心理疗法、饮食疗法、药物疗法、体育疗法和相关指标检测。

第三节　青少年慢性病的就医

目前，NCD 成为我国居民的主要健康问题，其患病、发病率明显快速上升，导致医疗费用迅速攀升，给家庭、社会造成沉重负担。同时，由于生活水平的提高，青少年营养状况明显改善，青少年的疾病谱也发生了很大变化。青少年健康呈现出新的问题，值得注意的是高血压、糖尿病、血脂异常、超重与肥胖及代谢综合征等传统的成年慢性病在青少年中的发病率在升高，正显示出低龄化的趋势。

一、青少年常见慢性病及治疗

（一）高血压病

1. 定义

高血压病（也称原发性高血压），是指以动脉血压增高为主要表现的一种独立疾病。迄今病因尚未明确、发病机制也较为复杂的高血压占所有高血压患者的 90% 以上，其余 10% 以下有明确病因的高血压称继发性高血压。成年人正常血压为收缩压＜140mmHg，且舒张压＜90mmHg，高于正常血压称为高血压。美国最新血压诊治指南指出，在儿童和青少年中，高血压定义为在不同时间内有 3 次的平均收缩压和/或舒张压高于相应性别、年龄和身高的第 95 个百分位数。收缩压和/或舒张压介于第 90 个与 95 个百分位数之间的儿童以及血压高于 120/80mmHg 的青少年应被视为高血压前期。

2. 症状及体征

由于病因不同，高血压所表现的症状各异，轻度高血压一般临床无症状或仅有轻度头昏、恶心、眼花等，血压明显增高时出现头晕、头痛、乏力、恶心、呕吐等，随病情发展，可表现为视力模糊、惊厥、偏瘫、失语、昏迷等高血压脑病的症状和心力衰竭、浮肿、肾功能改变等。但少年高血压临床表现多不明显，常被家人及本人忽略。

3. 诊断

一般疾病的诊断根据临床表现加辅助检查即可，但高血压临床表现有时很不明显，可参考高血压的病因及高危因素诊断，如家族高血压史、肥胖，高盐饮食、吸烟喝酒等，再加上一些辅助检查一般可诊断。

4．治疗

包括非药物治疗、药物治疗和手术治疗，继发性高血压根据病因治疗。

（1）非药物治疗

①合理膳食：低脂、低盐（＜6 克/天，WHO 标准）、低糖饮食；②增强有氧运动（爬山、游泳、骑自行车、打太极拳、散步），每天在 30 分钟以上。

（2）药物治疗

对于非药物治疗无效者或出现器官功能损害时，可考虑用药物治疗。常用药物为：钙离子拮抗剂（如硝苯地平、氨氯地平）、血管紧张素转化酶抑制剂（如卡托普利）、利尿剂（如氢氯噻嗪）、β 受体阻滞剂（如美托洛尔）、血管扩张剂（如肼苯达嗪）等。

（3）手术治疗

一般适用于肾血管性高血压、大动脉狭窄、儿童青少年嗜铬细胞瘤等。

☞ 学与做

怎样预防青少年高血压？

坚持经常参加体育锻炼，增强体质，少吃动物脂肪，多吃水果、蔬菜，防止体重过重。

避免各种不良的精神刺激和强烈的情绪激动，防止各种原因引起的疲劳。

对患原发性高血压的青少年，日常饮食中勿给过多的盐，食盐过量易发生高血压。每天的食盐量最好控制在 12 克以下。

定期检查血压，一般每学期检查 1 次，必要时可测定血浆胆固醇、甘油三酯、低密度脂蛋白、高密度脂蛋白。对异常情况应予监护。

（二）肥胖

1．定义

肥胖（obesity）是一组常见的、古老的疾病。当人体进食热量多于消耗热量时，多余热量以脂肪形式储存于体内，其量超过正常生理需要量，且达到一定值时遂演变为肥胖。正常男性成人脂肪组织重量占体重的 15％～18％，女性占 20％～25％。随着年龄增长，体脂所占比例相应增加。因体脂增加使体重超过标准体重20％或体重指数（或称身体质量指数，英文缩写为 BMI）〔BMI＝体重（千克）/（身高）^{2}（米^2）〕大于 28 者称为肥胖（中国人标准）。如无明显病因可寻者称单纯性肥胖，具有明确病因者称为继发性肥胖。

2．症状及体征

肥胖的临床表现随不同病因而异，继发性肥胖者除肥胖外具有原发病症群，单纯性肥胖症可见于任何年龄。男性脂肪分布以颈项部、躯干部和头部为主，而女性则以腹部、下腹部、胸部乳房及臀部为主。轻度肥胖者常无症状，中重度肥胖者可有肺泡低换气综合征、心血管系综合征、内分泌代谢紊乱、消化系综合征等。

3. 治疗

肥胖是一种与不良生活行为密切相关的慢性疾病，应综合治疗，切勿乱节食吃药。

（1）饮食疗法

倡导健康科学的饮食习惯，合理营养，食用平衡膳食。最简单的疗法就是饭前喝汤，此方法可抑制食欲中枢兴奋性，使食欲自动减少1/3，进食速度也变慢。对轻度肥胖者通过限制脂肪和含糖食物，使摄入总热量低于消耗量，每日体重下降0.5～1千克；中度肥胖者，限制每日总热量在1200千卡以下，或按每日每千克标准体重15～20千卡计算，使每日体重减轻1～2千克。重度肥胖者，每日总热量限制至800千卡，但热量过低可引起衰弱、脱发、抑郁，甚至心律失常，其减重计划不能超过12周，否则会带来危险。饮食疗法中蛋白质含量不低于每日每千克标准体重1克，可适当增加蔬菜以满足饱腹感，应避免、减少吃甜食、油煎食物等，饮食治疗数周后应根据体重下降情况调整计划。

（2）运动疗法

运动疗法是配合饮食疗法同时进行的。可根据自己的情况和爱好自行选择。要将体力活动有机地整合到日常工作中去，一般以轻中度运动量为宜。运动疗法要达到有效减肥效果，需保证每周至少3次，每次30分钟以上，并长期坚持。运动疗法是肥胖症的治疗基础，一旦失败后，可用药物疗法。

（3）药物疗法

目前所用的减肥药有盐酸西布曲明和奥利司他等，此类药物应在医生的指导下应用。

读一读

专家访谈：我国儿童青少年的肥胖率呈阶梯式分布

根据教育部、卫生部等五部委开展的全国学生体质健康调研，季成叶教授分析认为，与发达国家相比，我国儿童青少年的肥胖发生情况呈现出4个重要特征：

一是不同群体呈阶梯式分布。主要表现为越是经济发达地区，儿童青少年的肥胖流行率越高。其中，北京、上海和沿海发达城市的儿童青少年肥胖问题最为严重。在这些城市中，2005年7岁～18岁的中小学男生超重比例为20.8%，肥胖为12.3%；女生超重比例为11.3%，肥胖为6.6%。以上数据说明，我国儿童青少年的肥胖率已接近发达国家（美国除外）水平。

二是存在性别和年龄差异。无论是超重或肥胖，男生显著高于女生，儿童期高于青春期。

三是家庭及社会经济文化因素对儿童肥胖率的影响与发达国家正好相反。即越是收入高、父母文化水平高的家庭的孩子，越是由（外）祖父母辈照顾的孩子，肥胖率越高。

四是营养问题尚未得到根本解决。主要表现为超重和肥胖问题与营养不良问题同时存在。

　　"比儿童青少年肥胖流行更令人担忧的是，几乎所有年龄段的人都出现了持续的、迅猛的肥胖增长趋势。"季成叶教授表示，肥胖对儿童青少年的危害首先是生理危害，表现为体态臃肿、行动不便、容易疲劳等；其次是对学习能力的不良影响，肥胖越严重，对孩子的认知和学习能力损害越大；三是心理行为问题增加，表现为自卑、自暴自弃、暴饮暴食等；四是为高血压、糖尿病等慢性疾病的发生埋下隐患。

　　解决儿童青少年肥胖问题的有效措施是加强预防和早期治疗。季成叶教授建议有关部门加紧对科学防治肥胖的策略和措施的研究，同时广泛开展科普教育，督促家长和教育工作者切实转变态度，进而推动人们建立健康的生活和饮食方式。

（三）糖尿病

1. 定义

　　糖尿病是一种由于机体不能正常释放或利用胰岛素，而使血中葡萄糖水平不适当升高所导致的一种疾病，是遗传因素和环境因素长期共同作用的结果。目前把糖尿病分为 4 型：1 型糖尿病、2 型糖尿病、妊娠期糖尿病和其他类型的糖尿病。1型糖尿病发生的数量很少，某些环境和遗传因素使胰腺的 β 细胞损伤或缺陷，导致胰岛素绝对缺乏，血糖浓度升高；2 型糖尿病占糖尿病病例的 90％以上，它是由于机体对胰岛素抵抗，引起胰岛素产生相对不足，导致体内的糖不能进入细胞被利用，引起血糖浓度升高。

2. 症状及体征

　　典型临床症状是多尿、多饮、多食及体重下降（三多一少），但有的只表现体重下降，或只多尿、多饮或无典型症状。其慢性并发症较多，常见有动脉粥样硬化性心脏病及脑血管疾病、糖尿病肾病、神经系统病变及眼部病变。

3. 诊断

　　ADA（美国糖尿病协会）认为成人糖尿病的诊断标准同样适用于青少年，见表 11 - 1 所列。

表 11 - 1　糖尿病诊断标准（ADA，1999 年）

1. 糖尿病症状＋随机血浆葡萄糖≥11.1mmol/L。随机血浆葡萄糖指餐后任意时间的血糖。典型的糖尿病症状包括多尿、多饮和体重减轻。

2. 空腹血浆葡萄糖（FPG）≥7.0mol/L。空腹指至少禁食 8 小时。

3. OGTT 试验中，2h 血浆葡萄糖≥11.1mmol/L。OGTT 中口服葡萄糖剂量为 75 克。

　　注：符合上述标准中的任一条可确诊为糖尿病。FPG≥6.1mmol/L 但＜7.0mmol/L 为空腹血糖异常（impaired fasting glucose，IFG）；OGTT 中 2 小时血浆葡萄糖≥7.8mmol/L 但＜11.1mmol/L 为糖耐量减低（Impaired Glucose Tolerance，IGT）。

4. 治疗

其病因发病机制尚未完全明了，目前强调早期、长期、综合治疗。治疗方式包括健康教育、饮食治疗、体育锻炼、自我检测血糖、药物治疗和胰岛素治疗。

二、就医环境

我国大学生公费医疗制度始建于 1953 年，并一直沿用至今，其范围包括全日制统招计划内的大学生和研究生。经费一般都实行属地化管理，其中国家承担的公费医疗金额为 60%～80%，由于没有一个统一的标准，多数地区和大学在实际运行中也都会根据实际情况自行斟酌。但是近年来，随着经济社会的改革发展，大学生公费医疗制度不仅面临着制度设计上的困境，而且也日益凸显出覆盖面过窄、经费不足、服务时间有限和保障效果差等缺点，从而在一定程度上导致了医患关系日趋紧张，医患矛盾甚至纠纷逐步增加，大学生对于校医院所提供的公费医疗保障满意度不断下降。

目前青少年慢性病主要还是在危险因素发展和患病率上升阶段，对健康的影响还未充分显现出来。广大群众对青少年慢性病上升、危险因素、危害没有充分的认识，预防慢性病的知识和技能令人担忧。青少年是个特殊群体，最多接触的是学校和家庭，尤其对于那些常年住校的大学生。因此，学校应成为预防青少年慢性病的主战场。

学校是学生每天学习、生活的主要场所。有专家建议：①出台相应政策，鼓励学校建立健康保障体系，改善环境和条件。②学校将预防慢性病和预防传染病一样，纳入学校卫生工作，掌握学生慢性病的危险因素，及时进行干预。加强对青少年健康知识的教育，培养他们养成健康的行为和生活方式。③通过培训，提高老师预防慢性病的知识和技能，使慢性病预防融入学校生活的各个方面。④家庭环境对孩子健康是最重要的影响因素。学校和家长积极配合，使工作得到家长的支持，使其认识到青少年慢性病的危险因素、严重后果，积极鼓励孩子参与学校活动，在家庭中注意培养孩子健康的生活方式。

从青少年开始预防慢性病，将会为国家减少很多负担。

（刘保莉，肖利敏）

第十二章　大学生常见的意外伤害与急救

【案例 12-1】2007 年 4 月 16 日 7 点 15 分（北京时间 19 点 15 分），美国弗吉尼亚理工大学发生两起校园枪击案。一个名叫赵承熙的韩裔学生身穿童子军防弹衣，携带两把手枪，并身藏无数子弹，先后打死 32 人，最后举枪自杀。布什称枪案令人震惊，全国降半旗致哀。

北京高校平均每年有 14 起火灾。从 2002 年到 2004 年，高校发生交通事故 30 起，伤亡 21 人。今年上半年以来，本市高校非正常死亡人数达 25 人，其中包括大学生自杀、交通事故、游泳溺水而死亡。

【评析】上面这些事例并不是子虚乌有，而是曾经发生在我们身边的事实。时光荏苒，往事如烟，悲剧已成过去，唯有深深的思考伴随我们前行。

当人们把关注的目光聚焦在学习、营养、心理等领域时，却忽视一个重要的事实：伤害已超过其他疾病成为影响儿童、青少年健康的头号"杀手"；已成为一个严重威胁人群健康的世界性重要公共卫生问题。无论发达国家还是发展中国家，伤害的发病率、致残率和死亡率都高居不下，是威胁人类健康的主要疾病之一。在我国，意外伤害的死亡率分别是城、乡人群各种死因的第 4、5 位，在青壮年人群中甚至已成为"第一杀手"。疾病、车祸、火灾、水害、自杀、他杀等，所有这些潜伏在日常生活当中、随时可能降临的横祸都可以夺走一个个鲜活的生命。这样的意外带给家庭的创伤永远不可修复，给社会带来的负面影响也是巨大的。而且随着社会经济的发展，城市化和工业化进程的加快，以及人口数量的增加，伤害对人群的威胁将会呈持续上升的趋势。

第一节　概　述

一、定　义

意外伤害（unintentional injury）又被称为意外事故（accident），是一类突然发生的事件，如交通事故、溺水、意外中毒、自然灾害等。它是生活中对人的生命安全和健康有严重威胁的一种危险因素，通常造成人体器官损伤及功能障碍，也可能造成精神创伤或心理障碍，目前意外伤害已成为我国居民的主要死因之一。

意外伤害自有人类起即已存在，现在人们对意外伤害的基本概念已从"accident"转变为"unintentional injury"，把意外伤害看成一种疾病，而不是传统的偶然随机出现的事件。这种基本概念的进步，也扩大了意外伤害的研究对象和范围，从单纯研究意外伤害扩展到日常生活中的伤害。"冰山模式"的科学假设认为人群意外死亡仅为冰山顶部的一小部分，而在冰山底部却有大批因意外事故而需医疗就诊的受害者。因此，将意外伤害的研究对象从冰山顶部扩大到冰山底部，对保护和增进大批受损伤的人群的健康有重要意义。

此外，在实际的意外伤害研究过程中，需要根据意外伤害的定义和研究的实际情况来制定可操作性强的伤害诊断标准（或称之为操作性定义）。1988 年，国内学者建议我国的操作性定义为具有下列情况之一者：①到医疗机构诊治，诊断为某一种伤害；②由家人、老师或其他人做紧急处置或看护；③因伤请假半天以上。

二、意外伤害的特点

（一）突发性强

意外伤害的发生十分突然，让人不知所措。几小时，甚至几分钟以前还是活泼可爱、健全的人，突然间就可以发生意外伤害造成器官损伤及功能障碍。

（二）致残率、死亡率高

青少年处于生长发育期，如意外处理不及时，容易形成永久性损伤，导致伤残或残疾。根据不完全统计，我国去年因为意外事故导致死亡的孩子是 1.6 万人。也就是说平均每天都有相当于一个班级的孩子过早夭亡。这样的意外带给家庭的创伤永远不可修复，给社会带来的负面影响也是巨大的。

（三）常见性、多发性

伤害的发生十分普遍，而且三分之一的伤害无生命危险，因此往往不受人们重视。

（四）原因复杂

意外伤害的原因十分复杂，各种各样的原因都可以造成意外伤害。按其性质可将意外伤害分为三大类：物理性、化学性和生物性。

（五）场所多样

由于人们生活环境复杂，意外伤害的发生场所也多种多样，如家庭、学校、公路、江河湖海等。

三、意外伤害的分类

意外伤害的分类方法繁多，目前尚无统一标准。根据研究目的的不同，伤害的分类方法也会不同。

（一）按意外伤害的原因分类

1. 意外窒息

意想不到或难以避免而导致的呼吸道阻塞。

2. 淹溺

坠入池塘、沟渠、粪坑、江河湖泊或其他水源中。

3. 交通事故

各种交通工具引起的损伤。

4. 中毒

吸入、误服、接触吸收各种有毒物质。

5. 跌落

由一个平面坠入另一个平面或因身体重心失衡导致的机体损伤。

6. 烧烫伤

由火焰、热蒸气、高温或化学物质引起的机体损伤。

7. 触电

电击或雷电击。

8. 自然灾害

地震、雪崩、冻伤、洪水、台风、山体滑坡等。

9. 医疗意外

由于医疗就诊而导致的机体损伤。

10. 其他意外

如意外爆炸、各种机械和锐器伤、动物咬伤等。

（二）按发生的场所分类

1. 家庭意外伤害；
2. 学校意外伤害；
3. 课余时间发生的伤害。

☞ **学与做**

1. 不属于物理性伤害的是：　A. 溺水　B. 烧烫伤　C. 坠落　D. 车祸　E. 药物中毒

2. 不属于化学性伤害的是：　A. 强酸中毒　B. 强碱中毒　C. 地震和洪水　D. 煤气中毒

3. 不属于生物性伤害的是：　A. 食物中毒　B. 触电　C. 狗、蛇咬伤　D. 蜂蜇伤

参考答案：1. E　2. C　3. B

第二节　意外伤害发生的影响因素及干预

【案例 12-2】2013 年某日，记者在协和医院、武汉市人民医院、市妇幼保健院急诊科采访时，目睹了不少未成年人遭遇意外伤害的病例：一大学生打篮球时摔伤膝盖，导致骨折；一高中生吃饭时手被热汤烫伤；一男孩独自在家切菜，误将手指切成两段；两大学生用雨伞打闹，致使伞尖戳入其中一人的腹部；一小学生落入没有窨井盖的下水道……意外伤害谁之过？

【评析】"意外事故"难道都是不可预料、无法防范的飞来横祸吗？西方学者约翰·戈登通过对"意外事故"的调查分析，得出这样的结论：意外的发生并不完全是偶然的，只有极少数"意外"是真正的意外，而绝大多数的"意外"，都可以找出直接或间接的原因，常常是由一些明显的、可以预防的因素引起的。华中科技大学、同济医学院教授刘筱娴毕生致力于意外伤害研究，她用大量事例印证了这一观点。

一、意外伤害发生的影响因素

（一）个体因素

意外伤害的发生是与个人神经系统成熟度、事故倾向性、生活遭遇、危险和侵害行为精神心理行为等特征有关。

年龄和性别是公认的影响意外伤害的人口学因素，不同年龄的人不仅伤害的发生率和死亡率有较大差异，伤害的种类也存在明显差别。0～5 岁主要死因为中毒、溺水；55 岁以上人群主要死因为跌落；5～34 岁中机动车交通事故为伤害的首位死因，且在 15～24 岁出现峰值。

男生相对于女生来说，表现为活跃过度，喜欢冒险、运动及喜欢尝试新鲜事物，因而更容易发生意外伤害。根据研究，大多数男生意外伤害的发生率和死亡率均高于女生。

意外伤害的发生与个人性格特征有很大的关联，多表现为过度活跃、大胆、喜欢冒险和运动、有攻击性和暴力倾向、持续注意力低下、不顺从等性格特征。

影响意外伤害的因素还包括一些与个体有关的生理因素，身体一般健康状况较差的人容易发生伤害，肥胖也可增加意外伤害发生的风险。

也有学者发现意外伤害次数发生越多的人，睡眠问题尤其是睡眠焦虑问题也越严重，父母报告伤害倾向性行为越多的儿童睡眠问题也越多。

（二）家庭因素

在人们的心目中，家庭应该是最安全的地方，而上海儿童医学中心提供的资料显示，52％的孩子意外伤害发生在家庭。家庭造成意外伤害的主要危险因素是家长监护缺失、居室结构和布局不合理等。因此家庭因素在意外伤害的发生中具有重要地位，大多数关于意外伤害危险因素的研究都将家庭因素作为重要的研究内容，这不仅因为大量人群伤害（尤其是低龄儿童的伤害）发生在自己的家中或庭院中，而且更重要的是家庭成员尤其是父母的态度和行为影响对子女的监护，从而影响孩子发生伤害的概率。

【案例 12-3】 以湖为家的洪湖渔民王某，一日，夫妻双双到养殖区忙活，留下两个年幼的孩子在家玩耍，待天黑前他们赶回家时，才发现孩子不幸双双落入湖中；某山区，一妇女怀抱婴儿在山上劳作时小睡，不幸孩子从怀中滑脱并滚落山下；某乡村，一农户平时养成了让自家的狗在孩子大便后吃净习惯，不料，偶然一次，孩子被狗咬掉了"小鸡鸡"。

在广大农村地区，未成年人的意外伤害常常因为家长的愚昧、疏忽和照顾不周而引发的，而在城市，也不乏家长疏于监护酿出悲剧的案例。

某某居民小区，家住 5 楼的小女孩玲玲午睡醒来满屋找不见妈妈，便跑到阳台，正当她将小脑袋伸出铁栏杆张望时，不想身体失控从楼上摔下来。

【评析】 保护孩子免受意外伤害从根本上说依赖于成人的行动和态度，与父母的文化程度有密切关系。父母的文化程度越低，其子女发生意外伤害的可能性越大。父母的文化程度和知识水平直接影响对子女的教育，如经常对子女进行安全知识的教育可减少意外伤害的发生。单亲家庭孩子意外伤害发生率较高，可能归于单身母亲或父亲的经济收入低、社会资源差和与社会脱离等因素。

意外伤害的发生与家庭经济条件有一定的联系，这种关系涉及各种类型的伤害，在交通事故中尤其明显。瑞典的一项调查显示：低社会地位家庭的孩子意外伤害死亡率高，高社会地位家庭的孩子意外伤害死亡率低。而美国俄亥俄州一烧伤研究所研究表明：大多数手被熨斗烫伤的孩子来自低收入、单亲父母的家庭。

此外，父母失业、不良婚姻状况、酒精依赖、反社会人格、有抑郁症状等都是孩子意外伤害的危险因素。

（三）学校因素

意外伤害有 10％～25％发生在校园或学校周围，其中体育运动伤占半数以上，而因跌伤就医人次最多。

【案例 12-4】 2001 年 9 月 23 日，内蒙古丰镇二中发生一起严重的校园安全事故。因楼梯栏杆倒塌且无灯，导致在黑暗中挤死 21 名学生、挤伤 47 名学生……这一令全国震惊的事件，再度敲响了校园安全的警钟。

【案例 12-5】 2002 年 6 月 23 日，化州市一名 18 岁的高中毕业生黄某在化州市某校参加招生考试时被倾覆的足球门架砸死。

据悉，肇事的足球门是某市体育局制作的。由于足球门工艺比较简单，某市体育局依照国际器材标准制作了一批。据了解，这种小型足球门一般没有固定式，都是可以移动的，如果底下没有固定好，上面有人攀爬，很容易倾覆。

【案例 12-6】2002 年 8 月 31 日晚 9 时许，广州某高校发生一起命案。一名外校男生持刀闯入该校女生宿舍，将一名他多次求爱不成的女生刺伤后推下 6 楼，随即自己也跳楼自杀。

据了解，8 月 31 日是该校学生返校缴费注册的日子。按照该校学生宿舍管理制度，男生是不能够进入女生宿舍的。由于开学期间学校事务繁多，对学生宿舍疏于管理，导致了这名男生能够轻易进入女生宿舍楼并制造了命案。

【案例 12-7】2001 年 5 月 30 日傍晚，佛山某高校 2000 级化学专业本科生，20 岁的李某在学校体育活动中心游泳馆练习游泳时，不幸溺水身亡。

据悉，事发时尽管泳池两边都有救生员，由于泳池内人太多，救生员没有及时发现。

【案例 12-8】记者在广州石牌某高校数学系教学楼内看到，两侧楼梯上的消防水管锈迹斑斑。从一楼至五楼，消防水管里竟然没有一滴水！消防阀门已不翼而飞，消防水带散落在地上，楼梯上堆满了杂物。有一侧的楼梯通道在三楼被一个上锁的铁门截断。在该校一幢学生公寓，记者发现，这幢 6 层的宿舍竟然没有安装专门的消防水管，仅仅是在各层两头各安装了一个灭火器箱，但是门上的把手全部被损坏。记者拉了几下，怎么也拉不开。

【案例 12-9】记者在广州石牌某高校一学生公寓看到，这幢宿舍楼的楼梯通道上虽然安装了十余盏路灯，但是一路按过去，只有一楼路灯可以亮，其他的都是"瞎子"。该校数学系教学楼内两侧楼梯通道上的路灯只有半数是亮的。

（四）社会因素

1. 伤害咨询及安全教育不够系统和普及

伤害预防咨询可有效减少大量的家庭伤害事故。咨询和安全机构可以加大对家长进行伤害预防的宣传教育，他们有着大量的机会，同时由于他们特殊的地位，可以起到事先引导作用。目前，也有许多专家鼓励儿科医生在咨询中加大伤害的预防。

2. 经济发展水平有限

意外伤害的发生与一个国家、地区的经济发展水平有关。悉尼城市的调查表明，社会经济状况与意外伤害死亡率之间呈负相关。经济状况的差异也导致各国伤害原因、类型、地点及形式的不同。如美国、澳大利亚等发达国家以车祸、溺水为主要的意外死亡原因，而巴西、古巴等发展中国家以跌落、车祸和物体击伤为主；发达国家的儿童主要淹死在家庭浴池和室外游泳池，而发展中国家的儿童主要淹死在池塘、江河、湖泊等地。

3. 生活习俗不良

我国是一个多民族的国家，各地的生活习俗差异很大。如我国西南和西北部分地区用火炕取暖及做饭，易发生烧烫伤。内蒙古地区人们经常骑马，易发生跌落伤。此外，农村家庭有饲养动物的习惯，因此动物伤害也是意外伤害的主要原因之一。

4. 其他

如公用产品及其质量问题导致的意外伤害在我国发生频率较高，煤气、瓦斯、煤窑爆炸等时有报道，燃放烟花、爆竹等致意外伤害的事例屡见不鲜。

二、伤害干预

危险无处不在，我们应提早准备，莫让伤害源于我们的无知。应该逐渐认识到伤害是能够预防的。

（一）预防策略——三级预防

1. 一级预防

其目标是通过减少能量传递或暴露的机制来预防导致意外伤害发生的事件。如交通安全法规、游泳池周围的栅栏、有毒物品的安全盖等。

2. 二级预防

其目的是当意外伤害发生时，减少伤害的发生及其严重程度。如摩托车头盔、安全带、救生衣和防弹衣等。

3. 三级预防

指意外伤害发生后，控制伤害的后果。如现场急救、心肺复苏、康复等。

（二）干预措施——四项"E"干预

1. 工程干预（engineering intervention）

目的在于通过干预措施影响媒介及物理环境对发生伤害的作用。如在设计汽车时注意配置儿童专座及伤害急救药品和器械。

2. 经济干预（economic intervention）

目的在于用经济鼓励手段或罚款影响人们的行为。

3. 强制干预（enforcement intervention）

目的在于用法律及法规措施来影响人们的行为，如规定使用安全带。

4. 教育干预（educational intervention）

目的在于通过说服教育及普及安全知识来影响人们的行为，尤其是对一定文化程度背景的人群更是如此。目前，我国的资源十分有限，在特殊人群中开展积极的健康教育是十分有效的干预手段。

第三节　伤害与急救

R. I. C. E. 急救

国际红十字会与红新月会国际联合会将每年 9 月的第二个周六定为"世界急救日"。

读一读

2004 年一个晚上，广州某中学一名高一学生在教室晚自习的时候突然心脏骤停。但是由于当时周围的同学和老师都不懂得如何急救，结果 10 分钟后医护人员到达现场时发现该学生已经死亡。"若当时现场有人懂得心肺复苏的急救技能并及时实施救护，该名学生成活的概率就很大。"广州某大学医院急诊科主任王正维，从学校拨打 120，120 通知医院，然后救护车赶到学校，前后超过 10 分钟，这时已经错过了对病人抢救的最佳时机。"一般来说，大脑缺氧超过 8 分钟，脑细胞就会死亡。所以超过 8 分钟才对病人进行抢救的话，抢救成功的概率几乎为零。""如果意外现场的目击者懂得基本的急救知识，生命挽回的概率会大大提高。"王正维主任介绍，若在病人心脏骤停的 1 分钟内实施心肺复苏抢救，50％的生命可以抢救成功；若在 10 秒内实施抢救，则超过 80％的生命可以挽回。

事实上，由于大部分的普通市民没有掌握基础的急救技能，甚至不了解基础的急救知识，于是往往出现很多生命因抢救不及时而无法挽回的情况。很多意外伤害是完全可以防范的，而出现意外之后的急救尤为重要。不少意外事故都需要及时处理，然后再送往医院，限于经验和知识的缘故，很多人在面对意外事故时，不知道怎样处理或者进行了错误处理，从而耽误了治疗的最佳时机。

【案例 12－10】由广西大学爱心协会、广西医科大学红十字学生分会和广西中医学院红十字学生分会联合举办的"广西高校大学生急救知识普及活动"在广西大学西校区 6B 小广场上开展，并进行了现场急救示范表演。广西大学青协、广西财经学院阳光爱心社、民族学院社会工作协会等 16 个院校的 17 个社团参加了此次活动。广西医科大学和广西中医学院的同学在现场为同学们示范了一些意外伤害救护事例，像心肺复苏、包扎、止血、固定和搬运等一些基本的急救知识，现场的同学也积极向示范的人员学习急救知识。广西大学的一位同学说："我自己就经常会弄伤手，学包扎方面的知识对自己有很多好处，以后遇到类似的事情就不会手忙脚乱了。"

【评析】一些非医学类的院校对急救自救知识都不了解，开展这样的活动对大学生是很有意义的。大家可以通过此次活动学习一些最基本的急救知识，让更多的在校大学生在遇到突发事件时都懂得急救自救，从而减少一些不必要的遗憾。

☞ **学与做**

伤害发生时我们该怎么做？

◆　遇到意外伤害发生时，不要惊慌失措，要保持镇静，并设法维持好现场的秩序。

◆　在周围环境不危及生命条件下，一般不要轻易随便搬动伤员。

◆　暂不要给伤病员喝任何饮料和进食。

◆　如发生意外，而现场无人时，应向周围大声呼救，请求来人帮助或设法联系有关部门，不要单独留下伤病员无人照管。

◆　如发生意外，而现场无人时，应向周围大声呼救，请求来人帮助或设法联系有关部门，不要单独留下伤病员无人照管。

◆　根据伤情对病员边分类边抢救，处理的原则是先重后轻、先急后缓、先近后远。

◆　对呼吸困难、窒息和心跳停止的伤病员，从速置头于后仰位、托起下颌、使呼吸道畅通，同时施行人工呼吸、胸外心脏按压等复苏操作，原地抢救。

◆　对伤情稳定，估计转运途中不会加重伤情的伤病员，迅速组织人力，利用各种交通工具分别转运到附近的医疗单位急救。

一、运动伤害

在学生伤害事故中，体育课上发生的伤害事故占有相当大的比例，接近一半以上。这与体育课自身所具有的运动性、激烈性、对抗性和开放性等特点是分不开的。其中，以运动伤害最为常见。

凡是与运动有关所发生的一切伤害，无论是直接或间接的伤害都称为运动伤害。有些是一次巨大的力量造成的，有些是累积多次微小伤害的结果。幸运的是大多数运动伤害严重程度都很轻，如瘀青、挫伤、撕裂伤等。少数人会有较严重的伤害，如骨折、韧带扭伤、断裂、肌肉拉伤、肌肉断裂。更甚者，极少数如头部外伤、脊椎损伤、胸腔内出血，就可能致命或有严重后遗症。

（一）运动伤害的急救方法

当发生运动伤害时，应立即处理。处理的顺序为：保护（protection）、休息（rest）、冰敷（icing）、压迫（compression）及抬高（elevation）。

以 R. I. C. E. "米"字口诀，让大众易于记忆并可依序处理骨骼肌肉的伤害。在运动伤害的处理原则中，R. I. C. E. 是用来做急救处理的，如：处理挫伤（撞伤）、肌肉拉伤、关节扭伤、脱位及骨折。

大学生健康教育（第2版）

第一步

保　　　护
（protection）

⬇

休　　　息
（rest）

处理方式	效用、注意事项
停止运动，立即休息，休息可以促进较快复原	休息可减少疼痛、出血或肿胀，以防伤势恶化

第二步

冰　　　敷
（icing）

处理方式	效用、注意事项
休息15～20分钟后再冷敷	冰敷可使血管收缩，减少伤处的肿胀、疼痛
以冰块冷敷时，不可让冰袋直接接触皮肤，应用毛巾保护皮肤再冷敷患部	每次冰敷不要超过30分钟，以免发生冻伤或神经伤害
冰敷时当皮肤变成麻木时就可以移开冰敷袋	不要太早停用冰敷袋而转用热敷，当肿胀有明显消退时，才考虑使用热敷

第三步

压　　　迫
（compression）

处理方式	效用、注意事项
先以干净的敷料盖住伤口，然后用手、弹性绷带等压迫患部	加压可止血止肿
包扎压迫时，从伤处几寸之下开始往上包，大约以一半左右做螺旋状重叠，以平均而加点压力的方式逐渐包上	以弹绷最大长度70%的紧度来包扎能获得充足的压力
需注意伤肢的血液循环畅通，避免组织坏死	观察露出脚趾或手指的颜色，若有疼痛、皮肤变色、麻痹、刺痛等症状出现，表示包太紧，应解开弹性绷带重包

第四步

```
抬　　　　　高
（elevation）
```

⇨

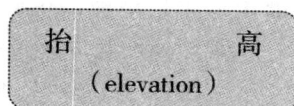

处理方式	效用、注意事项
伤处应高于心脏部位且尽可能在伤后 24 小时内，抬高伤部。	抬高伤部加上冰敷与压迫，减少血液循环，避免肿胀。

（二）运动伤害后的处理（一旦受伤马上就医）

1. 开放性软组织损伤

在体育锻炼中，常见的开放性软组织损伤有擦伤、撕裂伤、刺伤和切伤等，其特点是有伤口、出血或组织液渗出，容易引起感染。处理开放性软组织损伤的基本原则是先止血后处理伤口。

（1）擦伤

擦伤是身体表面与物体相互摩擦而造成的皮肤组织损伤。

处理：小面积、伤口较浅的皮肤擦伤可用红药水或紫药水涂抹局部，无须包扎。面部擦伤不要用紫药水，以免愈后留下痕迹。关节周围的擦伤，一般不采用暴露疗法，否则容易干裂而影响活动，一旦发生感染，容易损伤关节，处理时可在伤口上涂抹消炎软膏。大面积、伤口较深且留有异物的擦伤，需要较严格的医务处理，应请医生治疗。

（2）撕裂伤

撕裂伤是由钝物撞击所引起的皮肤和软组织裂开的损伤。

处理：在撕裂伤中，以头、面部皮肤撕裂较为常见，如打篮球时，眉弓容易被对方肘部撞击造成眉际撕裂伤。若为轻度开放性损伤，用创可贴粘合即可。若裂口较大则需止血和缝合伤口，必要时注射破伤风抗毒血清，以防破伤风症。

（3）刺伤和切伤

刺伤和切伤是由锐利器物刺入人体所造成的损伤，处理方法基本同撕裂伤。

2. 闭合性软组织损伤

常见的闭合性软组织损伤有关节、韧带扭伤和肌肉、肌腱拉伤及挫伤等。闭合性软组织损伤的特点是局部皮肤或黏膜完好，无裂口与外界相通，损伤的出血积聚在体内。这种损伤在运动中较为常见，如果处理不当，往往会变成慢性或留下不同程度的功能障碍。

（1）挫伤

挫伤是由于运动中相互冲撞、踢打、挤压、摔跌等钝力直接作用于身体所引起的软组织损伤。

处理：对轻度挫伤，24 小时内可采用冷敷、止血或加压包扎、抬高伤肢的方法处理，24 小时后可按摩或理疗。重度挫伤则应速送医院急救。

（2）拉伤

拉伤是在外力的直接或间接作用下，肌肉过度主动收缩或被动拉长造成的损伤。

处理：轻度拉伤局部疼痛、肿胀、压痛、肌肉紧张或痉挛，伤处摸之发硬，有功能障碍。重度肌肉拉伤（断裂），可在断裂处摸到凹陷或一端隆起。轻度拉伤同挫伤处理方法。伤后一天可进行热敷、按摩、理疗，促使毛细血管扩张，加快血液循环。重度拉伤在加压包扎固定伤肢后，要速送医院及早做手术缝合。

（3）扭伤

扭伤是在外力作用下，关节发生超长范围的活动而造成的关节内、外侧韧带损伤。

处理：单纯韧带扭伤，可冷敷、加压包扎。24 小时后可采用理疗、按摩和针灸治疗。重度扭伤应速送医院及早作相应处理。

3．关节脱位

由于暴力的作用使关节面之间失去正常的连接关节，叫作关节脱位（脱臼）。关节脱位可分为完全脱位和半脱位，前者是关节面完全脱离原来的位置，后者是关节面部分错位。完全脱位时常伴有关节囊撕裂，关节周围韧带和肌腱的损伤。

处理：关节脱位后应立即用夹板和绷带在脱臼所形成的姿势下固定伤肢，可固定在伤员自己的躯干或健肢上，防止震荡，保持伤员安静，尽快送医院处理。关节脱位的整复，应由有整复技术的医生进行，不可随意做整复手术，否则会引起严重损伤，并影响以后功能恢复。

4．骨折

骨折是骨的完整性受到破坏。骨折是体育运动中比较严重的一种损伤。依据骨是否完全断裂，骨折分为不完全骨折（如裂缝骨折、柳枝骨折等）和完全骨折（骨完全断裂为几块）。常用的急救方式有：

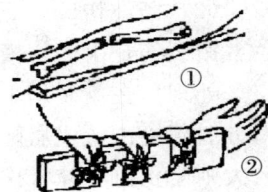

①
②

（1）止血抗休克

严重的骨折有时会使人休克，抗休克的措施是让伤员安静平卧，注意保暖，保持呼吸道通畅。若发生大出血时，要先进行止血，再包扎伤口。搬动伤肢时，动作要轻，并适当牵引。

（2）固定制动

骨折后要求就地固定，避免骨折断端的移动，防止附加损伤和减轻疼痛。固定伤肢使用的夹板，其长度必须超过骨折部位上下两个关节，其宽度要与骨折肢体相近。如果没有夹板，可就地取材，用木板、木棍、竹片或树枝等临时替用，或把伤肢固定在伤者的躯干或健肢上。固定时包扎的绷带要松紧适度，牢靠，以夹板固定不活动为宜。必须注意的是，在条件不具备时，不可乱动伤肢或做任何复位的尝试，以避免加重损伤。

（3）速送医院治疗

运送伤员的过程中要十分注意避免碰撞伤肢。一旦出现休克，应及时进行处理，即点按人中穴，并进行口对口人工呼吸或心脏外按压，若伴有伤口出血，应同时实施止血和包扎。骨折后暂勿移动患肢，应用夹板或其他用品固定伤肢，再及时护送到医院检查和治疗。

二、其他伤害的处理

（一）车祸

车祸，已成为当今社会公害，为城市人口死亡的四大原因之一。车祸造成的伤害伤势重、变化快、死亡率高。急救方法如下：

1. 现场组织

组成临时救护小组，统一指挥，避免慌乱。要立即扑灭烈火或排除发生火灾的一切诱因，如熄灭发动机、关闭电源、搬开易燃物品。同时派人向急救中心呼救。指派人员负责保护肇事现场，维持秩序，开展自救互救，做好检伤分类，以便及时救护。

2. 简单处理

根据分类，分轻重缓急进行救护：对垂危病人及心跳停止者，立即进行心脏按压和口对口人工呼吸；对意识丧失者，宜用手帕、手指清除伤员口鼻中泥土、呕吐物、假牙等，随后让伤员侧卧或俯卧；对出血者，立即止血包扎。

3. 正确搬运

不论在何种情况下，抢救人员特别要预防颈椎错位、脊髓损伤。

（二）大出血

首先止血。

对切割伤及刺伤等小伤口，可挤出少量血液以冲洗掉伤口上的细菌和尘垢。对伤口宜用清洁的水洗净，对无法彻底清洁的伤口，须用双氧水或碘酒消毒。

对于较大的伤口，止血后用清洁的布覆盖并立即送医院处理。

（三）中暑

立即将病人移到通风、阴凉、干燥的地方。

让其仰卧，解开衣扣，或及时给病人更换干衣服，同时打开电扇或开空调，以便尽快散热，但风不要直接朝身上吹。

用凉的湿毛巾冷敷病人头部，或给其洗温水浴。

在病人意识清醒前不要让其进食或喝水，意识清醒后可让其饮服绿豆汤、淡盐

大学生健康教育（第2版）

水等解暑。

（四）溺水

一旦发生溺水，在专业救护人员到来之前，应立即进行现场抢救。

以最快的速度清除患者口鼻中的泥沙杂草及分泌物，保持呼吸道通畅，并将其舌头拉出，以免堵塞呼吸道。

患者应头低脚高俯卧，头部下方应悬空，使呼吸道的水自然流出。

如无呼吸时，即使有很弱的脉搏，也需要马上进行口对口的人工呼吸。

☞ 学与做

口对口（或鼻）人工呼吸法

◆ 让病人取仰卧位，即胸腹朝天。

◆ 救护人站在其头部的一侧，自己深吸一口气，对着伤病人的口（两嘴要对紧不要漏气）将气吹入，造成吸气。为使空气不从鼻孔漏出，此时可用一手将其鼻孔捏住，然后救护人嘴离开，将捏住的鼻孔放开，并用一手压其胸部，以帮助呼气。这样反复进行，每分钟进行14～16次。

◆ 如果病人口腔有严重外伤或牙关紧闭时，可对其鼻孔吹气（必须堵住口）即为口对鼻吹气。救护人吹气力量的大小，依病人的具体情况而定。一般以吹进气后，病人的胸廓稍微隆起为最合适。口对口之间，如果有纱布，则放一块叠两层厚的纱布，或一块一层的薄手帕。但注意，不要因此影响空气出入。

（五）烧烫伤

首先是脱离热物，如拿走热水瓶或将火扑灭。如烧伤者身上的衣服已被开水浸透或被火燃烧，马上脱去衣服是一项重要的急救措施。

用冷水浸伤处皮肤，迅速降低局部皮肤温度。在这过程中，动作要轻柔，同时要保持创面干净及水泡完整，创面要涂些烧伤药膏、抗菌素软膏，或用干净的布、衣服包裹伤处，转送医院。

（六）误服腐蚀性很强的药物

喝大量鸡蛋清、牛奶、稠米汤或植物油等，上述食物可附着在食管和胃黏膜上，从而减轻消毒药水对人体的伤害。

如果误服的是强酸、强碱等药物，不宜采用催吐法，以免使其食管和咽喉再次受到损害，可先让他喝冷牛奶、豆浆等。

对服药后已失去知觉或兼有抽搐的人，也不宜采用催吐法，应及时送医院抢救。

（七）狗咬伤

最快速度就地用大量清水冲洗伤口。如果不能快速找到水，可先用人尿代替清水冲洗，然后再设法找水，冲洗伤口要彻底。

除了就地、立即、彻底冲洗伤口，不要对伤口做任何其他处理。千万不要包扎伤口或在伤口上涂药，这些行为都有可能延误治疗时机。

咬伤严重者，立即到医院或防疫站注射狂犬病疫苗、破伤风抗毒素及抗生素。

（八）煤气中毒

立即把病人搬到室外空气流通的地方，吸入新鲜空气，排出一氧化碳。但要注意保暖，最好将其用厚棉被包裹好。

症状轻的，可服些热浓茶，这样不但可抑制恶心，而且有助于减轻头痛。头痛者可服去痛片或 APC。一般 1～2 小时即可恢复。

症状严重的，恶心、呕吐不止，神志不清以至昏迷者，应及时送医院抢救，最好请救护站送到有高压氧舱设备的医院。

如果病人呼吸不匀或微弱，可口对口人工呼吸进行抢救。如果呼吸和心跳都已停止，可在现场做人工呼吸和胸外心脏按压，即使在送医院途中，也要坚持抢救。

（九）蛇咬伤

毒蛇与毒虫咬伤后，毒素在 3～5 分钟即被吸收，因此其急救原则是及早防止毒素的扩散和吸收，尽可能减少局部损害。被毒蛇咬伤后应立即用带子（如布带、皮带、鞋带等）在伤口近心端缚扎，以阻止静脉血和淋巴液回流，但必须每隔 15～30 分钟放松 2～3 分钟，以防远端肢体坏死。同时，应立即对伤口进行处理，可用手挤压伤口使毒素排出，也可用小刀将伤口皮肤切开成"十"字形，用口大力吸出伤口处的毒液，反复多次，边吸边吐，边用清水漱口（口腔粘膜溃破者忌吸）。可对伤口采取局部降温措施，将伤口浸泡在冷水中，同时不断用吸奶器吸毒。也可用冰袋或冰块冷敷伤处，以减慢毒素的吸收速度，降低毒素中酶的活力。在采取以上就地抢救措施后，应尽快寻找蛇药口服，并急送附近医院采取相应的救治措施。

大学生在进行野外作业及活动时，应注意采取对毒蛇、毒虫的防护措施，掌握毒蛇、毒虫习性及活动规律，尽量不要裸露腿足。万一被毒蛇、毒虫咬伤后，切勿惊慌失措，狂奔乱跑，应就地采取上述缚扎、吸吮、清洗伤口等抢救措施，并寻求医疗救护。

三、心肺复苏

急症中最凶险的心脏搏动和呼吸同时停止，可发生在任何时间、任何地点（如学校、家中、工作单位、公共场所），所以使大学生了解和掌握心肺复苏的知识和技术是非常必要的。一旦遇到紧急意外情况，现场的大学生能熟练地实施心肺复苏，常能使病人转危为安。

心肺复苏是对由于各种原因（如心肌梗死、脑血管意外、触电、过敏等）所致心脏搏动和呼吸突然停止，同时伴有意识丧失，所采取的胸前叩击、胸外心脏按压和人工呼吸等一系列急救方法。现场心肺复苏抢救后，还须急送医院进行用药、除颤、心电监护、给氧、插管、脑复苏等抢救治疗措施。

心肺复苏必须在发现心跳和呼吸骤停病人后立即进行，不得有丝毫的拖延和迟误。

心肺复苏的第一步，可先做胸前叩击，有可能使刚发生停搏的心脏恢复跳动。抢救者在病人右侧，握紧右拳，用多肉的掌侧敏捷而有力地向病人胸骨中下部捶击2～3次。然后立即触摸颈动脉，如果出现搏动，说明心跳已恢复，否则，就应立即进行体外心脏按压。实施体外心脏按压时，要让病人仰卧在硬板床上或地面上，不用枕头，抢救者立或跪在病人一侧，将一只手的掌根放在胸骨下半段，再将另一只手重叠在前一只手上，用抢救者上身的体重有节奏地向下按压。体外心脏按压需要注意的是，掌根下压的力量必须集中在胸骨，手指切勿触及胸部，以免按压时发生肋骨骨折。在体外心脏按压时，必须同时做口对口人工呼吸。

经过一段时间的体外心脏按压及口对口人工呼吸后，若病人脸色逐渐好转，嘴唇变红，用耳贴其胸部可闻心音，自主呼吸恢复，瞳孔由大变小表示现场心肺复苏抢救初步成功，可在密切观察下急送医院进一步救治。

（魏立新，张安慧）

第十三章　精神障碍的早期识别

在人类社会的发展中，越来越多的人出现了精神、心理的障碍。随着信息化时代进程的加剧，患精神障碍的人数有增加的趋势。在校的大学生面临着学习、择业、就业等生活事件，使该人群出现精神障碍的风险增加，当然也有一部分人正在忍受着精神障碍的折磨。本章旨在揭开精神障碍的神秘面纱，还您一片晴朗的天空！

第一节　精神障碍症状表现

人的心理活动是由各个心理过程和心理特征组成的，包括人的感知、思维、情感、记忆、行为、判断、智能以及人格特征等。它作为一个完整的整体，可以反映出一个人的心理特征。当某一个部分出现障碍或异常时，就可能会影响到整体的异常。所谓精神障碍，是指人的精神、心理活动不能适应环境的发展，从而没有能力按社会规范的方式去行动，所产生的行为后果对本人或社会都是不相适应的。

一、精神障碍症状表现

常见的症状表现主要如下：

①感知觉障碍：包括感觉过敏与感觉迟钝、错觉与幻觉等。

②记忆障碍：包括记忆增强、记忆减退、遗忘、记忆错误等。

③思维障碍：包括内向性思维、妄想等。

④联想障碍：包括联想过速（思维奔逸）、联想迟钝、联想紊乱、强迫性思维等。

⑤情感障碍：包括情感淡漠、情感倒错、情感低落、情感高涨、病理性激情、焦虑等。

⑥意志障碍：包括意志增强、意志减退或意志缺乏等。

⑦运动及行为障碍：包括精神运动性兴奋、精神运动性抑制等。

⑧意识障碍：包括意识模糊、意识混沌、意识蒙眬、昏迷状态、定向力障碍、自知力障碍等。

⑨注意障碍：包括注意增强、注意减退、注意缓慢、注意涣散、注意狭窄、注意固定、注意转移等。

⑩智能障碍：包括智力低下、痴呆等。

⑪睡眠障碍：包括失眠、睡眠过多、睡眠相关异常、睡眠-觉醒节律紊乱等。

二、精神症状的形式

有时精神症状的内容相同但表现为不同的形式，如一位患者走在街上见两位路人在交谈，就马上意识到人家议论他是同性恋；而另一位患者的脑子里反复出现自己可能是同性恋的念头，自己明知道这种想法错误却不能控制，为此苦不堪言。很明显两位患者思维的内容是相似的，但前者是妄想，后者是强迫症状。

有时症状的形式是相同的，但是内容却迥然不同。例如，一个长期饮酒的人，某日突然在非常清醒的情况下听到邻居骂他是酒鬼、毫无人性，患者异常气愤地翻墙到邻居家欲与邻居拼命。另一位患者在乘火车时突然凭空听到一个声音告诉他："公安局的人马上来抓你"，患者吓得趴在座位底下不敢出来。同是幻听，两者的内容和反应却不相同。

三、精神症状的识别与判定

除了意识障碍、精神障碍时有时无外，一般情况下精神症状都是持续存在的。但有时年轻的医生经常发现自己查到了阳性症状，经上一级医生检查又没有了，或者出现了相反的情况。可能的原因是会谈经验的不足以及根据只言片语就轻下结论。除了依靠医生的检查进行早期的识别和诊断，我们还可以借助于已经量化的心理卫生评定量表进行筛查和识别，如抑郁、焦虑自评量表等。

第二节　认识神经症

神经症（neurosis），又称为神经官能症，是一组主要表现为焦虑、抑郁、恐惧、强迫、疑病症状或神经衰弱症状的精神障碍。

一、神经症诱发因素及其表现形式

随着社会的高速发展、竞争的激烈，学习和工作压力越来越大，情感压抑、思虑过多、精神紧张等都会导致神经症的发生。临床主要表现为各种躯体或精神的不适感，常伴有情绪的低落、胡思乱想、焦虑、忧郁、恐惧、强迫、失眠、注意力不集中、记忆力下降等症状，也有的表现为心慌胸闷、呼吸困难、浑身无力、耳鸣、厌声怕光等。患者常被强烈的内心冲突或不恰当的情感体验所困扰。这些症状经常反复出现，但仪器检查无器质性的病变，患者对疾病状态存在自知力，但往往不能控制自己的情绪。

二、神经症的种类

（一）恐惧症

恐惧症（phobia）是一种以过分和不合理地惧怕外界某种客观事物或情境为主要表现的神经症。病人明知这种恐惧反应是过分的或不合理的，但在相同场合下仍反复出现，难以控制。恐惧症发作时常常伴有明显的焦虑和自主神经症状，病人极力回避恐惧的客观事物或情境，或是带着畏惧去忍受，因而影响其正常活动。

1. 分类

恐惧症患者所恐惧的对象达数百种之多，通常将其归纳为三大类：

（1）场所恐惧症（agora phobia）

又称广场恐惧症、旷野恐惧症等，是恐惧症中最常见的一种，约占全部病例的60%。主要表现为对某些特定环境的恐怖，如高处、广场、密闭的环境和拥挤的公共场所等。患者害怕离家或独处，害怕进入商店、车站或乘坐公共交通工具。

（2）社交恐惧症（social phobia）

多在17～30岁期间发病，女性明显多于男性。该类患者最大特点是害怕被人注视，有的患者害怕别人的眼神，同时也担心自己的视线在交往中无落处，一旦发现别人直视自己就不自然，脸红、不敢抬头、不敢与人对视，甚至感到浑身不自在。在校学生常见的恐惧对象大多是异性，也可以是熟人，如班主任、校长以及父母等。

（3）单纯性恐惧症（simple phobia）

又称特殊恐惧症，常起始于童年，以女性多见。指该人群对某一具体的物体、情境或活动等表现出过分的恐惧。最常见的为对某种动物或昆虫的恐惧，如蛇、狗、鼠、蜘蛛、青蛙、毛毛虫等。有些人害怕鲜血或尖锐锋利的物品，有的对自然现象产生恐惧，如黑暗、风、雷电等，还有的对特殊的情境感到害怕，如不敢过桥，总担心桥会塌下来。

2. 早期识别与诊断

（1）曾经对某一物体或处境发生一次害怕的反应产生了焦虑的情绪，而此后该物体或处境就成了恐怖的对象；

（2）患者通常具有胆小、害羞、个性内向以及依赖性强等特点；

（3）患者能够认识到该种恐惧是不合理的，而且自己表现出的恐惧程度是过分的，但是自己不能克制，一旦出现以前的类似情景就有恐惧感；

（4）出现恐惧的同时引发焦虑并有强烈的回避行为。

（二）焦虑症

焦虑症（anxiety neurosis）是一种以焦虑情绪为主的神经症，以广泛和持续性焦虑或反复发作的惊恐不安为主要特征，常伴有自主神经紊乱、肌肉紧张与运动性不安，主要分为广泛性焦虑障碍与惊恐障碍两种主要形式。

1. 广泛性焦虑症

指以经常或持续存在的、无明确对象或固定内容的紧张不安，或现实生活中的某些问题过分担心或烦恼为特征。与现实生活不相称，使患者难以忍受，但又无法摆脱。最常见的形式如下：

（1）精神焦虑

精神上的过度担心是焦虑症状的核心。表现为对未来可能发生的、难以预料的某种危险或不幸事件的经常担心。精神焦虑的人常有恐慌的预感，终日心烦意乱、忧心忡忡、坐卧不宁，好像不幸即将降临到自己或亲人的头上。

（2）躯体焦虑

主要表现为运动性不安与多种躯体症状。运动性不安：可表现为搓手顿足，来回走动，不能静坐，紧张不安，可见眼睑、面肌、手指的震颤或肢体震颤。躯体症状：胸骨后的压缩感是焦虑的一个常见表现，常伴有气短。肌肉紧张：表现为主观上的一组或多组肌肉不舒服的紧张感，严重时有肌肉酸痛，多见于胸部、颈部及肩背部肌肉，紧张性头痛也很常见。自主神经功能紊乱：表现为心悸、心跳加快，气促和窒息感，头晕，多汗，便秘或腹泻，尿意频繁等症状。有的人也可能出现早泄、阳痿、月经紊乱等症状。

（3）觉醒度提高

表现为过分的警觉，对外界刺激敏感，易于出现惊跳反应；注意力难于集中，易受干扰；难以入睡、睡中易惊醒；情绪易激惹；感觉过敏，有的病人能体会到自身肌肉的跳动、血管的搏动、胃肠道的蠕动等。

广泛性焦虑识别要点：焦虑持续的时间在半年以上，并伴有运动性不安，植物神经功能亢进和过分警惕等躯体症状至少 4 项，且焦虑并非器质性疾病引起。

【案例 13-1】王某，女，20 岁，在校大学生。因紧张、烦躁、坐立不安、心悸、怕疯、怕死 6 月余入院。王某半年前与同班同学谈恋爱，两月前与男友同居，因不慎而导致意外妊娠。随后进行人工流产手术，术中无明显不适，但术后出现阴道流血。患者听同学说有患癌症的可能，因此，感到紧张、心慌、烦躁、坐卧不安、呼吸急促、出汗、手脚麻木，自觉会发疯、变傻，有濒死感，每次发作持续半小时左右，几乎每天皆有发作。发作间歇期仍有烦躁，担心再发，但尚能控制自己。

【评析】病人意识清，仪表整，接触合作，焦虑、恐慌貌，两眉紧锁，不能保持安静，动作多，搓手顿足、来回走动。在交谈中，喋喋不休地叙述自己的痛苦，声泪俱下，呻吟不止，语言哆嗦重复，否认幻觉、妄想。后悔自己住院太晚，耽误了时间。自知力充分，求治心切。

诊断为焦虑症。

2. 惊恐障碍

又称急性焦虑障碍。其特点是发作的不可预测性和突然性，反应程度强烈，病人常体会到濒临灾难性结局的害怕和恐惧，而终止亦迅速。

惊恐发作的表现，患者正在看书、进餐、散步、开会，或操持家务时，突然出现强烈的恐惧感，好像觉得即将死去，这种紧张的心情难以忍受。同时患者感到心悸、胸闷、胸痛或呼吸困难，甚至将窒息死亡，因而惊叫、呼救或跑出室外。有的出现过度的换气、头昏、非真实感、四肢麻木和感觉异常、出汗、肉跳、全身发抖或全身无力等自主神经症状。惊恐发作通常起病急骤，终止也迅速，一般历时 5～20 分钟，很少超过 1 个小时，但不久又可突然再发。识别原则是：一个月内至少有惊恐发作 3 次，每次发作不超过 2 小时，且明显地影响日常活动。这种发作并非由躯体疾病所致。

（三）强迫症

强迫症（obsessive-compulsive disorder）是以强迫症状为主要表现的一类神经症，其特点是有意识的自我强迫和反复强迫并存，两者强烈冲突使病人感到焦虑和痛苦。病人体验到观念和冲动系来源于自我，但无法控制；病人也意识到强迫症状的异常性，但无法摆脱。病程迁延者可表现仪式动作为主而精神痛苦减轻，但社会功能严重受损。常见的表现形式如下：

1. 强迫观念

（1）强迫思想。患者脑中常反复地出现一些词或短句，而这些词或句子常是病人所厌恶的。如一个笃信宗教的人，脑中反复想着一些淫猥或渎神的词句。

（2）强迫性穷思竭虑。患者对一些常见的事情、概念或现象反复思考，刨根究底，自知毫无现实意义，但不能自控。如反复思考"究竟是先有鸡还是先有蛋"。

（3）强迫怀疑。患者对自己言行的正确性反复表示怀疑，明知毫无必要，但又反复检查、核对。如门窗是否关好，钱物是否点清等，而病人自己能意识到事情已做好，只是不放心而已。

（4）强迫联想。病人脑子里出现一个观念或看到一句话，便不由自主地联想起另一个观念或词句，而大多是对立性质的。如想起"和平"，马上就联想到战争等。

（5）强迫回忆。病人意识中不由自主地反复呈现经历过的事情，无法摆脱，感到苦恼。

（6）强迫意向。病人体会到一种强烈的内在冲动要去做某种违背自己意愿的事情，但一般不会转变为行动，因患者知道这种冲动是非理性的、荒谬的，故努力克制，但内心冲动无法摆脱。如走到高处，有一种想往下跳的冲动；看到异性就想拥抱等。

2. 强迫动作和行为

（1）强迫检查。多为减轻强迫怀疑引起的焦虑而采取的措施。常表现为反复检

查门窗、煤气是否关好，电插头是否拔掉等，严重者检查数十遍还不放心。

（2）强迫清洗。患者为了消除对脏物、毒物或细菌污染的担心，常反复地洗手、洗澡或洗衣服。

（3）强迫性仪式动作。这是一些重复出现的动作，在他人看来是不合理的或荒谬可笑的，但可以减轻或防止因强迫观念而引起的紧张不安。例如，患者出门时，必先向前走两步，再向后退一步，然后再走出门，否则患者便感到强烈的紧张不安。

（4）强迫询问。强迫症患者常常不相信自己，为了消除疑虑或穷思竭虑给自己带来的焦虑，常反复要求他人（尤其是家人），不厌其烦地给予解释或保证。

（5）强迫性迟缓。可因仪式动作而行动迟缓。例如，早晨起床后反复梳洗，使患者迟迟不能出门，以至于无法工作和学习。

3. 早期识别与诊断

有典型的强迫症状，患者认识到强迫症状来源于自身，干扰自己的日常生活、学习和工作，并为之感到苦恼，试图加以排除或对抗，有的患者迫切地要求治疗。

（四）躯体形式障碍

躯体形式障碍（somato-form disorders）是一种以持久的担心或相信各种躯体症状的优势观念为特征的神经症。患者常伴有焦虑或抑郁情绪，其主要临床表现如下：

1. 躯体化障碍

临床表现为多种、反复出现、经常变化的躯体不适症状为主的神经症。症状可涉及身体的任何部分或器官，各种医学检查不能证实有任何器质性病变足以解释其躯体症状，常导致患者反复就医和明显的社会功能障碍，常伴有明显的焦虑、抑郁情绪。多在 30 岁以前起病，女性多见，常见症状可归纳为以下几类：

（1）疼痛。为常见症状，部位涉及广泛，可以是头、颈、胸、腹、四肢等，部位不固定，疼痛性质一般不很强烈，与情绪状况有关，情绪好时可能不痛或减轻。

（2）胃肠道症状。为常见症状，可表现嗳气、返酸、恶心、呕吐、腹胀、腹痛、便秘、腹泻等多种症状。有的病人可对某些食物感到特别不适。

（3）泌尿生殖系统。常见的有尿频、排尿困难；生殖器或其周围不适感；性冷淡、勃起或射精障碍；月经紊乱、经血过多；阴道分泌物异常等。

（4）呼吸、循环系统。如气短、胸闷、心悸等。

2. 未分化躯体形式障碍

常诉述一种或多种躯体症状，症状具有多变性，其临床表现类似躯体化障碍，但构成躯体化障碍的典型性不够，其症状涉及的部位不如躯体化障碍广泛，也不那么丰富。病程在半年以上，但不足两年。

3. 疑病症

又称疑病障碍，主要临床表现是担心或相信自己患有某种严重的躯体疾病，其关注程度与实际健康状况很不相称。病人因为这种症状而反复就医，各种医学检查和医生的解释均不能打消患者的疑虑。有的病人确实存在某些躯体疾病，但不能解释患者所述症状的性质、程度或病人的痛苦与优势观念。多数患者伴有焦虑与抑郁情绪。

不同患者的症状表现不尽一致，有的主要表现为疑病性不适感，常伴有明显焦虑、抑郁情绪；有的疑病观念突出，而躯体不适或心境变化不显著；有的怀疑疾病较模糊或较广泛，有的则较单一或具体。不管何种情况，患者的疑病观念从未达到荒谬、妄想的程度。患者大多知道自己患病的证据不充分，因而希望通过反复的检查以明确诊断，并要求治疗。

4. 躯体形式的疼痛障碍

以女性多见，是一种不能用生理过程或躯体障碍予以合理解释的、持续而严重的疼痛，患者常感到痛苦，社会功能受损。情绪冲突或心理社会问题直接导致了疼痛的发生，医学检查不能发现疼痛部位有相应的器质性变化。常见的疼痛部位是头痛、非典型面部痛、腰背痛和慢性盆腔痛。疼痛可位于体表、深部组织或内脏器官，性质可为钝痛、胀痛、酸痛或锐痛。患者常以疼痛为主诉反复就医，服用多种药物，有的甚至导致对镇静止痛药物依赖，并伴有焦虑、抑郁和失眠。

（五）神经衰弱

神经衰弱（neurasthenia）是一种以脑和躯体功能衰弱为主的神经症。以精神易兴奋却又易疲劳为特征，表现为紧张、烦恼、易激惹等情感症状及肌肉紧张性疼痛、睡眠障碍等生理功能紊乱症状。这些症状不能归因于脑、躯体疾病及其他精神疾病。常缓慢起病，病程迁延波动。病前多有持久的情绪紧张和精神压力。

1. 主要表现

（1）兴奋性降低

患者常常感到精力不足，萎靡不振，不能用脑或脑力迟钝，肢体无力或困倦思睡，特别是工作稍久，即感到注意力不能集中，工作效率也明显减退，即使充分的休息也不足以摆脱其疲劳感。

（2）抑制能力降低

患者在阅读报纸、杂志或收看电视节目时精神容易兴奋，不由自主的回忆和联想增多；患者对指向性思维感到吃力，而缺乏指向性的思维却很活跃，特别是在入睡前控制不住这种现象，使得患者深感苦恼，有的患者还对声、光敏感。

（3）情绪症状

神经衰弱的情绪症状主要为容易烦恼和容易激惹。烦恼的内容往往是现实生活中的各种矛盾，感到困难很大，无力解决。另外，患者的自制力减弱，遇到事情容易激动、烦躁或发怒，经常对家人发脾气，事后又感到很后悔；有的患者表现为易

大学生健康教育（第2版）

于伤感，经常哭泣。

（4）心理生理症状

神经衰弱病人常常有大量的躯体不适症状，经各种检查找不到病理性改变的证据。这些症状实际上是一种生理功能紊乱的表现，多与病人的心理状态有关。最常见的有睡眠障碍与紧张性头痛。睡眠障碍多表现为入睡困难与易惊醒。而紧张性头痛最典型的表现为头重、头胀、头部紧压感，头痛部位不固定，似乎整个头部都不适。患者最多的主诉为"整天昏昏沉沉，云里雾里的"。这种头昏不同于头晕，只是感到思维不清晰，不敏捷。

2. 早期识别与诊断

神经衰弱的患者有显著的衰弱或持久的疲劳症状，但无躯体疾病或脑部器质性病变可以解释这类症状发生的原因；加上本病中常有的易兴奋又易疲劳、情绪症状、紧张性的疼痛和睡眠障碍等症状中的任何两项，同时对学习、工作造成了不良的影响，持续时间在3个月以上，此时可诊断为神经衰弱。

三、神经症的特点

神经症通常表现出如下特征：

①起病常与心理社会因素有关；

②患者病前常有一定的易患素质和人格基础；

③症状没有相应的器质性病变为基础；

④社会功能相对完好；

⑤一般没有明显或持续的精神病性症状；

⑥一般自知力完整，有求治要求。

四、神经症的识别与诊断

对一个主动求治，以焦虑、抑郁、恐惧、强迫、疑病、神经衰弱症状为主诉，或表现为多种躯体不适症状的患者，经详细的体格检查和必要的辅助检查却又找不到相应的器质性疾病的证据时，就要想到神经症的可能。当然，要确诊为神经症，需要符合神经症的诊断标准。CCMD－3关于神经症总的诊断标准如下：

（一）症状标准

至少有下列1项：①恐惧；②强迫症状；③惊恐发作；④焦虑；⑤躯体形式症状；⑥躯体化症状；⑦疑病症状；⑧神经衰弱症状。

（二）严重标准

社会功能受损或无法摆脱的精神痛苦，促使其主动求医。

（三）病程标准

符合症状标准至少 3 个月，惊恐障碍另有规定。

（四）排除标准

排除器质性精神障碍、精神活性物质与非成瘾物质所致精神障碍、各种精神病性障碍如精神分裂症与偏执性精神障碍、心境障碍等。

五、神经症的治疗

药物治疗与心理治疗的联合使用是治疗神经症的最佳办法。一般来说，药物治疗对于控制神经症的症状是有效的，但由于神经症的发生与心理社会应激因素、个性特征有密切关系，因此病程常迁延波动，可因生活事件的出现而反复发作。因此成功的心理治疗可能更重要，不但可以缓解症状，还有可能根治部分患者。

第三节　人格障碍

一、人格障碍概述

人格障碍（personality disorder）是指人格特征明显偏离正常，使病人形成了一贯反映个人生活风格和人际关系的异常行为模式。这种模式显著偏离特定的文化背景和一般的认知方式，在待人接物方面表现尤为突出；明显地影响其社会功能与职业功能，造成对社会环境的适应不良。因此，病人为之感到痛苦。人格障碍通常开始于童年、青少年或成年早期，并一直持续到成年乃至终生。

二、人格障碍的主要表现

（一）偏执型人格障碍

这类人格障碍以猜疑和偏执为特点，始于成年早期，男性多于女性。这类人主要表现为固执、敏感多疑、心胸狭窄、过分警觉、嫉妒心强、自我评价过高，对他人的过错不能宽容，体验到自己过分重要，常常推诿客观，拒绝接受批评，对挫折和失败过分敏感，如受到质疑则会出现争论、诡辩，甚至有攻击的冲动；常常有某些超价值观念；经常缺乏安全感、幽默感；这类人经常处于戒备和紧张之中，寻找多疑和偏见的根据，对他人善意或中性的举动进行歪曲而采取敌意和藐视的态度，对事态的前后关系缺乏正确的评价。

(二) 反社会性人格障碍

以行为不符合社会规范、经常违法乱纪、对人冷酷无情为特点，男性多于女性。这种人往往缺乏正常的人间友爱、骨肉亲情，具有焦虑和罪恶感，常有冲动性行为，且不吸取教训，行为放荡，无法无天。本组病人往往在童年或少年期（18岁前）就出现品行问题，归纳起来表现如下：经常逃学、撒谎、欺骗、吸烟、酗酒、偷窃、斗殴、赌博、欺侮弱小、破坏公共财物、易激惹、冲动、缺少道德观念、极端自私、攻击行为，甚至出现性犯罪等。

(三) 分裂样人格障碍

以观念、行为和外貌装饰的奇特、情感冷漠及人际关系明显缺陷为特点。男性略多于女性，多表现为：①退缩、孤独、沉默、隐匿、不爱交际；②情绪缺乏和冷漠，不仅自己不能体验欢乐，对人也缺乏温暖，爱好也不多；③过分的敏感和害羞、胆怯、怪癖，对于表扬和批评均反应不良；④未丧失认识现实的能力，但常表现孤立行动，爱幻想或有奇异信念；⑤活动能力差，缺乏进取性，对人际关系采取不介入态度；⑥缺乏兴趣，缺少知心朋友。

(四) 冲动性人格障碍

以情感爆发，伴明显行为冲动为特征，男性明显多于女性。常表现：①情绪不稳，易激惹，易与他人发生争执和冲突，冲动后对自己的行为虽懊恼，但不能防止再犯，不发作时表现正常；②人际关系强烈而时好时坏，要么与人关系极好，要么极坏，几乎没有持久的朋友；③情感爆发时，对他人可有暴力攻击，可有自杀、自伤行为；④在日常生活和工作中同样表现冲动、缺乏目的性与计划性，做事虎头蛇尾，很难坚持需要长时间才能完成的事情。做事往往事先没有计划或不能预见可能发生什么事情。

(五) 强迫型人格障碍

以过分的谨小慎微、严格要求与完美主义，及内心的不安全感为特征。男性较多见。主要表现如下：①对任何事情都要求过高、过严、按部就班、常拘泥细节，经常犹豫不决；②过分讲究清洁卫生，其家人、朋友也觉得和患者在一起生活很疲惫；③常有不安全感，对所做的事情反复检查、核对，唯恐疏忽或差错；④主观、固执，要求别人也按其方式办事，否则即感不快，对别人做事也很不放心；⑤过分节俭，甚至吝啬；⑥过分投入工作，业余爱好少，缺少社交往来，工作后缺乏愉快和满足的内心体验，反而常有悔恨和内疚，进而检查自身存在哪些缺陷。

三、人格障碍的共同特征

人格障碍开始于童年、青少年或成年早期，并一直持续到成年乃至终生。没有明确的起病时间，不具备疾病发生发展的一般过程。

人格障碍可能存在脑功能损害，但一般没有明显的神经系统形态学病理变化。

人格显著的、持久的偏离了所在社会文化环境应有的范围，从而形成与众不同的行为模式。个性上有情绪不稳、自制力差、与人合作能力和自我超越能力差等特征。

人格障碍主要表现为情感和行为的异常，但其意识状态、智力均无明显缺陷。一般没有幻觉和妄想，可与精神病性障碍相鉴别。

人格障碍者对自身人格缺陷常无自知之明，难以从失败中吸取教训，屡犯同样的错误，因而在人际交往、职业和感情生活中常常受挫，以致害人害己。

人格障碍者一般能应付日常工作和生活，能理解自己行为的后果，也能在一定程度上理解社会对其行为的评价，主观上往往感到痛苦。

各种治疗手段效果欠佳，医疗措施难以奏效，再教育效果亦有限。

第四节　心境障碍

心境障碍（mood disorder）又称为情感性精神障碍，是以明显而持久的情感或心境高涨或低落为主的一组精神障碍，并伴有相应的思维和行为改变，可有精神病性症状，如幻觉、妄想。大多数病人有反复发作的倾向，部分可有残留症状或转为慢性。

一、抑郁状态

（一）抑郁状态的主要表现

以情感低落、思维迟缓、意志活动减退、躯体症状及自杀观念为主。

1. 情感低落

主要表现为显著而持久的情感低落，抑郁悲观。患者终日忧心忡忡、郁郁寡欢、度日如年、痛苦不堪，并不能自拔。少数病人由于种种原因不愿谈论自己压抑的心情，或极力否认、掩饰，甚至强装笑容，此时，应引起注意。在情感低落的影响下，患者自我评价低，自感一切都不如别人，将所有的过错归咎于自己，常产生无用感、无希望感、无助感和无价值感。

2. 思维迟缓

患者思维联想速度缓慢，脑子迟钝，思路闭塞，主要表现为主动言语减少，语速明显减慢，声音低沉，患者感到脑子不能用了，思考问题困难，工作和学习能力下降。患者主诉："脑子好像是生了锈的机器"、"脑子像涂了一层糨糊一样开不动了"。

3. 意志活动减退

患者意志活动呈显著持久的抑制。主要表现行为缓慢，生活被动、疏懒，不想做事，不愿和周围人接触交往，不愿外出，不愿参加平常喜欢的活动和业余爱好，常闭门独居、疏远亲友、回避社交。严重时，连吃、喝、个人卫生都不顾，甚至发展为不语、不动、不食，可达木僵状态，称为"抑郁性木僵"。

4. 躯体症状

主要有睡眠障碍、食欲减退、体重下降、便秘、身体任何部位的疼痛、乏力等。躯体不适主诉可涉及各脏器。睡眠障碍主要表现为早醒，一般比平时早醒 2～3 小时，醒后不能再入睡，这对抑郁发作诊断具有特征性意义。有的表现为入睡困难，睡眠不深；少数患者表现为睡眠过多。体重减轻与食欲减退不一定成比例，少数患者可表现为食欲增强、体重增加。

5. 自杀观念

严重抑郁状态的患者常伴有消极自杀的观念或行为。消极悲观的思想及自责的情绪可导致绝望念头的产生，认为"自己活在世上是多余的人"，"结束自己的生命是一种解脱"，并会促进计划自杀的实施，最后发展成为自杀行为。这是抑郁症最危险的状况，要提高警惕，长期追踪发现，约 15% 的抑郁症患者最终死于自杀。自杀观念通常逐渐产生，程度轻者仅感到生活没意思，不值得留恋。随着时间的进展，逐渐产生突然死去的念头。随着抑郁加重，自杀观念日趋强烈，并想方设法结束自己的生命。

（二）抑郁发作的诊断要点

以心境低落为主，至少出现下列情况中的 4 项，即可进行识别与诊断：①兴趣丧失、无愉快感；②精力减退或疲乏感；③精神运动性迟滞或激越；④自我评价过低、自责，或有内疚感；⑤联想困难或自觉思考能力下降；⑥反复出现想死的念头或有自杀、自伤行为；⑦睡眠障碍，如失眠、早醒，或睡眠过多；⑧食欲降低或体重明显减低；⑨性欲减退。较严重的患者出现社会功能受损，并给本人造成痛苦和不良后果。

二、躁狂状态

（一）躁狂状态的主要表现

心境高涨、思维奔逸、精神运动性兴奋和躯体症状。

1. 心境高涨

表现为轻松、愉快、热情、乐观、戏谑、洋洋自得，好像人间无烦事，一切烦恼都抛在九霄云外。患者这种高涨的心境具有一定的感染力，常博得周围人的共鸣，引起阵阵欢笑。有的患者尽管情感高涨，但情绪不稳、变幻莫测，时而欢乐愉悦，时而激动暴怒。另外，部分患者临床是以愤怒、易激惹、敌意为特征，并不表现为情感高涨，因此容易大发雷霆、怒不可遏，甚至可出现破坏及攻击行为。但事后往往很快转怒为喜或赔礼道歉。

2. 思维奔逸

表现为联想过程明显加速，头脑中的概念接踵而至，自觉思维非常敏捷，思维内容丰富多变，言语跟不上思维的速度，主要表现为说话声大、量多，常高谈阔论、引经据典、口若悬河、滔滔不绝。由于注意力不能集中，常出现话题转移、观念飘忽等。病人自我感觉脑子开了窍、变聪明了、灵活了，常有舌头跟思想在赛跑的体验。

3. 精神运动性兴奋

患者表现为兴趣广泛，喜欢热闹场面、交际面广、主动与人打招呼、与素不相识的人一见如故。活动明显增多，但做任何事情，常常有始无终、一事无成。好与人逗乐、开玩笑、爱管闲事、爱打抱不平，有的患者，自认为有过人的才智，可解决所有的问题，乱指挥别人，训斥同事，狂妄自大。另外，患者自感精力充沛，有使不完的劲，社交活动增多。当病情严重时，患者的自我控制能力下降，举止粗鲁，甚至有冲动毁物行为。

4. 躯体症状

由于患者自我感觉良好，精力充沛，故很少有躯体不适主诉，常表现为面色红润，两眼有神，体格检查可发现瞳孔轻度扩大，心率加快，且有交感神经亢进，如便秘。因患者极度兴奋，体力过度消耗，容易引起失水，体重减轻等。患者食欲增加，性欲亢进，睡眠时间减少。

（二）躁狂发作的诊断要点

以情绪高涨或易激惹为主，并至少出现下列情况中的 3 项，即可进行识别与诊断：①注意力不集中或随境转移；②语量增多；③有思维奔逸、联想加速或意念飘忽的体验；④自我评价过高或夸大；⑤精力充沛、不觉疲乏、活动增多、难以安静等；⑥鲁莽行为，如挥霍、不负责任；⑦睡眠需要减少；⑧性欲亢进。病情严重的患者会出现社会功能的损害，或给别人造成危险或不良后果。

【案例 13-2】某女，19 岁，因两周来异常兴奋，乱花钱而就诊住院。患者近两周来，情绪异常愉悦，整天兴高采烈，忙东忙西的，自我感觉良好。喜欢逛街购物，乱花钱，买些不实用的东西，打扮花哨一改以往。话多，滔滔不绝。精力旺盛，晚上忙忙碌碌到后半夜。进入病房后丝毫不当成是住院，说是来疗养的。蹦蹦跳跳地跑来跑去，很热情地与医生、护士打招呼。说话幽默，不时引起其他围观病友哈哈大笑。

诊断：躁狂症。

三、双相障碍

双相障碍的临床特点是反复出现心境和活动水平明显紊乱的发作，有时表现为心境高涨、精力充沛和活动增加（躁狂或轻躁狂），有时表现为心境低落、精力减退和活动减少（抑郁）。发作间期通常以完全缓解为特征。与其他心境障碍相比，本病在男女性中的发病率较为接近。

混合性发作是双相障碍的亚型，指躁狂症状和抑郁症状在一次发作中同时出现，临床上较为少见。通常是在躁狂与抑郁快速转相时发生，例如一个躁狂发作的患者突然转为抑郁，几小时后又再复发躁狂，使人得到"混合"的印象。混合发作时临床上躁狂症状和抑郁症状均不典型，容易误诊为分裂情感障碍或精神分裂症。

双相障碍的识别诊断要点是：在本次发作中表现为躁狂症和抑郁症的混合存在或交替发生，包括在抑郁治疗时诱发躁狂的发作，或在抗躁狂治疗时诱发抑郁的发作；两类症状之间的缓解期不明显；混合存在或交替发生的持续时间不短于两周。

第五节 精神分裂症

精神分裂症（schizophrenia）是一组病因未明的精神疾病，具有思维、情感、行为等多方面的障碍，及精神活动的不协调。通常意识清晰，智能尚好，有的病人可出现认知功能损害。多起病于青壮年，常缓慢起病，自然病程多迁延，呈反复加重或恶化，但部分病人可保持痊愈或基本痊愈状态。

一、主要表现

（一）感知觉障碍

精神分裂症最突出的感知觉障碍是幻觉，以幻听最为常见。精神分裂症的幻听内容多半是争论性的，如两个声音议论患者的好坏；或评论性的，声音不断对患者的所作所为评头论足。病人听见邻居、同事或陌生人说话，内容往往是令病人不愉快的。病人的行为常受幻听支配。如与声音做长时间的对话，发怒、大笑、恐惧，或喃喃自语，或侧耳倾听状；或沉醉于幻听之中，自笑、自言自语、作窃窃私语状。

幻视也较多见，精神分裂症幻视的形象往往很逼真，颜色、大小、形状清晰可见，但内容多单调离奇。如看到一只手、半边脸、没有头的影子、灯泡里有一个小人等。另外，精神分裂症病人的幻触、幻嗅、幻味较少见。

（二）思维及思维联想障碍

1. 妄想

妄想是精神分裂症最常见的症状之一。表现上以被害妄想、关系妄想、影响妄想最为常见，此外，还可见疑病、钟情、自责自罪、嫉妒等妄想。妄想的发病可见于各个年龄层。妄想的内容与患者的生活经历、教育背景有一定程度的联系。

2. 被动体验

正常人对自己的精神和躯体活动有着充分的自主性，即能够自由支配自己的思维和运动，并在整个过程中时刻体验到这种主观上的支配感。但在精神分裂症患者中，常常会出现精神与躯体活动自主性方面的问题。患者丧失了支配感，相反，感到自己的躯体运动、思维活动、情感活动、冲动都是受人控制的，有一种被强加的被动体验，常常描述思考和行动身不由己。

3. 思维联想障碍

思维联想过程缺乏连贯性和逻辑性，是精神分裂症最具有特征性的障碍。其特点是病人在意识清醒的情况下，思维联想散漫或分裂，缺乏具体性和现实性。最典型的表现为破裂性思维，即病人的言语在概念之间，或上下文之间缺乏内在意义上的联系，因而失去中心思想和现实意义，严重时言语支离破碎。有的病人还会产生一些象征性的思维。如一位患者突然扑到正在疾驰的汽车轮胎下面，表示要"投胎"，此时病人往往以同样的方法创造新词，把两个或几个无关概念的词拼凑起来，赋予特殊意义。

4. 思维贫乏

根据患者言语的量和言语内容加以判断。语量贫乏，缺乏主动性言语，在回答问题时异常简短，多为"是"、"否"，很少加以发挥。同时患者在每次应答问题时总要延迟很长时间。即使患者在回答问题时语量足够，内容却含糊、过于概括，传达的信息量十分有限。

（三）情感障碍

主要表现为情感迟钝淡漠，情感反应与思维内容以及外界刺激不配合，是精神分裂症的重要特征。最早涉及的是较细致的情感，如对同志的关怀、同情，对亲人的体贴。病人对周围事物的情感反应变得迟钝或平淡，对生活、学习的要求减退，兴趣爱好减少。随着疾病的发展，病人的情感体验日益贫乏，甚至对那些使一般人产生莫大悲哀和痛苦的重大事件无动于衷，丧失了对周围环境的情感联系。如亲人不远千里来探视，病人视若路人。不管医生尽多大努力关心询问，也唤不起病人任何情感上的共鸣，不能建立情感上的联系。

（四）意志与行为障碍

在情感淡漠的同时，病人的活动减少，行为被动、退缩。病人对社交、工作和学习缺乏应有的要求，不主动与人来往，对学习、生活和劳动缺乏积极性和主动性，行为懒散，无故不上课，不上班。严重时病人的行为极为被动，终日卧床或呆坐，无所事事。患者忽视自己的仪表，不知料理个人卫生。如一位青年男性患者连续 3 年从来没有换过衣服，入院后洗澡，头几盆水都是黑的。随着意志活动愈来愈低，病人日益孤僻离群，脱离现实。

二、识别与诊断标准

（一）症状学标准

能确定无疑的至少具有下述症状中的两项者，才能符合此条。如症状可疑存在，但不典型，则至少具有下述三项，才算符合本条标准。①思维联想和逻辑障碍：思维奔驰，或破裂性思维，或逻辑倒错性思维，或病理性象征性思维或思维内容贫乏；②妄想：原发性妄想，或妄想知觉，或妄想具有荒谬、离奇、脱离现实、不系统不固定的性质；③情感障碍：情感淡漠，或情感倒错或痴笑；④幻听：评论性幻听或争论性幻听、命令性幻听或思维鸣响；⑤行为障碍：紧张性征候群状态；⑥被控制体验；⑦内心被揭露或思维播放；⑧思想插入或思想被夺，思维中断。

（二）严重程度标准

疾病的严重程度需要符合以下三点：①与现实不能保持恰当的接触，或者不能客观地评价环境事物；②社会适应能力下降，如社交、日常生活、工作和学习等；③自制力不全或丧失。

（三）病程标准

全部病程至少 3 个月以上，其中包括精神病期至少一个月，才能符合此标准。"精神病期"指符合症状学标准及严重程度标准两条者。在此以前不符合前两条标准的精神障碍，称为"前驱期"。只有前驱期，不论多长，不能确定为精神分裂症。

（刘　涛，邢　超）

第十四章 大学生常见的口腔疾病

我国自古就对牙齿的健美非常重视，可能是最早赞美牙齿的国家。赞美词是"齿如瓠犀"，见《诗经》。

《诗经》是我国最早的诗歌总集，编成于春秋时代（孔子删诗书），其中的诗歌大抵是周初至春秋中叶的作品，故对牙齿健美的赞词在距今约 2700 年前就有了。

《诗经》中的《卫风·硕人》有一首关于卫庄公（公元前 757－735 年在位）夫人庄姜的诗，其中第二节集中描写了她的美丽：

手如柔荑，肤如凝脂。

领如蝤蛴，齿如瓠犀，螓首蛾眉。

巧笑倩兮，美目盼兮。

这首诗以后被比作美人赋，其中的赞美词被无数次引用，以赞美女性的美丽。赞美了手的纤细白嫩，皮肤洁白柔滑，颈白而较长，额广而方，眉长而美，以及眼之美。

瓠犀指瓠瓜的籽，因其洁白整齐，用以比喻健美的牙齿。其后，还有齿如编贝，意同，亦为赞美牙齿之词。

巧笑倩兮指口颊的美，形容笑靥（酒窝）的美好，这离不开健美的牙齿。

这一诗章用了种种新异的比喻，给人以鲜明的形象，最后两句写出仪容神态的美妙。从之可以看出，对牙齿在美容上的重要性，我们的古人早就有了认识。

牙齿与牙周的健康不仅与人们的颜面直观美感有关，而且它的健康与否还直接影响到我们的消化功能。牙齿和牙周的疾患，使消化器官不完整，消化功能降低，吸收营养成分减少，最终有损容貌美。龋病和牙周疾病是牙科的常见病，也是目前世界卫生组织重点防治的疾病。为了人人享有口腔保健，将口腔健康作为预防项目的目标，通过口腔教育与促进，自我口腔保健、社会防治措施与社区口腔保健服务，推动口腔健康项目的全面发展，让人们都能拥有美丽的微笑。

第一节　龋病预防

龋病（dental caries）是在以细菌为主的多种因素影响下，牙体硬组织发生慢性进行性破坏的一种疾病。

致龋的多种因素主要包括细菌和牙菌斑（dental plaque）、食物以及牙所处的环境等。就病因角度而言，龋齿也可称为是牙体硬组织的细菌感染性疾病。发生龋病时牙体硬组织的病理改变涉及牙釉质、牙本质和牙骨质，基本变化是无机物脱矿和有机物分解。

龋病的临床特征是牙体硬组织在色、形、质各方面均发生变化。初期时牙龋损部位的硬组织发生脱矿，微晶结构改变，牙透明度下降，致使牙釉质呈白垩色。继之病变部位有色素沉着，局部可呈黄褐色。随着无机成分脱矿、有机成分破坏分解的不断进行，牙釉质和牙本质疏松软化，最终发生牙体缺损，形成龋洞。龋洞一旦形成，则缺乏自身修复能力。

龋病是人类的常见病、多发病之一。在各种疾病的发病率中，龋病位居前列。但由于其病程进展缓慢，在一般情况下不危及患者生命，因此不易受到人们重视。实际上龋病给人类造成的危害甚大，特别是病变向牙体深部发展后，可引起牙髓病、根尖周病、颌骨炎症等一系列并发症，以致严重影响全身健康。随着牙体硬组织的不断破坏，可逐渐造成牙冠缺损，成为残根，终至牙丧失，破坏咀嚼器官的完整性。这不仅影响消化功能，而且在生长发育时期可影响正常牙颌系统的建立，使健康体质下降，有损容貌；此外，龋病及其继发病作为病灶（focus），引起远隔脏器疾病的案例也时有报告。

一、龋病的三级预防

（一）一级预防

1. 促进口腔健康

普及口腔健康教育，制订营养摄取计划，定期进行口腔检查。

2. 实行特殊防护措施

在口腔专业医生的指导下，合理使用各种氟化物防龋措施，进行窝沟封闭，应用防龋涂料。

（二）二级预防

早期诊断，包括定期检查、X 线摄片等辅助诊断，在检查诊断基础上做早期充填等治疗。

（三）三级预防

1. 防止龋的并发症

对龋病引起的牙髓及根尖周病的病牙进行牙体牙髓治疗以保存自然牙列，防止炎症向牙槽骨、颌骨深部扩展。对于严重破坏的残冠、根应拔除，防止牙槽脓肿、颌面化脓感染及全身感染。

2. 修复牙体组织

对牙体组织的缺损和牙的缺失及早修复，以恢复牙颌系统的生理功能，保持身体健康。

二、龋病预防方法

（一）牙菌斑的控制

细菌是致龋的主要因素，而防龋的关键环节是控制菌斑。控制菌斑包括控制菌斑数量、滞留时间、致龋的毒性作用。具体方法如下：

1. 机械法清除菌斑

机械清除菌斑的方法是指用牙刷、牙膏、牙线、牙签、牙间清洁器等保健用品，清除口腔内牙菌斑。

2. 生物学方法

（1）抗菌剂

其主要作用是抑制致龋菌，从而达到控制菌斑的作用。其应用较广泛，效果也肯定，缺点是长期使用存在耐药性及毒副作用，并对口腔微生物无选择的抑制。

（2）抗附着剂

这类抗附着剂有抑制吸附及解吸附作用。如抑制菌斑黏多糖形成，阻止细菌对牙面附着，使已附着的菌斑脱落。常用的有天然植物药类、酶类、甲壳素类。

3. 化学方法

使用洗必泰（又名氯已定），对细菌表面有亲和力，对革兰氏阳性、阴性菌均有强抑菌作用。由于它是强抗菌剂，存在使舌背及牙着色的问题，使用范围受到限制。

4. 免疫方法

免疫防龋的研究包括致龋特异性抗原和特异性抗体两部分。①特异性抗原：特异性抗原的研究就是防龋疫苗的研制并应用于临床。②特异性抗体：特异性抗体的使用，是用被动免疫方法直接在口腔内与致龋抗原进行免疫反应，达到防龋目的。

（二）糖代用品

蔗糖的致龋性最强，但从营养及经济上考虑，目前还没有一种糖代品可以完全替代蔗糖。现有的糖代用品，只能起到限制蔗糖食用的辅助作用。如：山梨醇、甘露醇、木糖醇等可使致龋的葡聚糖产生减少。目前已广泛使用木糖醇防龋。

（三）氟防龋

氟防龋效果肯定，其方法现在已被广泛应用，其中主要是公共饮水氟化措施，其次是含氟牙膏使用，另外还有氟片、氟凝胶、含氟漱口剂、含氟食品的使用。

（四）激光防龋

激光防龋的主要功能是：经激光照射后的牙釉质，可形成抗酸性强的玻璃样物质，可减少牙脱钙量。它与氟化物结合，可使氟离子透过牙骨质、牙本质小管，促进钙化，封闭牙本质小管，提高抗酸蚀效果。

（五）窝沟封闭

不去除牙体组织，在牙的点隙裂沟上涂布一层粘结性树脂，保护牙釉质不受细菌及代谢产物侵蚀，达到预防龋病的目的。

（六）非创伤性修复治疗

使用手用器械去除牙齿龋坏组织，然后用具有较好粘结、耐压和耐磨性能的新型玻璃离子材料将龋洞充填。具有不需电动气动设备、术者容易操作、患者易于接受、避免去除过多牙体组织、兼有治疗和预防效果等优点，得到世界卫生组织的推荐。

第二节　窝沟封闭和非创伤性修复治疗

一、窝沟封闭

窝沟封闭又称点隙裂沟封闭（pit and fissure sealant），是指不去除牙体组织，在牙的自然点隙裂沟涂布一层粘结性树脂，保护牙釉质不受细菌及代谢产物侵蚀，达到预防龋发生的一种有效的防龋方法。窝沟封闭使用的高分子材料，称为窝沟封闭剂。

当牙面的窝沟封闭之后，原来存在于窝沟中细菌的营养来源被断绝，这一方面起到了预防龋病发生的作用，另一方面窝沟封闭也能阻止已存在早期龋损的发展。因此可以在早期龋损尚未成洞之前起到治疗的目的。窝沟封闭在提供有效、高质量的龋病预防措施中起到了非常重要的作用。流行病学调查，点隙裂沟是龋沟的好发部位。我国第二次全国口腔健康流行病学调查资料显示，12 岁年龄组窝沟龋与平滑面龋的构成比分别为 90.32％与 9.68％，说明了我国窝沟龋的预防十分重要。

（一）窝沟封闭的适应征

①窝沟深，特别是可以插入或卡住探针（包括可疑龋）；
②患者其他牙，特别对侧同名患龋或有患龋倾向的牙。
牙萌出后达到𬌗平面即适宜做窝沟封闭，一般是牙萌出后 4 年之内。釉质发育不全，窝沟点隙有初期龋损，𬌗面有充填物但存在未做封闭的窝沟，可根据具体情况决定是否封闭。

（二）窝沟封闭的非适应征

①𬌗面无深的点隙沟裂，自洁作用好；
②患较多邻面龋损者，或已做充填的牙；
③牙萌出 4 年以上未患龋；
④患者不合作，不能配合正常操作；
⑤已做充填的牙。

（三）窝沟封闭剂类型与操作

封闭剂通常由合成有机高分子树脂、稀释剂、引发剂和一些辅助剂（溶剂、填料、氟化物、涂料等）组成。依照固化方式可以分为可见光固化与自凝固化两种，其中有些封闭剂添加了一定量的填料或染料，或二者兼有之，便于识别保存。可见光固化合成树脂有较大抗压强度和光滑的表面，术者可以在适当的时间使封闭剂固化，且花费时间少，但需要特殊的光固化机设备。自凝固化不需要特殊设备，便于开展社区群众预防工作，但由于涂布前调拌混合树脂基质与催化剂，材料经聚合反应在 1～2min 内固化，操作时因材料过早固化、唾液污染等原因而影响封闭质量。

窝沟封闭的操作可分为清洁、酸蚀、冲洗和干燥牙面、涂布封闭剂、固化、检查和调𬌗等步骤。封闭是否成功，完全依赖于每一个步骤的认真操作，这是封闭剂完整保留的关键。

二、非创伤性修复治疗

非创伤性修复治疗（atraumatic restorative treatment，ART）指使用手用器械清除龋坏组织，然后用有粘结、耐压和耐磨性能较好的新型玻璃离子材料将龋洞充填。ART 以最少的洞形预备和牙体损伤以保存完好的牙体组织。采用手用器械，可以随身携带，操作简单易学，手用器械易清洁消毒，控制交叉感染，患者容易接受，没有令人恐慌的牙科设备和操作，也没有牙钻或吸唾器的噪声，减少了患者的恐惧心理，该治疗容易被牙科恐惧症者接受。ART 可使口腔医生离开诊所深入社区，让更多的人获得口腔保健机会。ART 充填材料中氟离子的释放可使牙本质硬化以阻止龋的发展，有治疗和预防效果。该项技术 1994 年得到世界卫生组织正式推荐和许多国家及地区的关注。

（一）非创伤性修复治疗适应证

非创伤性修复治疗适用于牙的中小龋洞，能允许最小的挖器进入；无牙髓暴露，无可疑牙髓炎。

（二）非创伤性修复治疗操作

ART 使用的主要器械是大、中、小号锐挖匙，还有为 ART 制作的锄形器（用于扩展洞形）和雕刻刀。使用的材料包括玻璃离子粘固粉、液，牙本质处理剂。有的玻璃离子液体成分是聚丙烯酸，本身就可作为牙本质处理剂。操作可分为洞型准备、清洁窝洞、干燥充填牙、混合与调拌充填材料，充填、固化、检查和做修整等步骤。

ART 技术是手用器械和粘结性材料的结合，其发展需要充填材料具有更强的粘结性、更强的耐磨性、较小的微漏和更强的再矿化能力，从而提高临床的治疗成功率，为更多的人得到龋病治疗提供可能。

第三节　牙周病的预防

牙周病（periodontal disease）（包括牙龈炎和牙周炎）是口腔最常见的疾病之一，是由特异细菌引起的感染性疾病。牙周病的发生、发展或停止是牙周微生物与宿主免疫反应在先天、后天及环境因素的影响下交互作用的结果，因此认为牙周病是多因素疾病。牙菌斑微生物及其产物是发生牙周病的重要始动因素，而那些特定的先天、后天及环境危险因素的作用则是增加疾病的易感性。牙周病由特殊菌种引起，同时它又是冠心病、低出生体重婴儿等的危险因素。宿主免疫反应虽在早期有保护性作用，但生长期疾病发展过程中却又造成牙周组织的严重破坏，一旦牙周病发展，即引起牙周附着丧失。然而，创伤愈合的细胞又能发生可逆性转变，重新恢复牙周健康是有可能的。由于牙周病的发生是宿主和细菌的生态失调的结果。因此，控制菌斑和保护牙周生态环境已成为牙周病防治的重要内容。

根据病损情况，分为牙龈炎（gingivtis）和牙周炎（periodontitis）。牙龈炎可视为疾病的早期，主要表现为牙颈部有大面积牙石（dental calculus）和白垢（materia alba）附着，牙龈充血、红肿，失去了原来牙龈正常的形态和色泽，牙龈容易出血。牙石长期刺激可使牙龈发生慢性炎症，造成牙齿和牙周支持组织的分离，形成牙周袋。牙周袋很容易滞留病原微生物，细菌在牙周袋内大量增生、繁殖而引起病情进一步发展，使牙周组织受到破坏，牙槽骨吸收使牙齿松动，本来排列整齐的牙齿出现错位，牙齿间隙随之增宽，容易嵌塞食物。牙周炎晚期可导致数个牙甚至全口牙的松动脱落。不仅严重影响正常的咀嚼功能，使消化功能降低，而且造成颜面明显的衰老，影响容貌美观。

一、牙周病的三级预防

（一）一级预防

一级预防是指在牙周组织受到损害之前防止致病因素的侵袭，或致病因素已侵袭到牙周组织，但尚未引起牙周病损之前立即将其去除，其旨在减少人群中牙周病新病例的发生。

（二）二级预防

二级预防旨在早期发现、早期诊断、早期治疗，减轻已发生的牙周病的严重程度，控制其发展。对局限于牙龈的病变，根据情况采取适当的治疗，如洁治、刮治、根面平整或其他手术治疗等。

（三）三级预防

三级预防旨在用药物和手术方法最大限度地治愈牙周组织病损，防止功能障碍，以义齿修复失牙，重建功能，并通过随访、精神疗法和口腔健康的维护，维持其疗效，预防复发。同时，还应治疗相关的全身性疾病，如糖尿病、血液病等。

二、牙周病预防方法

菌斑是牙周病的主要病因刺激物，而且除去之后几小时还会不断地在牙面重新形成，因此，必须坚持每天彻底地清除菌斑，才能预防牙周病的发生。对于已患有牙周病者，除了在治疗过程中彻底清除牙面的菌斑、牙石外，还必须掌握自我菌斑控制的方法，才能保证牙周病治疗的顺利进行以及维持疗效、防止复发。具体方法如下：

1. 机械性措施

刷牙，牙线、牙签、牙间刷及橡胶按摩器的使用、龈上洁治术和龈下刮治术及根面平整术等。

2. 药物方法

氯己定、甲硝唑、替硝唑、酚类化合物、季铵化合物、血根碱、氟化亚锡、三氯羟苯醚等为常用的控制菌斑的药物。

3. 控制相关局部因素

改善食物嵌塞、破除不良习惯，预防矫治错𬌗畸形、制作良好的修复体。

4. 提高机体抵抗力

补充富含蛋白质、维生素 A、D、C 及钙和磷的营养物质，促进牙周结缔组织

的代谢和生理性修复，积极治疗和控制与牙周病发生有关的全身性疾病，如内分泌
紊乱、糖尿病、营养代谢性疾病、血液病及遗传性疾病。

第四节　刷　牙

　　刷牙是保持口腔清洁的重要自我保健方法，已有悠久的历史。我国文献早有记载，在《礼记》中就有"鸡初鸣，咸盥漱"的论述。唐代有用柳枝作牙刷的描述，宋代已有店铺出售牙刷。我国在赤峰开掘辽墓的出土文物中有两把牙刷，是公元9～11世纪的产品，与现代牙刷形式相似，这是世界上最早的植毛牙刷。刷牙现已成为人们的一种日常卫生习惯。菌斑对牙面附着较紧，用漱口的方法一般不能去除，因此，每一个人必须养成每日刷牙的良好习惯。刷牙可以去除菌斑和白垢，并借助牙刷的按摩作用增进牙龈组织的血液循环和上皮组织的角化程度，有助于增强牙周组织对局部刺激的防御能力，维护牙龈的健康。但是，如果刷牙方法不正确，不但达不到清洁牙齿的目的，还可造成牙龈萎缩，牙槽骨吸收或牙的楔状缺损产生。早期刷牙需要进行必要的培训和监督指导，否则不易坚持或刷牙不能有效去除菌斑。因此，某一群体的刷牙行为方式与习惯，在一定程度上影响着该群体的某些口腔疾病的流行倾向。在群体中进行口腔健康教育和卫生指导，养成良好的刷牙习惯，掌握正确的刷牙方法是非常重要的。

一、牙　刷

（一）牙刷设计

　　因年龄和口腔的具体情况不同，牙刷的设计也各种各样，如儿童和成年人使用的牙刷大小不同，牙周组织的健康状况不同，使用的牙刷刷毛的软硬程度要有一定区别。牙刷可分为通用型与特异型两大类。通用型牙刷以直柄为主，刷毛软硬适度，排列平齐，毛束排列不宜过多，一般为10～12束长，3～4排宽，各束之间要有一定间距。特异型牙刷是为了适应口腔的特殊情况和特殊目的而设计，特异型牙刷除刷毛的排列形式各有不同（平面形、波浪形、半球形、中凹形）外，刷柄的设计也不尽相同。根据我国人群的口腔情况，1978年由卫生部等制订了保健牙刷的设计标准，见表14-1所列。

表 14 - 1　我国各型保健牙刷的设计标准

	幼 儿	7～12 岁	13～18 岁	成 人
牙刷全长/毫米	120～130	140～150	155～160	160～180
刷头长度/毫米	16～18	20～24	25～30	30～35
刷头宽度/毫米	7～8	9～10	10～11	11～12
毛束高度/毫米	8.5～9	9.5～10	10.5～11	11～12
毛束排数/毫米	2～3	3	3	3～4
刷毛直径/毫米	不超过 0.18	不超过 0.18	不超过 0.2	不超过 0.2
刷毛尖端/根	圆钝形	圆钝形	圆钝形	圆钝形

牙刷毛从 20 世纪 30 年代开始使用尼龙丝，现今已全部取代鬃刷毛。刷毛的硬度要适中，太硬容易损伤牙齿及牙龈，太软不能起到清洁牙面除去菌斑的作用。目前采用的优质尼龙丝，其直径为 0.20 毫米以下，细软、吸水性差，回弹力好，耐磨性强，可进入牙邻间区及龈沟区，消除邻面及龈下菌斑。刷柄过去多用牛骨，目前已用塑料制品。刷柄应有足够硬度和强度，能负担刷牙使用的力量，并不易弯曲和折断，防潮不吸收水分，容易干燥。刷柄应有适当的长度与宽度，便于握持，不易滑脱或转动。

（二）牙刷的特殊种类

随着科学的发展，国内外已设计出具有特殊功能的牙刷：

1. 电动牙刷

电动牙刷有多种运动形式，有的是往复式弧形或直线运动，有的是两者运动相结合，也有的是圆形或椭圆形运动。不论何种形式，只要能正确使用都能获得洁牙效果。

2. 邻间刷

邻间刷可分为单束毛刷、多束毛刷及小插刷等，主要用于清洁牙邻面菌斑与食物残渣、固定修复体、种植牙、牙周夹板、间隙保持器以及其他常用牙刷难以进入的部位。

3. 指套牙刷

是一种指套式乳胶柔软牙刷，套在拇指或食指上，以指代柄，凭手的感觉，使牙刷在刷牙时更加细微。

（三）牙刷的选择与保管

1. 牙刷的选择

刷牙是为了保持口腔卫生清洁，促进牙周组织健康而不损伤口腔组织。故选用适合的牙刷非常重要。刷头要适合口腔大小，不宜过大。刷毛不宜过硬，少年儿童、老年人或牙周病患者宜选用刷毛较软的牙刷。吸烟或容易沉积牙石者可选用中等硬度的牙刷。戴固定矫治器或口腔有固定桥等修复体者，则需在牙科医师指导下选用特制的邻间牙刷。

2. 牙刷的保管

牙刷使用后要彻底洗涤，尽量甩掉刷毛上的水分，因为潮湿的刷毛容易滋生细菌。然后将刷头向上放入漱口杯中，置干燥通风处，不宜放置于密封的牙刷盒中。每隔一段时间可用福尔马林液熏蒸消毒。尼龙牙刷不可浸泡在沸水中，更不能用煮沸法消毒，因为刷毛受高热易弯曲变形。一把牙刷不能长期使用，通常每季度应更换一次或发现刷毛弯曲时及时更换，否则会造成牙龈和牙齿损伤。

二、洁牙剂及其作用

洁牙剂（dentifrices）是刷牙时用以辅助洁牙的制剂。洁牙剂按剂型有粉状、液状和膏状之分，洁牙剂有助于通过刷牙的机械方法，增强牙刷去除食物残渣、白垢和牙菌斑的效果，保持清洁、美观、健康。有助于消除或减轻口腔异味，使口气清新，有爽口作用。如果在洁牙剂中加入其他有效成分，则具有某种特殊功效，如防龋、脱敏等作用。目前我国市场上洁牙剂主要是以牙膏为主，牙膏大致分为普通牙膏、含氟牙膏与药物牙膏三大类。

（一）牙膏的组成

牙膏（tooth paste）的基本成分主要包括摩擦剂、洁净剂、胶粘剂、防腐剂、甜味剂、芳香剂、色素和水。根据不同的目的加入其他有效成分，使牙膏具有治疗保健等功能。

1. 摩擦剂（polishing agents）

摩擦剂是洁牙剂中含量最多的成分（为20%～60%）。用以加强洁牙剂的摩擦作用、去除能力及磨光牙面。摩擦剂要有一定的摩擦作用，但又不损牙面及牙周组织。常用的摩擦剂如碳酸钙、焦磷酸钙、磷酸二氢钙、不溶性偏磷酸钠、含水氧化铝、二氧化硅等。

2. 洁净剂（detergents）

洁净剂又称表面活性剂（surfaceactive agents），含量为1%～2%，通过降低表面张力，穿透并松解牙面沉积物和乳化白垢。此外，表面活性剂在刷牙时产生的泡沫，便于去除。最早使用的洁净剂是肥皂，现在多用合成洁净剂，如十二烷基硫酸钠或椰子单酸甘油酯磺酸钠等。这些洁净剂除了有较好的洁净作用外，还有灭菌作用，并且与摩擦剂有较好的相容性。

3. 润湿剂（humectants）

润湿剂（占20%～40%）的作用是保持洁牙剂的湿润性，防止暴露在空气中而硬化，并使膏剂保持稳定，常用的有甘油、山梨醇和丙烷二醇。

4. 胶粘剂（binding agents）

胶粘剂（占2%～3%）的作用是稳定膏体和避免水分分离，所有胶粘剂基本上是亲水性的胶体，通过扩散、膨胀和吸水而形成黏性液体，使牙膏的固体和液体保持均质性。早期使用的胶粘剂是淀粉或阿拉伯树胶，以后改用海藻胶。目前多采用羧甲基纤维素钠或镁铝酸盐的复合胶体。

5. 防腐剂（preservatives）

防腐剂的作用是防止细菌生长，延长贮存期限，与其他成分相容，常用酒精、苯甲酸盐、甲醛、二氧化酚。

6. 甜味剂（sweetening agents）

甜味剂为人们易接受的调味剂，必须无致龋性，常用人造无致龋性甜味剂，山梨醇与甘油常用作为润湿剂和甜味剂。此外还有芳香剂（flavoring agents）和色素等，这些成分为 2%～3%，水分作为溶媒，为 20%～40%。

（二）含氟牙膏与药物牙膏

牙膏中可加入有明显防龋效果的氟化物和其他药物或化学制剂，如洗必泰、三氯羟苯醚、可溶性焦磷酸盐、柠檬酸钠、氯化锶、硝酸钾、氟化亚锡等，使其具有保健和治疗功效。有的牙膏中加入某种单味中草药如黄芩、厚朴、三七等，也有一定的临床效果。市场上常用的牙膏有：含氟牙膏、洗必泰牙膏、脱敏牙膏、止血牙膏、氟化亚锡牙膏、增白牙膏、中草药牙膏等。

三、刷牙方法

刷牙是控制菌斑、预防龋病和牙周病的基本方法，刷牙的目的在于清除牙面和牙间隙的菌斑、白垢与食物残屑，减少口腔细菌和其他有害物质，防止牙石的形成。同时通过刷牙给予牙周组织以适当的按摩，促进牙龈组织的血液循环，促进牙周组织的新陈代谢作用，提高上皮的角化程度，增强牙龈组织的抵抗力。刷牙是口腔自我保健的主要手段，一般主张每天早晚各一次，也可午饭后增加一次。但主要强调刷得科学，不过分强调次数。如果刷牙方法不科学，不但达不到口腔保健的目的，相反还会引起牙龈组织萎缩、牙颈部楔状缺损等。刷牙方法很多，现介绍其中几种刷牙的基本方法。

（一）刷牙的基本方法

1. Bass 刷牙方法

又称水平颤抖法或龈沟法。洗刷唇（颊）舌面时，刷毛指向牙龈方向，与牙面成 45°角。使刷毛进入龈沟和邻间区，部分刷毛压于龈缘上作前后向短距离来回颤动。刷洗后牙时，刷毛紧压在牙的殆面，使毛端深入沟裂区作短距离的前后向颤动。这种方法由于清洁能力较强，克服了拉锯式横刷法的缺点，避免造成牙颈部楔状缺损及牙龈萎缩，如图 14－1 所示。

2. Roll 刷牙法

又称旋转法或竖刷法，刷毛置于牙槽黏膜上，刷牙指向牙龈方向，与牙面成

45°角。然后将牙刷沿牙龈向牙冠方转动。各部位可重复该动作 8～10 次。刷洗后牙时，将刷毛置于牙的殆面以水平方向前后移动。这种方法对于牙龈有良好的刺激作用，能清洁牙间隙，如图 14 - 2 所示。

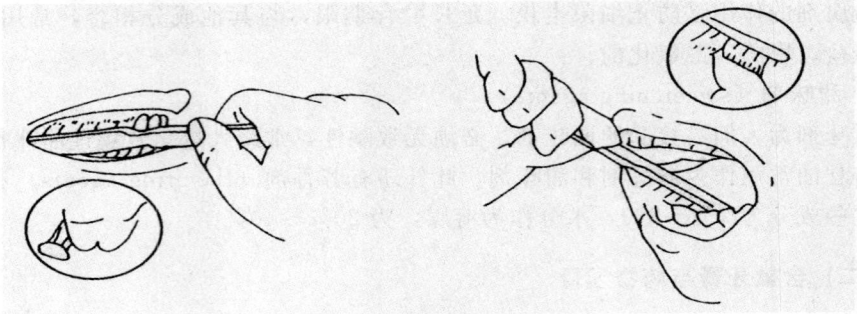

图 14 - 1　Bass 刷牙法

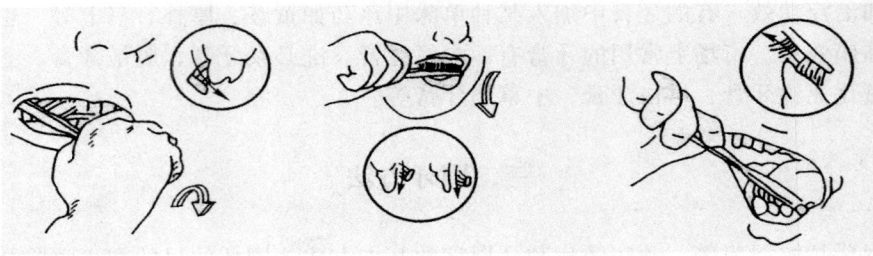

图 14 - 2　Roll 刷牙法

3. 改良的 Stillman 刷牙法

这一方法最早是由 Stillman 叙述的，有按摩与刺激牙龈组织、清洁牙颈部的作用。刷毛部分放在龈上、部分放在牙颈部，刷毛稍指向牙龈方向，刷毛与牙长轴成 45°角，因压力影响，使牙龈发白，刷柄稍作旋转动作，刷毛保持在牙面位置。改良的 Stillman 法是在轻柔而确实的颤动之后再结合旋转。改良法减少牙龈受伤的可能，增强去除菌斑的效果，如图14 - 3所示。

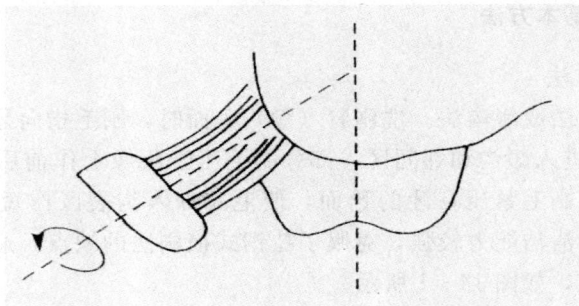

图 14 - 3　改良的 Stillman 刷牙法

4. Charter 刷牙法

Charter 叙述两种牙刷位置，一种是与牙长轴成直角，另一种与殆平面的毛端成 45°角。直角位置主要建议有牙间牙周组织丧失的患者用，允许刷毛进入牙间楔状间隙，或者指导患者用力使刷毛端进入邻间区。尽可能施力于牙之间的刷毛，给牙刷几次轻度旋转或颤动动作，这样可使刷毛与龈缘接触产生一个理想的按摩，如图 14 - 4 所示。

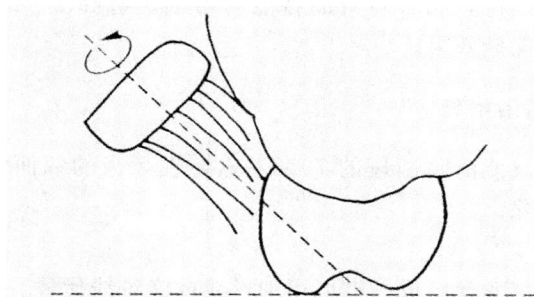

图 14 - 4　Charter 刷牙法

5. Smith 刷牙法

又称生理刷牙法，将牙刷毛与牙面接触，刷毛指向冠方，然后沿牙面向牙龈轻微拂刷，类似咀嚼纤维性食物时对牙面的摩擦动作。这种方法能清洁牙面和刺激牙龈组织的血液循环，增进牙周组织健康，如图 14 - 5 所示。

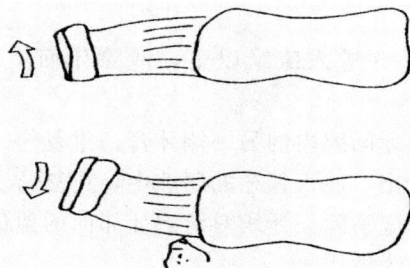

图 14 - 5　Smith 刷牙法

6. Fones 刷牙法

又称圆弧法，这种方法最易理解和掌握。刷牙要领是在闭颌下牙刷进入颊间隙，刷毛轻度接触上颌最后磨牙的牙龈区，用较快、较宽的圆弧动作，用很少的压力从上颌牙龈拖拉至下颌牙龈。前牙切对切端接触，做连续的圆弧形颤动，舌侧面与腭侧面需往返颤动，由上颌牙弓到下颌牙弓。

7. 其他刷牙方法

除上述的六种方法外，还有 Leonard 刷牙法，又称竖刷法；Scrub-brush 刷牙法，又称擦洗法。

（二）刷牙法选择

刷牙法虽然很多，但是如果把各种刷牙方法和动作加以分解，就可以看出，大多数方法中都有旋转、拂刷与颤动3种动作。这些基本动作有助于使牙刷毛能到达每个牙面或牙龈部位，通过压力振动及拂刷擦洗达到清除牙菌斑和按摩牙龈的作用。通常认为没有一种刷牙方法适合所有人，也没有足够证据表明某一种方法最好。只要经过适当的训练，结合自身的特点与习惯，选择1～2种方法综合运用，就能取得较好的口腔保健效果。

（三）辅助邻面清洁措施

一般的刷牙方法只能清除菌斑的70%左右，在牙齿的邻面常余留菌斑，需要用以下方法来辅助清除。

1. 牙线

牙线是以多股细尼龙丝组成，也可用细丝线或涤纶线代替。使用方法如图14-6所示：

①取一段长约20厘米的牙线，两端打结形成一个线圈。

②用双手的食指或拇指将线圈绷紧，两指间相距1～1.5厘米，将此段牙线从𬌗面通过两牙之间的接触点。如接触点较紧不易通过时，可作颊、舌向拉锯式动作，即可通过。

③将牙线紧贴一侧牙面的颈部，并呈C形包绕牙面，使牙线与牙面接触面积较大。

④牙线作上下移动，并进入龈缘以下，清除牙面上的菌斑。每个邻面重复4～5次。

⑤随即将牙线包绕该牙间隙中的另一侧牙膏，重复③、④。

⑥将牙线从邻间隙取出，放入邻牙的间隙中，重复③、④、⑤，如此依次逐个将全口牙齿的邻面菌斑彻底清除。牙线对清除牙邻面的菌斑很有效，尤其对牙间乳头无明显退缩的牙间隙最为适用。

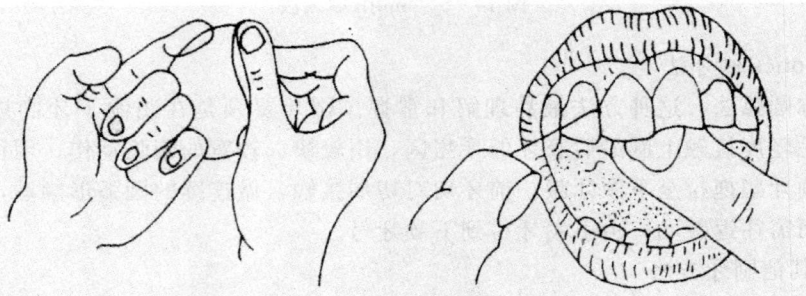

图14-6 牙线的正确使用

2. 牙签

在牙周治疗后牙间乳头退缩或牙间隙增大的情况下，可用牙签来清洁邻面菌斑和根分叉区。应选用硬质木制或塑料制的、光滑无毛刺的牙签，将邻间隙两侧的牙（根）面上的菌斑"刮"净。使用方法是将牙签以 45°角进入牙间隙，牙签尖端指向殆面，侧面紧贴邻面牙颈部，向殆面方面剔起或作颊舌向穿刺动作，清除邻面菌斑和嵌塞的食物，注意勿损伤牙龈和强行进入无牙间乳头退缩处。对于无牙龈乳头退缩者，不宜使用牙签。

3. 其他工具

其他如牙间隙刷、锥形橡皮尖及牙线夹等均为清洁邻面和按摩牙间乳头的良好工具。

（王海林，李　红）

图书在版编目(CIP)数据

大学生健康教育/陶芳标主编 . —2 版 . —合肥:合肥工业大学出版社,2014.8
ISBN 978 - 7 - 5650 - 1842 - 8

Ⅰ.①大… Ⅱ.①陶… Ⅲ.①大学生—健康教育 Ⅳ.①G479

中国版本图书馆 CIP 数据核字(2014)第 106966 号

大学生健康教育(第 2 版)

主编 陶芳标　　　　　责任编辑　陆向军

出　版	合肥工业大学出版社	版　次	2008 年 3 月第 1 版	
地　址	合肥市屯溪路 193 号		2014 年 8 月第 2 版	
邮　编	230009	印　次	2014 年 8 月第 9 次印刷	
电　话	综合编辑部:0551 - 62903028	开　本	787 毫米×1092 毫米　1/16	
	市场营销部:0551 - 62903198	印　张	16.5　**字　数** 340 千字	
网　址	www.hfutpress.com.cn	印　刷	合肥星光印务有限责任公司	
E-mail	hfutpress@163.com	发　行	全国新华书店	

ISBN 978 - 7 - 5650 - 1842 - 8　　　　　　　　定价:34.00 元
如果有影响阅读的印装质量问题,请与出版社市场营销部联系调换。